Bank und Börse
kompakt und einfach erklä[rt]

Inhalt:

Wertpapiere und Börsen

Kredite

Zahlungsverkehr

Baufinanzierung

Anlagemanagement u.v.m

Günter Wierichs / Stefan Smets
Gabler Kompakt-Lexikon
Bank und Börse

2.000 Begriffe nachschlagen,
verstehen, anwenden
2001. VIII, 248 S.
Br. DM 39,00
ISBN 3-409-11738-5

Die 2.000 wichtigsten Begriffe aus dem Bank- und Börsenwesen kompakt erklär[t].
Hier finden Privatleute, Bankkaufleute und Auszubildende alle Informationen, di[e]
sie im Finanz-Alltag benötigen. Die Stichwörter sind auch ohne Vorwissen leich[t]
verständlich und auf eine praktische Anwendung des erworbenen Wissens aus[ge]richtet.

Die Autoren:

Dr. Günter Wierichs und Stefan Smets sind Lehrer im Bankbereich einer
Berufsschule. Günter Wierichs ist darüber hinaus Herausgeber der Fachzeitsch[rift]
Bankfachklasse und Autor erfolgreicher Lehrbücher für Berufsschulen.

Bestellung

Fax: 06 11.78 78-420

Ja, ich bestelle:

Günter Wierichs / Stefan Smets
Expl. **Gabler Kompakt-Lexikon**
Bank und Börse
2001. VIII, 248 S.
Br. DM 39,00
ISBN 3-409-11738-5

Vorname und Name

Straße (bitte kein Postfach)

PLZ, Ort

Unterschrift

Änderungen vorbehalten.
Erhältlich beim Buchhandel oder beim Verlag.

Abraham-Lincoln-Str. 46, 65189 Wiesbaden, Tel.: 06 11.78 78-124, www.gabler.de

Zeitschrift für Betriebswirtschaft

Ergänzungsheft 2/2001

Controlling-Theorie

ZfB-Ergänzungshefte

3/96 Governance Structures
Schriftleitung: Horst Albach
166 Seiten. ISBN 3 409 13794 7

1/97 Marketing
Schriftleitung: Horst Albach
188 Seiten. ISBN 3 409 13952 4

2/97 Finanzierung
Schriftleitung: Horst Albach
124 Seiten. ISBN 3 409 13953 2

3/97 Personal
Schriftleitung: Horst Albach
192 Seiten. ISBN 3 409 13954 0

4/97 Betriebswirtschaftslehre und Rechtsentwicklung
Schriftleitung: Horst Albach/Klaus Brockhoff
136 Seiten. ISBN 3 409 13955 9

1/98 Betriebliches Umweltmanagement 1998
Schriftleitung: Horst Albach/Marion Steven
186 Seiten. ISBN 3 409 13956 7

2/98 Finanzierungen
Schriftleitung: Horst Albach
200 Seiten. ISBN 3 409 13957 5

1/99 Innovation und Investition
Schriftleitung: Horst Albach
142 Seiten. ISBN 3 409 13958 3

2/99 Innovation und Absatz
Schriftleitung: Horst Albach
176 Seiten. ISBN 3 409 11455 6

3/99 Finanzmanagement 1999
Schriftleitung: Horst Albach
212 Seiten. ISBN 3 409 11509 9

4/99 Planung und Steuerung von Input-Output-Systemen
Schriftleitung: Horst Albach/Otto Rosenberg
178 Seiten. ISBN 3 409 11493 9

5/99 Krankenhausmanagement
Schriftleitung: Horst Albach/Uschi Backes-Gellner
209 Seiten. ISBN 3 409 13959 1

1/2000 Corporate Governance
Schriftleitung: Horst Albach
152 Seiten. ISBN 3 409 11600 1

2/2000 Virtuelle Unternehmen
Schriftleitung: Horst Albach/Dieter Specht/Horst Wildemann
260 Seiten. ISBN 3 409 11628 1

3/2000 Hochschulorganisation und Hochschuldidaktik
Schriftleitung: Horst Albach/Peter Mertens
223 Seiten. ISBN 3 409 13960 5

4/2000 Krankenhausmanagement 2000
Schriftleitung: Horst Albach/Uschi Backes-Gellner
160 Seiten. ISBN 3 409 11764 4

1/2001 Personalmanagement 2001
Schriftleitung: Horst Albach
188 Seiten. ISBN 3 409 11801 2

Controlling-Theorie

Schriftleitung

Prof. Dr. Dr. h.c. mult. Horst Albach
Prof. Dr. Ulf Schiller

GABLER

Die Deutsche Bibliothek – CIP-Einheitsaufnahme

Zeitschrift für Betriebswirtschaft : ZfB. – Wiesbaden :
Betriebswirtschaftlicher Verl. Gabler
  Erscheint monatl. – Aufnahme nach Jg. 67, H. 3 (1997)
  Reihe Ergänzungsheft: Zeitschrift für Betriebswirtschaft /
  Ergänzungsheft. – Fortlaufende Beil.: Betriebswirtschaftliches
  Repetitorium. – Danach bis 1979: ZfB-Repetitorium
  ISSN 0044-2372
  2001, Erg.-H. 2. Controlling-Theorie. – 2001
Controlling-Theorie / Schriftl.: Horst Albach, Ulf Schiller, – Wiesbaden :
Gabler, 2001
  (Zeitschrift für Betriebswirtschaft ; 2001, Erg.-H. 2)

Alle Rechte vorbehalten
© Springer Fachmedien Wiesbaden 2001
Ursprünglich erschienen bei Betriebswirtschaftlicher Verlag Dr. Th. Gabler GmbH, Wiesbaden 2001.

Lektorat: Ralf Wettlaufer

Das Werk einschließlich aller seiner Teile ist urheberrechtlich geschützt. Jede Verwertung außerhalb der engen Grenzen des Urheberrechtsgesetzes ist ohne Zustimmung des Verlags unzulässig und strafbar. Das gilt insbesondere für Vervielfältigungen, Übersetzungen, Mikroverfilmungen und die Einspeicherung und Verarbeitung in elektronischen Systemen.

http://www.gabler.de
http://www.zfb-online.de

Höchste inhaltliche und technische Qualität unserer Produkte ist unser Ziel. Bei der Produktion und Verbreitung unserer Bücher wollen wir die Umwelt schonen: Dieses Buch ist auf säurefreiem und chlorfrei gebleichtem Papier gedruckt. Die Einschweißfolie besteht aus Polyäthylen und damit aus organischen Grundstoffen, die weder bei der Herstellung noch bei der Verbrennung Schadstoffe freisetzen.

Die Wiedergabe von Gebrauchsnamen, Handelsnamen, Warenbezeichnungen usw. in diesem Werk berechtigt auch ohne besondere Kennzeichnung nicht zur der Annahme, daß solche Namen im Sinne der Warenzeichen- und Markenschutz-Gesetzgebung als frei zu betrachten wären und daher von jedermann benutzt werden dürften.

Gesamtherstellung: Konrad Triltsch, Print und digitale Medien GmbH, D-97199 Ochsenfurt-Hohestadt

ISBN 978-3-409-11833-0   ISBN 978-3-663-07708-4 (eBook)
DOI 10.1007/978-3-663-07708-4

Inhalt

Zeitschrift für Betriebswirtschaft, Erg.-Heft 2/2001

Editorial VII

Erlöscontrolling
Ein Kontrollansatz auf Basis monopolistischer Preis-Absatz-Funktionen
Dr. Stefan Dierkes, Leipzig 1

Beschaffungs-Controlling
Kapitalwertorientierte Bestellmengenplanung bei Mengenrabatten
und dynamischer Nachfrage
Priv.-Doz. Dr. Knut Haase, Kiel 19

„Just-in-Time" und klassisches Losgrößenmodell – ein Widerspruch?
Eine dynamische Analyse
Professor Dr. Alfred Luhmer, Magdeburg 31

Produktionscontrolling
Effiziente Produktionen in diskreten Technologien
Professor Dr. Werner Dinkelbach und Privatdozent Dr. Andreas Kleine, Saarbrücken . . 51

Kostencontrolling
Kostenkontrolle in Teams
Dr. Stephan Lengsfeld und Professor Dr. Ulf Schiller, Tübingen 81

Investitionscontrolling
Zur Investitionsgrößenbestimmung an der Schnittstelle von langfristiger
und kurzfristiger Sicht
Professor Dr. Hermann Sabel, Bonn,
und Professor Dr. Christoph Weiser, Halle (Saale). 97

Geschäftsbereichs-Controlling
Zur institutionenökonomischen Erweiterung des Lücke-Theorems
Univ.-Professor Dr. Dieter Pfaff, Dr. Thomas Pfeiffer, Zürich,
und Professor Alexis H. Kunz, Baden 119

Strategisches Controlling

Strategic Alliance Portfolio Analysis (SAP) – ein modellbasierter Ansatz zur Strategie- und Partnerselektion bei Strategischen Allianzen

Professor Dr. Dr. Ulrich Derigs und Dr. Markus Zils, Köln 137

ZfB · Grundsätze und Ziele XIV
ZfB · Herausgeber / Internationaler Herausgeberbeirat XV
ZfB · Impressum / Hinweise für Autoren XVI

Editorial

Controlling

Ein Ergänzungsheft über „Controlling" herauszugeben, an dem die namhaftesten Vertreter des Controlling als eines Faches der Unternehmenstheorie mitgewirkt haben, ist eine besondere Freude. Ein Ergänzungsheft über Controlling herauszugeben, das zu Ehren eines der hervorragendsten Vertreter unseres Faches erscheint, ist eine nicht minder große Freude.

Die meisten Beiträge zu diesem Heft wurden anläßlich der Emeritierung von *Josef Kloock* an der Universität zu Köln vorgetragen. Obwohl mit seriösen Inhalten versehen, wurde diese Veranstaltung in Erinnerung an die gleichnamigen heiteren Veranstaltungen an der Kölner Universität „Kloockoquium" genannt, mit Recht: denn wenn man sich über den Stand des Controlling nicht zu ärgern braucht (was bei einer Veranstaltung zu Ehren von *Josef Kloock* erfreulicherweise nicht der Fall ist), dann ist Controlling durchaus eine heitere Wissenschaft. *Josef Kloock* versteht sie auch so und hat seiner Abschiedsvorlesung eine typisch rheinische – um nicht zu sagen „kölsche" – Note gegeben. Aus diesem Grunde wurde sie leider auch nicht zur Veröffentlichung in diesem Heft der ZfB freigegeben. *Knut Haase* und *Dieter Pfaff* mit seinen Koautoren haben an der Veranstaltung in Köln nicht teilgenommen, waren aber – erfreulicherweise – spontan bereit, sich in diesen illustren Kreis von Autoren aufnehmen zu lassen. Mit ihren schönen Beiträgen zum Beschaffungscontrolling und zum Geschäftsbereichscontrolling vervollständigen sie das Ergänzungsheft in vorzüglicher Weise.

Was Controlling eigentlich ist, darüber gibt es möglicherweise mehr Meinungen als Autoren. *Josef Kloock* verfolgt den koordinationsorientierten Ansatz, der gleichzeitig einen gewissen Schwerpunkt unter den genannten Definitionsversuchen bildet. Überschneidungsfrei zur Unternehmensführung ist dabei freilich nur ein enger Ansatz. Nach diesem ist es die Aufgabe des Controlling, eine Hilfsfunktion für die Unternehmensführung auszuüben, indem es Führungssubsysteme wie Lenkung, Planung und Überwachung durch die Nutzung des Rechnungswesens koordiniert. Die Herausgeber haben sich aber die Freiheit genommen, einen weiteren Ansatz zu verfolgen, nach dem auch die rechnungswesengestützte Koordination des Leistungsbereichs zum Controlling gehört. Um dieses Konzept hervorzuheben, haben wir Hauptüberschriften gewählt, die nicht von den Autoren stammen, bis auf Alfred Luhmer aber von diesen akzeptiert wurden. Die Untertitel geben genau an, welches Konzept für das Controlling in dem jeweiligen Bereich von den Autoren als besonders wichtig angesehen wird.

So beginnen wir (wie es sich heute gehört) mit dem Absatz, spannen mit dem anschließenden Beitrag über das Beschaffungscontrolling die gesamte Wertschöpfungskette im Unternehmen auf, untersuchen im dritten Beitrag das Losgrößenproblem und behandeln dann in einem Beitrag das Produktionscontrolling. Anschließend wenden wir uns dem Controlling in seiner engeren begrifflichen Fassung zu. Wir beginnen mit einem Beitrag über das Controlling in Kosten-Zentren, das im Grunde die andere Seite der Medaille des Produktionscontrolling ist, und wenden uns dann in zwei Beiträgen dem Controlling von Investitions-Zentren bzw. Geschäftsbereichen zu. Abgerundet wird das Heft mit einem Beitrag über das Controlling in Strategischen Partnerschaften.

Stellen wir nun die einzelnen Beiträge vor. *Stefan Dierkes* liefert einen Beitrag, der die theoretische Fundierung des Erlöscontrolling zum Ziel hat. Die Erlöskontrolle ist sicher

Editorial

eines der wichtigsten Gebiete des Controlling. Abweichungen in diesem Bereich nach unten bedeuten verlorenes Geld, Abweichungen nach oben zeigen, daß das Potential der Abschöpfung von Konsumentenrenten noch nicht ausgenutzt ist. Planungsfehler wirken sich hier also besonders gravierend aus. Gerade solche Planungsfehler sind Gegenstand der Analyse von *Dierkes*. Der Aufsatz stellt auch eine schöne Ergänzung und Erweiterung der Arbeiten zur Abweichungskontrolle bei den Erlösen dar, die in früheren Jahrgängen der ZfB erschienen sind.

Im Zentrum des Beschaffungscontrolling steht, wenn man operativ Lösungen erarbeiten will und nicht im Konzeptuellen verharrt (wie etwa bei dem vielzitierten „Global Sourcing") nach wie vor die Bestellmengenpolitik. Dabei spielt die Ausnutzung von Mengenrabatten im Tradeoff gegen Lagerhaltungskosten eine wichtige Rolle. Derartige Rabatte werden auch nach Aufhebung des Rabattgesetzes nicht verschwinden. *Knut Haase* entwickelt ein gemischt-ganzzahliges lineares Modell für eine dynamische Bestellmengenpolitik mit Rabatten, mit dem er nachweist, welch große Bedeutung die Ausnutzung von Rabatten hat. Verglichen mit diesen Vorteilen sind die Lagerkostenerhöhungen unerheblich.

Der Beitrag von *Alfred Luhmer* packt das Losgrößenproblem von einer anderen Seite an. Er untersucht die Bestellpolitik und die Produktionspolitik über den gesamten Lebenszyklus eines Produkts. *Luhmer* kommt zu einem sehr interessanten Ergebnis: eine strikte, und das heißt: während des gesamten Produktlebenszyklus gültige Just-in-Time-Beschaffungsstrategie ist nur bei sehr hohen Rationalisierungsfortschritten in der Auflegung von Produktionslosen sinnvoll. Anderenfalls ist stets nach der klassischen Losgrößenformel zu beschaffen, wobei allerdings die Höhe der Auflegungskosten nach Ausschöpfung aller Erfahrungseffekte in die Formel eingeht. Wenn diese Auflegungskosten freilich in Höhe von null geschätzt werden sollten, sind wir auch wieder bei der Just-in-Time Bestellpolitik.

Erich Gutenberg hat die Idee von den unteilbaren Produktionsfaktoren in die Produktionstheorie eingefügt. Sie sind Grundlage seines Ausgleichungsgesetzes der Planung. Diese Idee ist in der Folgezeit im wesentlichen als ein Problem der diskreten Programmierung und damit als ein mathematisch-algorithmisches Problem angesehen worden. Daß bei der Lösung solcher ganzzahliger Probleme keine Schattenpreise anfallen, hat die Betriebswirte als Ökonomen natürlich höchlichst beunruhigt. Man hat sich dann mit der Analyse der Umgebung von Gitterpunkten beholfen. Der Beitrag von *Dinkelbach* und *Kleine* zeigt, wie bedeutsam die Beschäftigung mit diskreten Technologien ist und welch große Bedeutung die Ergebnisse dieser theoretischen Analysen für ein effizientes Produktionscontrolling in der Praxis haben. Die Autoren demonstrieren dies sehr eindrücklich an zwei wichtigen Problemen: an der Politik der Preisdiskriminierung gegenüber Kunden und an der Umweltpolitik des Unternehmens.

Stefan Lengsfeld und *Ulf Schiller* greifen das seit Arrow vieldiskutierte Problem des Shirking in Teams auf und untersuchen im Kontext eines Kosten-Zentrums, mit welchen Methoden ein solches Verhalten effizient kontrolliert und damit verhindert werden kann. Sie zeigen, daß die Abweichungsanalyse als ein solches Instrument der Verhaltenssteuerung sowohl in der differenzierten Form als auch in der kumulativen Form effizient sein können. Die hierfür notwendigen Bedingungen leiten sie mit Hilfe eines eigenen Prinzipal-Mehragenten-Modells her. Dabei werden drei sehr interessante und für das Kosten-

Editorial

Zentrum-Controlling bedeutsame Sätze bewiesen. Der eine besagt, daß man zu einer First-Best-Lösung kommen kann, wenn man die Agenten auf Ist-Basis proportional zur Teilabweichung erster Ordnung entlohnt. Zweitens zeigen sie, daß eine Entlohnung auf Planbasis oder mittels der kumulativen Methode im allgemeinen nicht zu optimalen Entscheidungen motiviert, es sei denn, drittens, es herrscht stochastische Unabhängigkeit der Zufallsvariablen, die auf das Arbeitsergebnis einwirken. Der letzte Fall ist besonders bedeutsam, denn dann sind die kumulative sowie die differenzierte Methode auf Planbasis robuster als diejenige auf Istbasis. Dies hat wichtige organisatorische Implikationen für die Abgrenzung von Verantwortungsbereichen.

Hermann Sabel und *Christoph Weiser* greifen die zentrale These von *Josef Kloock* auf, daß die Integration von Investitionsrechnung und kalkulatorischer Erfolgsrechnung nur gelingen kann, wenn die Schnittstellen zwischen der kurz- und der langfristigen Betrachtung nicht mehrperiodig, sondern dynamisch gesehen werden. Die Autoren zeigen, daß es bei mehrperiodiger Betrachtung zu Überkapazitäten kommt. Im Ergebnis fordert der Beitrag, Investitionscontrolling als Controlling der Flexibilität zu verstehen.

Im Zuge der Durchsetzung des Shareholder-Value-Gedankens nimmt die wertorientierte Unternehmenssteuerung heute eine zentrale Position in der Controlling-Praxis ein. Die Definition von zielkongruenten Werttreibern und die Entlohnung von Managern auf Basis derselben ist demzufolge zu einer Schlüsselfrage des Geschäftsbereichs-Controlling geworden. *Dieter Pfaff, Thomas Pfeiffer* und *Alexis Kunz* liefern zu dieser Frage einen Beitrag, der die bisherigen Erkenntnisse von *Josef Kloock, Stefan Reichelstein* und *William Rogerson* verallgemeinert. Die Autoren gehen von der Zielkongruenz durch den Residualgewinn (Preinreich-Lücke-Theorem) aus und untersuchen, in welcher Weise das Konzept zu modifizieren ist, wenn die zugrunde liegenden idealisierten Annahmen aufgegeben werden. Sie zeigen, wie die Nutzung von Instrumenten wie Abschreibungspolitik und Kalkulationszinsfuß zur Lösung realitätsnaher Probleme wie asymmetrische Informationen, nicht übereinstimmende Zeithorizonte zwischen Eignern und Managern sowie die schon von *Josef Kloock* diskutierte Frage der Bewertung zu Wiederbeschaffungspreisen führt.

Einen sehr schönen Anwendungsfall des Strategischen Organisationscontrolling haben *Ulrich Derigs* und *Markus Zils* im Luftfrachtbereich gefunden. Sie entwickeln ein Modell zur Bewertung von Allianz-Partnern. Da dieses Modell mit Daten und Kalkülen des Produktionscontrolling arbeitet, sind die Planungen konsistent mit dem gesamten Rechnungswesen des Unternehmens und können anschließend nachgeprüft werden. Das ist eine wichtige Voraussetzung für ein effizientes Strategisches Controlling.

Jeder der Aufsätze dieses Heftes ist ein Beitrag dazu, das Controlling aus dem „status folkloris" (um eine Kennzeichnung von *Herbert Simon* analog anzuwenden) herauszuführen und zu einer wissenschaftlichen Disziplin zu machen. Darin kommt auch ein großes Verdienst von *Josef Kloock* zum Ausdruck. Wir sind sicher, daß ihm das vorliegende Ergänzungsheft der ZfB Freude macht und er es auch als Dank der Herausgeber für seine wissenschaftliche Leistung versteht.

HORST ALBACH und ULF SCHILLER

Expertenwissen zur Balanced Scorecard

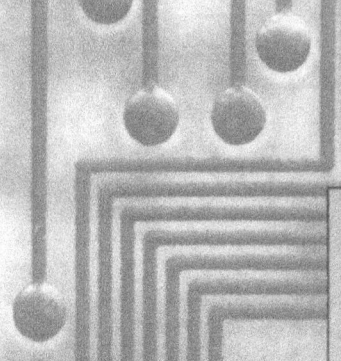

Inhalt:

Das Kennzahlensystem

Das Managementsystem

Die Implementierung

„Reinventing Controlling"

Marktorientiertes Controlling

Prozeßorientiertes Controlling

Finanzorientiertes Controlling

Wissens- und lernorientiertes Controlling

Die Autoren:

Jürgen Weber, Utz Schäffer
Balanced Scorecard & Controlling
Implementierung – Nutzen für Manager und Controller – Erfahrungen in deutschen Unternehmen
3., überarb. Aufl. 2000. XIV, 355 S.
Geb. DM 82,00
ISBN 3-409-31518-7

Die Balanced Scorecard ist in aller Munde. Sie revolutioniert zurzeit die bestehenden Denkstrukturen im Controlling. Die erfolgreichen deutschen Unternehmen führen dieses integrierte Kennzahlensystem zunehmend ein. Jürgen Weber und Utz Schäffer erläutern das Konzept der Balanced Scorecard konstruktiv und kritisch. In der dritten Auflage helfen zusätzliche Praxisbeispiele, die Balanced Scorecard zu veranschaulichen. Neue Erkenntnisse zur Implementierung weisen den richtigen eigenen Weg der Umsetzung.

Prof. Dr. Jürgen Weber ist Inhaber des Lehrstuhls für Betriebswirtschaftslehre, insbesondere Controlling und Logistik an der WHU und Gründungsgesellschafter der CTcon GmbH. Er ist vielfach ausgewiesener Controlling-Experte und Mit-Herausgeber der renommierten Fachzeitschrift krp - Kostenrechnungspraxis. Dr. Utz Schäffer ist wissenschaftlicher Assistent von Prof. Weber.

Fax: 06 11/78 78.420   321 01 006

Ja, ich bestelle:

Jürgen Weber, Utz Schäffer
Balanced Scorecard & Controlling
XIV, 355 S. Geb. DM 82,00
ISBN 3-409-31518-7

Vorname und Name

Straße (bitte kein Postfach)

PLZ, Ort

Unterschrift

Änderungen vorbehalten
Erhältlich beim Buchhandel oder beim Verlag

Abraham-Lincoln-Str. 46, 65189 Wiesbaden, Tel: 06 11.78 78-124, www.gabler.de

GABLER

Erlöscontrolling

Ein Kontrollansatz auf Basis monopolistischer Preis-Absatz-Funktionen

Von Stefan Dierkes

Überblick

- Auf der Grundlage der von Josef Kloock entwickelten Theorie der Kosten- bzw. Erlösänderungspotentiale werden in diesem Beitrag Ansätze zur Erlöskontrolle auf Basis monopolistischer Preis-Absatz-Funktionen unter Berücksichtigung möglicher Planungsfehler konzipiert. Diese Kontrollansätze stellen für eine zielwert- und personalführungsorientierte Kontrolle stets die kontrollrelevanten Erlösinformationen bereit.

- Es wird gezeigt, daß die existierenden Ansätze zur Erlöskontrolle auf Basis monopolistischer Preis-Absatz-Funktionen nur eingeschränkt zur Bereitstellung der kontrollrelevanten Erlösinformationen geeignet sind.

- Die Erlöskontrolle wird in diesem Beitrag immer vor dem Hintergrund der Planung der Erlöse betrachtet, wodurch die Zusammenhänge zwischen diesen Führungssubsystemen aufgezeigt werden. Insofern wird ein Beitrag zur theoretischen Fundierung eines Erlöscontrolling erbracht.

Eingegangen: 22. Dezember 2000

Dr. Stefan Dierkes, Universität Leipzig, Wirtschaftswissenschaftliche Fakultät, Lehrstuhl für Controlling und interne Unternehmensrechnung, Marschnerstr. 31, 04109 Leipzig, e-mail: dierkes@wifa.uni-leipzig.de.

© Gabler-Verlag 2001

A. Problemstellung

Die Kontrolle der Erlöse ist in den vergangenen Jahren im Vergleich zur Kontrolle der Kosten weitgehend vernachlässigt worden. Die existierenden absatzmarktorientierten Kontrollansätze lassen sich nach der zugrundeliegenden Preis-Absatz-Funktion (PAF) in die Ansätze zur Kontrolle der Erlöse auf Basis monopolistischer und oligopolistischer PAF differenzieren.[1] Gegenstand des vorliegenden Beitrags ist die Erlöskontrolle auf Basis monopolistischer PAF, die insbesondere von Betz sowie Ewert und Wagenhofer untersucht worden ist.[2] Monopolistische PAF sind dadurch gekennzeichnet, dass in diese nur das Verhalten der Nachfrager eingeht, während das Verhalten etwaiger Konkurrenten aufgrund fehlender Reaktionsverbundenheit zwischen den Marktteilnehmern unberücksichtigt bleibt.[3] Auf der Basis monopolistischer PAF wird die Gesamtabweichung der Erlöse in den Kontrollansätzen unter Berücksichtigung der Interdependenz zwischen Absatzpreis und Absatzmenge in eine Absatzpreis- und eine Absatzmengenabweichung zerlegt. Betz analysiert darüber hinaus, welche Auswirkungen die PAF betreffende Planungsfehler auf den Kontrollansatz haben.[4]

Es ist im wesentlichen Josef Kloock zu verdanken, daß die Beurteilung von Kontrollansätzen und damit letztlich die von Abweichungsanalysemethoden nicht mehr vor dem Hintergrund der methodischen Vorgehensweise erfolgt. Entscheidend für die Güte eines Kontrollansatzes ist vielmehr, inwieweit ein Kontrollansatz die für die Lösung von zielwert- und personalführungsorientierten Kontrollaufgaben relevanten Erlös- und Kosteninformationen bereitstellt.[5] Gemäß der vom Jubilar entwickelten Theorie der Kostenänderungspotentiale sind im Rahmen der Kostenkontrolle für die Lösung der Aufgaben die zielwert- bzw. personalführungsorientierten Kostenänderungspotentiale anzugeben, die grundsätzlich nur mit der differenziert-kumulativen Abweichungsanalysemethode ermittelt werden können.[6] Da sich die Theorie der Kostenänderungspotentiale unmittelbar auf die Erlöse (und auch Erfolge) übertragen läßt, liefert diese die theoretische Grundlage für eine Erlöskontrolle. Für die Lösung zielwertorientierter Kontrollaufgaben empfiehlt sich demnach die Anwendung der differenziert-kumulativen Abweichungsanalysemethode auf der Basis von Istgrößen als einheitliche reine Bezugsbasis. Die Teilabweichungen 1. Ordnung geben dann die zielwertorientierten Erlösänderungspotentiale an, die mit der isolierten Anpassung einer Einflußgröße von der Istgrößenausprägung an die Sollgrößenausprägung realisiert werden können. Die Kenntnis dieser Erlösänderungspotentiale stellt für die Lösung künftiger Planungs- und Entscheidungsaufgaben eine unverzichtbare Informationsgrundlage dar. Die Teilabweichungen 1. Ordnung auf der Basis von Istgrößen sind aus personalführungsorientierter Sicht mit dem Nachteil behaftet, daß deren Höhe von den Istgrößenausprägungen anderer Einflußgrößen beeinflußt wird. Aus diesem Grund ist für die Lösung von personalführungsorientierten Kontrollaufgaben die Anwendung der differenziert-kumulativen Abweichungsanalysemethode auf der Basis von Sollgrößen grundsätzlich vorzuziehen. Die Teilabweichungen 1. Ordnung geben in diesem Fall die hier dementsprechend bezeichneten personalführungsorientierten Erlösänderungspotentiale an, die mit der Anpassung einer Einflußgröße von der Istgrößenausprägung an die Sollgrößenausprägung unter der Annahme erreichbar wären, daß alle anderen Einflußgrößen mit ihren jeweiligen Sollgrößen realisiert worden wären.

Vor dem Hintergrund dieser Josef Kloock zu verdankenden Erkenntnisse auf dem Gebiet des Kontrollmanagements werden die Ansätze zur Kontrolle der Erlöse auf Basis monopolistischer PAF von Betz sowie Ewert und Wagenhofer in diesem Beitrag analysiert und weiterentwickelt. Da eine solche Kontrolle der Erlöse deren Planung voraussetzt und die Beurteilung der Effektivität einer Absatzpreisänderung sich an dieser orientieren muß, wird zunächst kurz auf die Planung der Erlöse bei einer linearen und einer exponentiellen PAF eingegangen. Zwischen der Planung und der Kontrolle der Erlöse als Elemente des Führungssystems besteht demnach ein enger Zusammenhang, den es im Rahmen eines Erlöscontrolling zu koordinieren gilt.[7] In der Erlösplanung wird von der Zielfunktion der Maximierung des Gewinns bei linearen Kostenfunktionen ausgegangen. Die auf den ermittelten Plangrößen aufbauenden Kontrollansätze werden zum besseren Verständnis in einem ersten Schritt unter der Annahme einer fehlerfreien Planung dargestellt, ehe in einem zweiten Schritt die Auswirkungen von Planungsfehlern in die Untersuchung einbezogen werden. Sämtliche Kontrollansätze werden als Ist-Soll-Vergleich auf der Basis von Istgrößen zur Lösung zielwertorientierter Kontrollaufgaben und auf der Basis von Sollgrößen zur Lösung personalführungsorientierter Kontrollaufgaben dargestellt.[8]

B. Planung der Erlöse

Die Planung der Erlöse hat vor dem Hintergrund der verfolgten Zielvorstellungen einer Unternehmung zu erfolgen. In diesem Beitrag wird davon ausgegangen, daß die Absatzpreise so festgelegt werden, daß der Gewinn der Periode maximiert wird. Hierbei ist zu berücksichtigen, daß der Absatzpreis und die Absatzmenge voneinander abhängig sind. Im allgemeinen ist davon auszugehen, daß die Absatzmenge mit zunehmendem Absatzpreis sinkt. Dieser funktionale Zusammenhang wird in einer Preis-Absatz-Funktion (PAF) abgebildet. Da die lineare und die exponentielle PAF die in der Praxis am häufigsten verwendeten PAF sind[9], wird die Gewinnmaximierung für diese beiden Funktionen dargestellt.[10]

Eine lineare PAF hat die Form:

$$xa(pa) = a - b \cdot pa$$

mit

a   Marktpotential als die maximal absetzbare Absatzmenge in der Periode; $a > 0$
b   Absatzmengenänderung je Geldeinheit des Absatzpreises; $b > 0$
pa Absatzpreis
xa Absatzmenge in der Periode

Geht man von einer linearen Kostenfunktion aus, so ergibt sich als zu maximierende Gewinnfunktion:

$$G(pa) = pa \cdot (a - b \cdot pa) - kv \cdot (a - b \cdot pa) - KF$$

mit

G   Gewinn in der Periode
KF fixe Kosten in der Periode
kv variable Stückkosten

Löst man die erste Ableitung der Gewinnfunktion nach dem Absatzpreis auf, so bestimmt sich der gewinnmaximale Absatzpreis aus:

$$pa = \frac{a + kv \cdot b}{2 \cdot b} = \frac{1}{2} \cdot \left(\frac{a}{b} + kv\right).$$

Bei der linearen PAF wird davon ausgegangen, daß die absolute Absatzmengenänderung bei einer Veränderung des Absatzpreises unabhängig von der Höhe des Absatzpreises ist. Demgegenüber wird bei einer exponentiellen PAF angenommen, daß die absolute Absatzwirkung einer Absatzpreisänderung um so größer ist, je niedriger der Absatzpreis liegt. Allgemein hat eine exponentielle PAF die Form:[11]

$$xa(pa) = c \cdot pa^{-d}$$

mit

c Absatzmenge in der Periode, wenn Absatzpreis eine Geldeinheit; $c > 0$
d Betrag der Preiselastizität der Nachfrage; $d > 1$

Als zu maximierende Gewinnfunktion ergibt sich dann:

$$G(pa) = pa \cdot c \cdot pa^{-d} - kv \cdot c \cdot pa^{-d} - KF.$$

Ermittelt man deren erste Ableitung nach dem Absatzpreis und löst diese nach dem Absatzpreis auf, erhält man für den gewinnmaximalen Absatzpreis folgende Bedingung:

$$pa = \frac{kv \cdot d}{d - 1}.$$

Insgesamt wird in der Erlösplanung somit unter Berücksichtigung einer PAF der gewinnmaximale Plan-Absatzpreis pa^p festgelegt. Über die PAF bestimmt sich hieraus die Plan-Absatzmenge $xa^p(pa^p)$ als die Absatzmenge gemäß der Plan-PAF bei Plan-Absatzpreis. Aus der Multiplikation des Plan-Absatzpreises mit der Plan-Absatzmenge ergibt sich schließlich der Plan-Erlös E^p.

C. Kontrolle der Erlöse

In der Regel werden die realisierten Erlöse von den in der Planung bestimmten Plan-Erlösen abweichen. Eine Erlöskontrolle zielt auf die Analyse einer solchen Abweichung ab und ist demnach ein Informationsgewinnungsprozeß, der aus einem für das künftige Unternehmensgeschehen auszuwertenden Vergleich von Plan- und Ist-Erlösen besteht.[12] Im Rahmen der Abweichungsanalyse ist die Gesamtabweichung der Erlöse in ursachen- bzw. erlöseinflußgrößenspezifische Teilabweichungen zu zerlegen.[13] Deren Aufbau ist davon abhängig, inwieweit in der Planung Fehler enthalten sind und zu welchem Zeitpunkt diese bekannt werden. Grundsätzlich sind die folgenden zwei Fälle zu unterscheiden:

Fall 1:   *Die Planung enthält keine Planungsfehler*
Da in der Planung keine Planungsfehler enthalten sind, muß sich der Entscheidungsvollzug an den in der Planung festgelegten Plangrößen messen lassen. Insofern sind die Plangrößen die geeigneten Normgrößen des Entscheidungsvollzugs. Die Durchführung einer Planungskontrolle ist nicht notwendig bzw. erübrigt sich.

Fall 2:   *Die Planung enthält Planungsfehler*
Planungsfehler können in der der Planung zugrunde gelegten Plan-PAF enthalten sein.[14] Wenn diese vor dem Entscheidungsvollzug bekannt sind, kann die Plan-PAF um möglichst alle Planungsfehler korrigiert werden. Die derart bestimmte PAF wird als Ex-post-Soll-PAF bezeichnet. Auf Basis der Ex-post-Soll-PAF können dann in einer neuerlichen Planung korrigierte Absatzpreise und Absatzmengen als Ex-post-Sollgrößen bestimmt werden. Mithin sind in diesem Fall 2a die Ex-post-Sollgrößen die geeigneten Normgrößen des Entscheidungsvollzugs.[15] Die Abweichung zwischen Ex-post-Soll-Erlösen und Plan-Erlösen kann darüber hinaus einer ergänzenden Planungskontrolle unterworfen werden. Da die Kontrolle des Entscheidungsvollzugs wie im Fall 1 aufzubauen ist, wird auf den Fall 2a im weiteren nicht eingegangen.

Von größerem Interesse ist es, wenn erst zum Kontrollzeitpunkt und damit nach dem Entscheidungsvollzug festgestellt wird, daß die der Planung zugrunde gelegte Plan-PAF Planungsfehler beinhaltet. In diesem Fall 2b kann die Planung der Absatzpreise nicht korrigiert werden. Der Entscheidungsvollzug muß sich dann anhand der um möglichst alle Planungsfehler korrigierten Ex-post-Soll-PAF und des Plan-Absatzpreises beurteilen lassen. In die Normgrößen des Entscheidungsvollzugs gehen demnach die Plan-Absatzpreise und die Ex-post-Soll-PAF ein, woraus sich kombinierte Ex-post-Soll-Plan-Erlöse ergeben.[16] In einer ergänzenden Planungskontrolle kann darüber hinaus eine Analyse der Abweichung zwischen Ex-post-Soll-Plan-Erlösen und Plan-Erlösen durchgeführt werden.

In den nachfolgenden Abschnitten wird die Durchführung einer Erlöskontrolle ohne Planungsfehler (Fall 1) und mit Planungsfehlern (Fall 2b) dargestellt.

I. Kontrolle der Erlöse ohne Planungsfehler

Die Gesamtabweichung der Erlöse ΔE ergibt sich aus der Differenz der Ist-Erlöse und Plan-Erlöse, die sich jeweils aus dem Produkt von Absatzpreis und Absatzmenge ergeben.[17]

$$\Delta E = E^r - E^p$$
$$= pa^r \cdot xa^r - pa^p \cdot xa^p(pa^p)$$

mit

p   Plangrößenausprägung
r   Istgrößenausprägung
Δ Differenz zwischen der jeweiligen Ist- und Plan-Erlöseinflussgrößenausprägung

Die Ist-Absatzmenge wird zumeist von der Absatzmenge gemäß der Plan-PAF bei Ist-Absatzpreis abweichen, was auf eine im Vergleich zur Plan-PAF veränderte Wirkung der sonstigen, außer der Preispolitik eingesetzten Marketinginstrumente zurückgeführt werden kann. Die im Rahmen der Erlöskontrolle gesuchten Erlösänderungspotentiale können jedoch nur dann bestimmt werden, wenn eine Annahme über die von der Plan-PAF nicht erfaßten Einflüsse getroffen wird. In der Regel wird man entweder von einer konstanten prozentualen oder einer konstanten absoluten Absatzmengenänderung ausgehen.[18]

Bei der Annahme einer konstanten prozentualen Absatzmengenänderung sind, analog zur Einführung von Mehrbedarfskoeffizienten im Rahmen der Kostenkontrolle unter Zugrundelegung einer Gutenberg-Verbrauchsfunktion[19], Absatzmengenänderungskoeffizienten v wie folgt einzuführen:[20]

$$\Delta E = pa^r \cdot \frac{xa^r}{xa^p(pa^r)} \cdot xa^p(pa^r) - pa^p \cdot xa^p(pa^p)$$
$$= pa^r \cdot v^r \cdot xa^p(pa^r) - pa^p \cdot xa^p(pa^p)$$

mit

v Absatzmengenänderungskoeffizient als prozentuale (relative) Absatzmengenänderung

Hierbei gibt die Absatzmenge $xa^p(pa^r)$ an, welche Absatzmenge sich gemäß der Plan-PAF beim Ist-Absatzpreis ergeben hätte. Der Absatzmengenänderungskoeffizient v^r zeigt demnach an, ob die Wirkung der übrigen Marketinginstrumente im Vergleich zur Plan-PAF zu einer Absatzmengensteigerung ($v^r > 1$) oder Absatzmengenminderung ($v^r < 1$) geführt hat. Diese prozentuale Absatzmengenänderung v^r ist bei einer Änderung des Ist-Absatzpreises in die Bestimmung der Erlösänderungspotentiale einzubeziehen, was einer multiplikativen Verknüpfung von Erlöseinflußgrößen entspricht und bei einer linearen PAF in einer Drehung der Plan-PAF in dem Punkt $\frac{a^p}{b^p}$ zum Ausdruck kommt. In der Abbildung 1 ist dieser Zusammenhang graphisch dargestellt.

Abb. 1: Erlöskontrolle bei konstanter prozentualer Absatzmengenänderung und linearer PAF

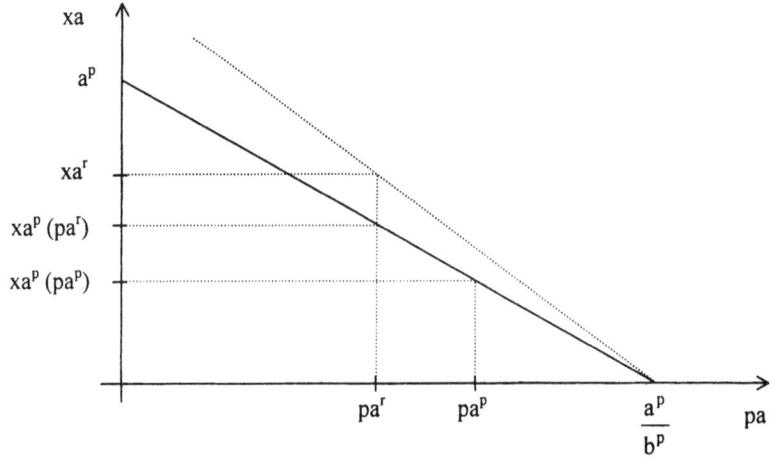

Erlöscontrolling

In einer zielwertorientierten Kontrolle als Ist-Plan-Vergleich auf Ist-Basis ist die Gesamtabweichung der Erlöse gemäß der differenziert-kumulativen Abweichungsanalysemethode mit Blockausweis der Abweichungen höherer Ordnung (Abw.h. O.) wie folgt in eine Absatzpreis- und eine Marketingeffektivitätsabweichung aufzuspalten:[21]

$$\begin{aligned}
\Delta E &= pa^r \cdot v^r \cdot xa^p(pa^r) - pa^p \cdot xa^p(pa^p) \\
&= [pa^r \cdot xa^p(pa^r) - pa^p \cdot xa^p(pa^p)] \cdot v^r \quad \text{Absatzpreisabweichung} \\
&\quad + pa^r \cdot xa^p(pa^r) \cdot (v^r - 1) \quad \text{Marketingeffektivitätsabweichung} \\
&\quad + \text{Abw.h.O.}
\end{aligned}$$

Eine personalführungsorientierte Kontrolle erfordert demgegenüber den Ausweis der Teilabweichungen auf Sollbasis. Hieraus ergibt sich folgende Aufspaltung der Erlösabweichung:[22]

$$\begin{aligned}
\Delta E &= pa^r \cdot v^r \cdot xa^p(pa^r) - pa^p \cdot xa^p(pa^p) \\
&= pa^r \cdot xa^p(pa^r) - pa^p \cdot xa^p(pa^p) \quad \text{Absatzpreisabweichung} \\
&\quad + pa^p \cdot xa^p(pa^p) \cdot (v^r - 1) \quad \text{Marketingeffektivitätsabweichung} \\
&\quad + \text{Abw.h.O.}
\end{aligned}$$

Wird hingegen, wie es in der Erlöskontrolle üblich ist, bezüglich der Abweichung der Ist-Absatzmenge von der Absatzmenge gemäß Plan-PAF bei Ist-Absatzpreis von einer konstanten absoluten Abweichung ausgegangen, so erfordert dies die Einführung von Absatzmengenänderungen γ:[23]

$$\begin{aligned}
\Delta E &= pa^r \cdot [xa^r - xa^p(pa^r) + xa^p(pa^r)] - pa^p \cdot xa^p(pa^p) \\
&= pa^r \cdot [xa^p(pa^r) + \gamma^r] - pa^p \cdot xa^p(pa^p)
\end{aligned}$$

mit

γ absolute Absatzmengenänderung

Bei einer Absatzpreisänderung wird nun stets von einer Abweichung der Absatzmenge gemäß der Plan-PAF in Höhe der konstanten absoluten Absatzmengenänderung ausgegangen. Dies kommt einer Verschiebung bzw. einer additiven Verknüpfung der Erlöseinflußgrößen gleich, was für eine lineare PAF in der Abbildung 2 dargestellt ist.

Unter Berücksichtigung der konstanten absoluten Absatzmengenänderung ergibt sich für die zielwertorientierte Kontrolle:

$$\begin{aligned}
\Delta E &= pa^r \cdot [xa^p(pa^r) + \gamma^r] - pa^p \cdot xa^p(pa^p) \\
&= pa^r \cdot [xa^p(pa^r) + \gamma^r] - pa^p \cdot [xa^p(pa^p) + \gamma^r] \quad \text{Absatzpreisabweichung} \\
&\quad + pa^r \cdot \gamma^r \quad \text{Marketingeffektivitätsabweichung} \\
&\quad + \text{Abw.h.O.}
\end{aligned}$$

Die Teilabweichungen im Rahmen einer personalführungsorientierten Kontrolle bestimmen sich aus:[24]

$$\begin{aligned}
\Delta E &= pa^r \cdot [xa^p(pa^r) + \gamma^r] - pa^p \cdot xa^p(pa^p) \\
&= pa^r \cdot xa^p(pa^r) - pa^p \cdot xa^p(pa^p) \quad \text{Absatzpreisabweichung} \\
&\quad + pa^p \cdot \gamma^r \quad \text{Marketingeffektivitätsabweichung} \\
&\quad + \text{Abw.h.O.}
\end{aligned}$$

Abb. 2: Erlöskontrolle bei konstanter absoluter Absatzmengenänderung und linearer PAF

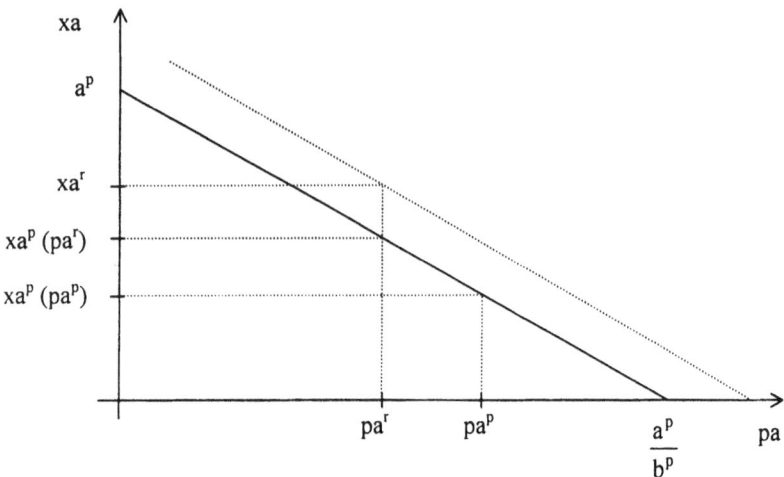

Ein Vergleich der Ergebnisse der Kontrollansätze zeigt, daß sowohl die zielwert- als auch die personalführungsorientierte Kontrolle der Erlöse eine Annahme bezüglich der Abweichung der Ist-Absatzmenge von der Absatzmenge gemäß der Plan-PAF bei Ist-Absatzpreis erfordern. Wird in der Kontrolle von einer konstanten prozentualen oder absoluten Absatzmengenänderung ausgegangen, führt dies in einer zielwertorientierten Kontrolle zu einem unterschiedlichen Ausweis der Absatzpreisabweichung, währenddessen die Marketingeffektivitätsabweichung hiervon unabhängig ist.[25] In einer personalführungsorientierten Kontrolle unterscheidet sich hingegen die Marketingeffektivitätsabweichung; in diesem Fall stimmt die Absatzpreisabweichung überein. Demzufolge ist es für eine Erlöskontrolle von wesentlicher Bedeutung, die zugrundeliegende Annahme bezüglich der Abweichung der Ist-Absatzmenge von der Absatzmenge gemäß der Plan-PAF bei Ist-Absatzpreis zu begründen und explizit darzulegen, worauf in der Literatur bislang nur unzureichend hingewiesen worden ist.[26] Dabei ist zu einer möglichst realitätsnahen Ermittlung der zielwert- und personalführungsorientierten Erlösänderungspotentiale grundsätzlich von der Annahme auszugehen, die die Realität am besten abbildet. Bei einer personalführungsorientierten Kontrolle könnten sich zusätzliche Anhaltspunkte für die Beurteilung der Annahmen aus der Anforderung ergeben, daß die erlöseinflußgrößenspezifischen Teilabweichungen nicht von den Istgrößenausprägungen anderer Erlöseinflußgrößen beeinflußt werden sollen. Diese allgemeine Anforderung hilft allerdings bei der Beurteilung der Annahmen im Prinzip nicht weiter, da der Ist-Absatzpreis in die Marketingeffektivitätsabweichung in jedem Fall eingeht. Da sich auch für einen anhand der Marketingeffektivitätsabweichung beurteilten Mitarbeiter keine eindeutige Vorteilhaftigkeit für die eine oder andere Annahme ergibt[27], erscheint es für eine personalführungsorientierte Kontrolle auch aus Gründen der Akzeptanz der Kontrollinformationen zweckmäßig zu sein, die zugrundeliegende Annahme an den realen Gegebenheiten auszurichten. Inwieweit der Kontrolle der Erlöse eine lineare oder exponentielle PAF zugrunde liegt, ist indes unerheblich für den Aufbau der Kontrollansätze.

Die Kontrollansätze von Betz sowie Ewert und Wagenhofer stimmen mit dem personalführungsorientierten Kontrollansatz unter der Annahme einer konstanten absoluten Absatzmengenänderung überein, ohne daß sie diese Annahme explizit darlegen.[28] Ewert und Wagenhofer vernachlässigen bei der Absatzpreisabweichung allerdings die Abweichung 2. Ordnung, die bei simultaner Anpassung von zwei Einflußgrößen zur Ermittlung des gesamten Erlösänderungspotentials mit den Teilabweichungen 1. Ordnung zusammenzufassen ist.[29]

Ungeklärt ist bisher, warum der für die Festlegung des Absatzpreises verantwortliche Entscheidungsträger überhaupt vom Plan-Absatzpreis abweicht bzw. ob rationale Gründe für die Absatzpreisabweichung existieren können. Eine Verminderung des Absatzpreises führt bei einer exponentiellen PAF stets und bei einer linearen PAF bis zum Umsatzmaximum zu einem Anstieg der Erlöse und damit zu einer positiven Absatzpreisabweichung, jedoch ist diese vor dem Hintergrund des Ziels der Gewinnmaximierung grundsätzlich negativ zu beurteilen. Eine Erhöhung des Absatzpreises führt demgegenüber bei beiden PAF zu einer Verminderung der Erlöse. Als eine Erklärung für die Veränderung des Absatzpreises könnte die Marketingeffektivitätsabweichung herangezogen werden, die aber nur unter der Annahme einer konstanten absoluten Absatzmengenänderung ein Argument für eine Absatzpreisänderung liefert.[29] Als weiteres Argument könnte angeführt werden, daß die Plan-PAF mit Planungsfehlern behaftet ist, was ein Abweichen vom Plan-Absatzpreis im Entscheidungsvollzug bzw. in der Realisation erforderlich machte. Die Einbeziehung von Planungsfehlern in den Aufbau der Kontrollansätze ist Gegenstand des nächsten Abschnittes.

II. Kontrolle der Erlöse mit Planungsfehlern

Sofern die Plan-PAF Planungsfehler beinhaltet und diese im Rahmen der Planung des Absatzpreises nicht berücksichtigt worden sind, könnte dies eine Erklärung für ein positiv zu beurteilendes Abweichen vom Plan-Absatzpreis liefern. Hierzu ist die Plan-PAF zum Kontrollzeitpunkt um möglichst alle Planungsfehler zu korrigieren. Die so bestimmte PAF wird als Ex-post-Soll-PAF ($xa^s(pa)$) bezeichnet. Sofern die Ex-post-Soll-PAF bekannt ist, geht diese mit den Plan-Absatzpreisen in die Normgrößen des Entscheidungsvollzuges ein. Die Gesamtabweichung der Erlöse kann demnach in eine auf den Entscheidungsvollzug zurückzuführende Realisationsabweichung ΔE^{real} und in eine auf die Planung zurückzuführende Planungsabweichung ΔE^{plan} zerlegt werden.[31] Zur Verdeutlichung ist dieser Zusammenhang in der Abbildung 3 für eine lineare PAF dargestellt.

$$\begin{aligned}\Delta E &= E^r - E^p \\ &= pa^r \cdot xa^r - pa^p \cdot xa^p(pa^p) \\ &= pa^r \cdot xa^r - pa^p \cdot xa^s(pa^p) \quad \text{Realisationsabweichung} \\ &\quad + pa^p \cdot xa^s(pa^p) - pa^p \cdot xa^p(pa^p) \quad \text{Planungsabweichung}\end{aligned}$$

mit

s Ex-post-Sollgrößenausprägung

Abb. 3: Erlöskontrolle bei linearer PAF mit Planungsfehlern

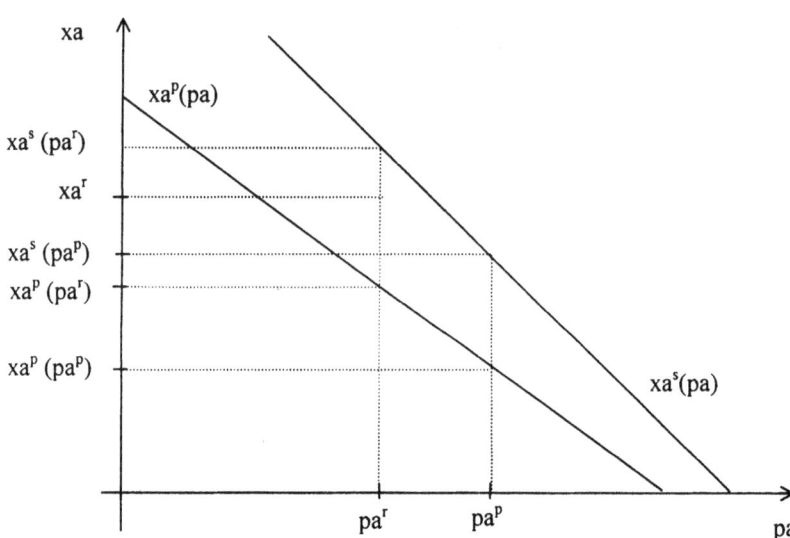

Wie bei der Erlöskontrolle ohne Planungsfehler ist eine Annahme darüber zu treffen, ob bei der Abweichung zwischen der Ist-Absatzmenge und der Absatzmenge gemäß Expost-Soll-PAF bei Ist-Absatzpreis von einer konstanten prozentualen oder absoluten Absatzmengenänderung auszugehen ist. Unter der Annahme einer konstanten prozentualen Absatzmengenänderung ist die Aufspaltung der Realisationsabweichung in einer zielwertorientierten Kontrolle wie folgt in eine Absatzpreis- und Marketingeffektivitätsabweichung vorzunehmen:

$$\begin{aligned}
\Delta E^{real} &= pa^r \cdot xa^r - pa^p \cdot xa^s(pa^p) \\
&= pa^r \cdot \frac{xa^r}{xa^s(pa^r)} \cdot xa^s(pa^r) - pa^p \cdot xa^s(pa^p) \\
&= pa^r \cdot v^r \cdot xa^s(pa^r) - pa^p \cdot xa^s(pa^p) \\
&= [pa^r \cdot xa^s(pa^r) - pa^p \cdot xa^s(pa^p)] \cdot v^r \quad &\text{Absatzpreisabweichung} \\
&\quad + pa^r \cdot xa^s(pa^r) \cdot (v^r - 1) \quad &\text{Marketingeffektivitäts-} \\
&\quad + \text{Abw.h.O.} &\text{abweichung}
\end{aligned}$$

Bei der Auswertung der Absatzpreisabweichung stellt sich die Frage, wie das Abweichen vom Plan-Absatzpreis unter Berücksichtigung der im Vergleich zur Planung veränderten PAF im Hinblick auf das Ziel der Gewinnmaximierung zu beurteilen ist. Hierzu ist der Absatzpreis pa^{opt} als der auf Basis der veränderten Erlöseinflußgrößen gewinnmaximale Absatzpreis zu bestimmen. Bei linearer und exponentieller PAF bestimmt sich dieser unter Vernachlässigung möglicher Abweichungen bei den variablen Stückkosten aus:[32]

lineare PAF: $\quad pa^{opt} = \dfrac{a^s + kv^p \cdot b^s}{2 \cdot b^s}$

exponentielle PAF: $\quad pa^{opt} = \dfrac{kv^p \cdot d^s}{d^s - 1}$.

Unter Einbeziehung des gewinnmaximalen Absatzpreises pa^{opt} kann die Absatzpreisabweichung in eine planungsbedingte und eine restliche Absatzpreisabweichung aufgespalten werden:

$[pa^r \cdot xa^s(pa^r) - pa^p \cdot xa^s(pa^p)] \cdot v^r$
$= [pa^r \cdot xa^s(pa^r) - pa^{opt} \cdot xa^s(pa^{opt})] \cdot v^r \quad$ restliche Absatzpreisabweichung
$\quad + [pa^{opt} \cdot xa^s(pa^{opt}) - pa^p \cdot xa^s(pa^p)] \cdot v^r \quad$ planungsbedingte Absatzpreisabweichung

Die planungsbedingte Absatzpreisabweichung gibt die Veränderung der Erlöse im Vergleich zur Planung an, die sich ergeben hätte, wenn sich der Absatzpreisverantwortliche im Rahmen des Entscheidungsvollzuges optimal an die im Vergleich zur Planung veränderten Rahmenbedingungen angepaßt hätte. Bei dieser Teilabweichung ist zu beachten, daß diese im wesentlichen nur zur Abspaltung der restlichen Absatzpreisabweichung ermittelt wird und nicht als Erlösänderungspotential interpretiert werden kann. Die restliche Absatzpreisabweichung kann mit Planungsfehlern nicht erklärt werden. Infolgedessen ist die Anpassung des Absatzpreises um so besser zu beurteilen, desto kleiner der Betrag der restlichen Absatzpreisabweichung ist. Damit erlaubt diese Abweichung eine Beurteilung der Effektivität der Absatzpreispolitik.

Die zielwertorientierte Kontrolle unter der Annahme einer konstanten absoluten Absatzmengenänderung sowie die personalführungsorientierte Kontrolle unter der Annahme einer konstanten prozentualen oder absoluten Absatzmengenänderung sind dementsprechend aufzubauen. In der Tabelle 1 sind die Ergebnisse der Kontrollansätze zusammengefaßt.

Betz nimmt in seinem personalführungsorientierten Ansatz zur Kontrolle der Erlöse auf Basis monopolistischer PAF mit Planungsfehlern eine andere Zerlegung der Erlösabweichung vor. Er spaltet die Erlösabweichung zunächst nicht in eine Planungs- und Realisationsabweichung auf, sondern zerlegt diese unmittelbar in eine Absatzpreis-, eine Marketingeffektivitäts- und eine Planungsabweichung.[33] Eine weitere Aufspaltung der Absatzpreisabweichung nimmt Betz nicht vor, so daß folgt:

$\Delta E = pa^r \cdot xa^p(pa^r) - pa^p \cdot xa^p(pa^p) \quad$ Absatzpreisabweichung
$\quad + pa^p \cdot (xa^r - xa^s(pa^r)) \quad$ Marketingeffektivitätsabweichung
$\quad + pa^p \cdot (xa^s(pa^r) - xa^p(pa^r)) \quad$ Planungsabweichung
$\quad + $ Abw.h.O.

Von diesen Teilabweichungen stimmt lediglich die Marketingeffektivitätsabweichung mit der des personalführungsorientierten Kontrollansatzes unter der Annahme einer konstanten absoluten Absatzmengenabweichung überein. In der Absatzpreisabweichung verwendet Betz anstelle der Ex-post-Soll-PAF die Plan-PAF. Dem liegt wohl die Überlegung zu-

Tab. 1: Ergebnisübersicht der Erlöskontrolle auf Basis monopolistischer PAF mit Planungsfehlern

Teilabweichung	zielwertorientierte Kontrolle		personalführungsorientierte Kontrolle	
	konstante prozentuale Absatzmengenabweichung	konstante absolute Absatzmengenabweichung	konstante prozentuale Absatzmengenabweichung	konstante absolute Absatzmengenabweichung
Planungsabw.	$pa^p \cdot xa^s(pa^p) - pa^p \cdot xa^p(pa^p)$			
Realisationsabw.	$pa^r \cdot xa^r - pa^p \cdot xa^s(pa^p)$			
Marketing-effektivitätsabw.	$pa^r \cdot (xa^r - xa^s(pa^r))$		$pa^p \cdot xa^s(pa^p) \cdot (v^r - 1)$	$pa^p \cdot (xa^r - xa^s(pa^r))$
Absatzpreisabw.	$[pa^r \cdot xa^s(pa^r) - pa^p \cdot xa^s(pa^p)] \cdot v^r$	$pa^r \cdot [xa^s(pa^r) + \gamma^r] - pa^p \cdot [xa^s(pa^p) + \gamma^r]$	$pa^r \cdot xa^s(pa^r) - pa^p \cdot xa^s(pa^p)$	
planungsbedingte Absatzpreisabw.	$[pa^{opt} \cdot xa^s(pa^{opt}) - pa^p \cdot xa^s(pa^p)] \cdot v^r$	$pa^{opt} \cdot [xa^s(pa^{opt}) + \gamma^r] - pa^p \cdot [xa^s(pa^p) + \gamma^r]$	$pa^{opt} \cdot xa^s(pa^{opt}) - pa^p \cdot xa^s(pa^p)$	
restliche Absatzpreisabw.	$[pa^r \cdot xa^s(pa^r) - pa^{opt} \cdot xa^s(pa^{opt})] \cdot v^r$	$pa^r \cdot [xa^s(pa^r) + \gamma^r] - pa^{opt} \cdot [xa^s(pa^{opt}) + \gamma^r]$	$pa^r \cdot xa^s(pa^r) - pa^{opt} \cdot xa^s(pa^{opt})$	

grunde, daß die Absatzpreisabweichung nicht von der Abweichung der PAF vom Plan beeinflußt werden sollte. Dieses ist allerdings mit dem Nachteil verbunden, daß die Abweichung von den Fehlern in der Planung beeinflußt wird, was aus personalführungsorientierter Sicht ebenso wie eine Beeinflussung von Istgrößenausprägungen anderer Einflußgrößen abzulehnen ist.[34] In die Planungsabweichung geht demgegenüber der Ist-Absatzpreis ohne weitere Begründung ein. Demzufolge ist der Kontrollansatz von Betz vor dem Hintergrund der Theorie der Erlösänderungspotentiale nur eingeschränkt zur Bereitstellung der kontrollrelevanten Erlösinformationen geeignet.

D. Zusammenfassung und Ausblick

Die in diesem Beitrag entwickelten Ansätze zur Kontrolle der Erlöse auf Basis monopolistischer PAF geben stets die in einer zielwert- und personalführungsorientierten Kontrolle gesuchten zielwert- bzw. personalführungsorientierten Erlösänderungspotentiale an. Demgegenüber sind die existierenden Kontrollansätze in unterschiedlichem Ausmaß nur eingeschränkt zur Bereitstellung der kontrollrelevanten Erlösinformationen geeignet. Als theoretische Grundlage diente die von Josef Kloock entwickelte Theorie der Erlös-, Kosten- und Erfolgsänderungspotentiale, die für die Gestaltung eines jeden Kontrollansatzes von grundlegender Bedeutung ist. Bei allen Kontrollansätzen zeigt sich, daß die Ermittlung der Erlösänderungspotentiale Annahmen über die Abweichungen zwischen den realisierten Werten und den sich aus linearen oder exponentiellen PAF ergebenden Werten erfordert. Zudem sind in diesem Beitrag die Auswirkungen von Planungsfehlern auf die entwickelten Kontrollansätze dargestellt worden. Die Kontrolle von Erlösen ist demnach immer vor dem Hintergrund der Planung der Erlöse zu betrachten, da sich hieraus wichtige Anforderungen an die von einer Kontrolle bereitzustellenden Erlösinformationen ergeben. Mit der Darstellung der Zusammenhänge zwischen der Planung und Kontrolle der Erlöse wird ein Beitrag zur theoretischen Fundierung eines Erlöscontrolling geleistet. Darüber hinaus lassen sich die theoretischen Grundlagen zur Erlöskontrolle auf Basis monopolistischer PAF unmittelbar auf die Erlöskontrolle auf Basis oligopolistischer PAF übertragen.[35]

Die entwickelte Konzeption eines Erlöscontrolling ist jedoch in zweifacher Hinsicht als statisch zu betrachten. Zum einen wird den Überlegungen im Prinzip ein statisches Preismanagement zugrunde gelegt. Gerade dem Absatzpreis werden aber auch langfristige Wirkungen zugeschrieben, die im Rahmen eines dynamischen Preismanagements zu berücksichtigen sind.[36] Welche Auswirkungen sich hieraus auf das Erlöscontrolling ergeben, ist bislang nicht untersucht worden. Zum anderen sind die Ausführungen zur Erlöskontrolle weitgehend auf die feedback-Komponente einer Kontrolle beschränkt. Die Umsetzung des in einer solchen Kontrolle erworbenen Wissens in künftigen Planungs- und Entscheidungsprozessen als ein wesentliches Element der feedforward-Komponente einer Kontrolle wird in der Literatur nur unzureichend diskutiert.[37] Aus diesen dynamischen Aspekten leiten sich zwei Bereiche künftiger Forschung ab, die in einem strategischen Erlöscontrolling zu integrieren sind.

Anmerkungen

1 Zu den monopolistischen und oligopolistischen PAF siehe bspw. Simon (1992), S. 94ff.
2 Vgl. Betz (1996), S. 22ff.; Betz (1998), S. 36f.; Ewert und Wagenhofer (2000), S. 375f.
3 Dieses gilt ebenso im monopolistischen Bereich einer doppelt geknickten PAF. Zur doppelt geknickten PAF (Gutenberg-Modell) siehe Albach (1979), S. 523ff.; Gutenberg (1984), S. 290ff.; Wied-Nebbeling (1997), S. 119ff.
4 Siehe Betz (1996), S. 61ff.
5 Vgl. Ewert und Wagenhofer (2000), S. 344ff.; Kloock (2000), S. 20. Ewert und Wagenhofer bezeichnen die zielwertorientierten Kontrollaufgaben als Entscheidungsfunktion und die personalführungsorientierten Kontrollaufgaben als Verhaltenssteuerungsfunktion einer Kontrolle.
6 Zur Theorie der Kostenänderungspotentiale siehe Kloock (1994), S. 632ff. Zu diesbezüglichen Weiterentwicklungen siehe Dierkes (1998), 87f. und insbesondere Lengsfeld (1999a), S. 21ff. Zur differenziert-kumulativen Abweichungsanalysemethode siehe Bommes (1984), S. 53ff.; Kloock (1988), S. 423ff.; Kloock und Bommes (1982), S. 229.
7 Zum koordinationsorientierten Controllingbegriff siehe Horváth (1998), S. 112ff.; Kloock (1997), S. 1ff.; Küpper (1997), S. 13ff.
8 Der Ist-Soll-Vergleich stellt sicher, daß Erlösminderungen stets mit negativem Vorzeichen ausgewiesen werden. Grundsätzlich könnte ebenso ein Soll-Ist-Vergleich durchgeführt werden. Zur Vermeidung von Interpretationsproblemen ist lediglich auf eine einheitliche Handhabung zu achten.
9 Vgl. Simon (1992), S. 101ff.; Tellis (1988), S. 331ff. Die in diesem Beitrag entwickelten Kontrollansätze lassen sich jedoch ohne weiteres auf der Grundlage weiterer PAF (z. B. das Gutenberg-Modell) anwenden.
10 Siehe hierzu Simon (1992), S. 94ff., 164ff.
11 Der Definitionsbereich des Betrags der Preiselastizität wird in diesem Beitrag auf den sinnvollen Bereich $d > 1$ beschränkt.
12 Zum Kontrollbegriff siehe Frese (1981), Sp. 915f.; Kloock, Sieben und Schildbach (1999), S. 264.
13 Vgl. Ewert und Wagenhofer (2000), S. 355f.; Kloock (1994), S. 620. Zu den übrigen Kontrollhandlungen siehe Dierkes (1998), S. 88ff.; Ewert und Wagenhofer (2000), S. 348ff.; Kloock (2000), S. 20ff.
14 Von etwaigen Planungsfehlern bezüglich der Bestimmung der variablen Stückkosten sowie der Bestimmung des gewinnmaximalen Absatzpreises wird vereinfachend abstrahiert.
15 Vgl. Kloock (2000), S. 30f. Der Fall 2a entspricht dort dem Fall 1. Wenn die Planung trotz der bekannten Planungsfehler nicht korrigiert wird, so sind als Normgrößen des Entscheidungsvollzuges wie im Fall 2b kombinierte Ex-post-Soll-Plan-Erlöse anzusetzen.
16 Vgl. Kloock (2000), S. 30f. Der Fall 2b entspricht dort dem Fall 2.
17 Δ steht im folgenden für die Differenz zwischen Ist- und Plan- bzw. Ex-post-Sollgrößen, wie Ist- und Plan- bzw. Ex-post-Sollerlöse oder einzelne Ist- und Plan- bzw. Ex-post-Solleinflußgrößen.
18 Siehe hierzu Dierkes (1998), S. 175ff.; Lengsfeld (1999b), S. 50ff. Sofern eine davon abweichende Annahme getroffen wird, sind die Kontrollansätze dementsprechend anzupassen. Aus der Konstanz der prozentualen oder absoluten Absatzmengenänderung folgt, daß der in der Planung angenommene Funktionstyp erhalten bleibt. Infolgedessen werden Verknüpfungsabweichungen im Sinne von Funktionstypabweichungen ausgeschlossen. Siehe hierzu Kloock (2000), S. 89f.
19 Vgl. Glaser (1992), S. 478ff.; Wimmer (1994), S. 981ff.
20 Grundsätzlich ist es auch möglich, daß auch in der Planung Absatzmengenänderungskoeffizienten berücksichtigt werden. In diesem Beitrag wird jedoch stets davon ausgegangen, daß sich die Plan-Absatzmengen aus der Plan-PAF beim Plan-Absatzpreis bestimmen ($v^p = 1$).
21 Die Absatzpreisabweichung kann noch weiter in eine direkte Absatzpreisabweichung und eine auf die Absatzpreisänderung zurückzuführende Absatzmengenabweichung als indirekte Absatzpreisabweichung zerlegt werden:

$$[pa^r \cdot xa^p(pa^r) - pa^p \cdot xa^p(pa^p)] \cdot v^r = (pa^r - pa^p) \cdot xa^p(pa^r) \cdot v^r$$
$$+ pa^r \cdot [xa^p(pa^r) - xa^p(pa^p)] \cdot v^r$$
$$+ \text{Abw.h.O.}$$

Eine derartige Aufspaltung kann grundsätzlich bei allen nachfolgenden Kontrollansätzen vorgenommen werden. Bei der Interpretation dieser Teilabweichungen ist allerdings zu beachten, daß die Interdependenz zwischen Absatzmenge und Absatzpreis vernachlässigt wird. Aus diesem Grund wird im weiteren auf die Aufspaltung der Absatzpreisabweichung verzichtet.

22 Vgl. Lengsfeld (1999b), S. 51.
23 Auch hier wird davon ausgegangen, daß sich die Plan-Absatzmenge aus der Plan-PAF beim Plan-Absatzpreis bestimmt ($\gamma^p = 0$).
24 Vgl. Lengsfeld (1999b), S. 51.
25 Die Übereinstimmung zeigt sich, wenn der Ist-Absatzmengenänderungskoeffizient v^r durch $\dfrac{xa^r}{xa^p(pa^r)}$ bzw. die Ist-Absatzänderungsmenge γ^r durch $(xa^r - xa^p(pa^r))$ ersetzt wird.
26 Auf die Notwendigkeit derartiger Annahmen bei von Funktionen nicht vollständig erfaßten Einflußgrößen weisen insbesondere Dierkes (1998), S. 182 und Lengsfeld (1999b), S. 51 hin.
27 So ist z. B. eine positive Marketingeffektivitätsabweichung bei einer Verminderung des Absatzpreises ($pa^r < pa^p$) unter der Annahme einer konstanten absoluten Absatzmengenänderung größer als unter der Annahme einer konstanten prozentualen Absatzmengenänderung, währenddessen dies bei einer Absatzpreiserhöhung ($pa^r > pa^p$) genau umgekehrt ist.
28 Zu den Kontrollansätzen siehe Betz (1996), S. 22ff.; Betz (1998), S. 36f.; Ewert und Wagenhofer (2000), S. 376f.
29 Zur Ermittlung von Erfolgsänderungspotentialen bei simultaner Anpassung von zwei Einflußgrößen siehe Kloock (1994), S. 635f.; Lengsfeld (1999a), S. 40f.
30 Dieses wird unmittelbar an den im Abschnitt B. hergeleiteten Optimalitätsbedingungen deutlich. Im Abschnitt C.II. wird hierauf noch näher eingegangen.
31 Zur Aufspaltung einer Abweichung in eine Realisations- und Planungsabweichung siehe Ewert und Wagenhofer (2000), S. 383ff.; Kloock (2000), S. 82ff. Zur weiteren Aufspaltung der Planungsabweichung siehe Kloock (1998), S. 82ff.
32 Die konstante prozentuale Absatzmengenabweichung geht somit nicht in den gewinnmaximalen Absatzpreis ein. Wird hingegen von einer konstanten absoluten Absatzmengenänderung ausgegangen, so ist diese wie folgt in die Bestimmung des gewinnmaximalen Absatzpreises pa^{opt} einzubeziehen:

lineare PAF: $\quad pa^{opt} = \dfrac{a^s + kv^p \cdot b^s + \gamma^r}{2 \cdot b^s}$

exponentielle PAF: $\quad (-d^s + 1) \cdot c^s \cdot (pa^{opt})^{-d^s} + \gamma^r + kv^p \cdot c^s \cdot d^s \cdot (pa^{opt})^{-d^s - 1} = 0$

Zu analogen Überlegungen im Rahmen der Aufspaltung der Planungsabweichung siehe Kloock (2000), S. 85.
33 Vgl. Betz (1996), S. 63. Die Marketingeffektivitätsabweichung wird dort als die dem Absatzmengenverantwortlichen zurechenbare Teilabweichung bezeichnet. Die Ist-PAF entspricht der Ex-post-Soll-PAF.
34 Siehe hierzu Coenen (1998), S. 133f.; Kloock (1994), S. 636.
35 Zur Erlöskontrolle im Oligopol siehe Albers (1989), Albers (1992), Betz (1996) und Dierkes (1999).
36 Zum dynamischen Preismanagement siehe Simon (1992), S. 239ff.
37 Auszunehmen von dieser Aussage sind insbesondere die Ausführungen vom Jubilar zur Gestaltung einer Kontrolle als Feedback-Feedforward-System und damit zur Nutzung von Kontrollinformationen in künftigen Planungs- und Entscheidungsprozessen. Siehe hierzu Kloock (1994), S. 609ff.

Literatur

Albach, H. (1979): Market Organization and Pricing Behavior of Oligopolistic Firms in the Ethical Drugs Industry – An Essay in the Measurement of Effective Competition, in: Kyklos 32. Jg., S. 523–540.

Albers, S. (1989): Ein System zur IST-SOLL-Abweichungs-Ursachenanalyse von Erlösen, in: ZfB, 59. Jg., S. 637–654.

Albers, S. (1992): Ursachenanalyse von marketingbedingten IST-SOLL-Deckungsbeitragsabweichungen, in: ZfB, 62. Jg., S. 199–223.

Betz, S. (1996): Operatives Erfolgscontrolling, Wiesbaden.

Betz, S. (1998): Funktionales Erfolgscontrolling bei mehrstufiger Fertigung, in: BFuP, 51. Jg., Heft 1, S. 35–47.

Bommes, W. (1984): Darstellung und Beurteilung von Verfahren der Kostenabweichungsanalyse bei ein- und mehrstufigen Fertigungsprozessen, Essen.

Coenen, M. (1998): Kostenkontrollmanagement und Verhaltenssteuerung, Wiesbaden.

Dierkes, S. (1998): Planung und Kontrolle von Prozeßkosten, Wiesbaden.

Dierkes, S. (1999): Erlöscontrolling im Monopol und Oligopol, in: Betriebswirtschaftliche Diskussionsbeiträge der Martin-Luther-Universität Halle-Wittenberg, Wirtschaftswissenschaftliche Fakultät, Beitrag Nr. 32/99, Halle.

Ewert, R. und Wagenhofer, A. (2000): Interne Unternehmensrechnung, 4. Aufl., Berlin u.a.

Frese, E. (1981): Kontrolle und Rechnungswesen, in: Handwörterbuch des Rechnungswesens, hrsg. v. E. Kosiol u.a., 2. Aufl., Stuttgart, Sp. 915–923.

Glaser, H. (1992): Kostenkontrolle durch Abweichungsanalysen, in: Handbuch Kostenrechnung, hrsg. v. W. Männel, Wiesbaden, S. 476–485.

Gutenberg, E. (1984): Grundlagen der Betriebswirtschaftslehre, 2. Band, Der Absatz, 17. Aufl., Berlin u.a.

Horváth, P. (1998): Controlling, 7. Aufl., München.

Kloock, J. (1994): Neuere Entwicklungen des Kostenkontrollmanagements, in: Neuere Entwicklungen im Kostenmanagement, hrsg. v. K. Dellmann und K.-P. Franz, Bern u.a., S. 607–644.

Kloock, J. (1997): Einführung in das Fach Unternehmensrechnung mit Revision und in das Controlling, in: Diskussionsbeiträge zum Rechnungswesen, hrsg. v. J. Kloock, Beitrag Nr. 5, Köln.

Kloock, J. (2000): Unternehmensrechnung und Revision – Kontrollmanagement, 11. Aufl., Köln.

Kloock, J. und Bommes, W. (1982): Methoden der Kostenabweichungsanalyse, in: krp, 26. Jg., S. 225–237.

Kloock, J., Sieben, G. und Schildbach, T. (1999): Kosten- und Leistungsrechnung, 8. Aufl., Düsseldorf.

Küpper, H.-U. (1997): Controlling, 2. Aufl., Stuttgart.

Lengsfeld, S. (1999a): Kostenkontrolle und Kostenänderungspotentiale, Wiesbaden.

Lengsfeld, S. (1999b): Kommentar zum Beitrag von Betz, in: BFuP, 51. Jg., Heft 1, S. 48–52.

Simon, H. (1992): Preismanagement, 2. Aufl., Wiesbaden.

Tellis, G. J. (1988): The Price Elasticity of Selective Demand: A Meta-Analysis of Econometric Models of Sales, in: Journal of Marketing Research, 25 Jg., S. 331–341.

Wied-Nebbeling, S. (1997): Markt- und Preistheorie, 3. Aufl., Berlin u.a.

Wimmer, K. (1994): Kostenabweichungsanalyse und Kostensenkung. Zur Inkonsistenz zwischen theoretischem Anspruch und praktischer Realisierung, in: ZfB, 64. Jg., S. 981–998.

Zusammenfassung

In diesem Beitrag werden auf der Grundlage der von Josef Kloock entwickelten Theorie der Kosten- bzw. Erlösänderungspotentiale zielwert- und personalführungsorientierte Ansätze zur Erlöskontrolle auf Basis monopolistischer Preis-Absatz-Funktionen unter Berücksichtigung möglicher Planungsfehler konzipiert, die die jeweils relevanten Kontrollinformationen bereitstellen. Die Kontrollansätze werden grundsätzlich mit der Planung der Erlöse abgestimmt. Dieses führt zur Koordination zwischen dem Planungs- und Kontrollsystem als Elemente des Führungssystems, womit ein Beitrag zur theoretischen Fundierung eines Erlöscontrolling erbracht wird.

Summary

In recent years many publications have dealt with cost control, whereas sales revenues control was neglected to a great extent. This paper develops an approach to control sales revenues in case of monopolistic sales response functions. It provides relevant information to evaluate performance and to improve future decisions. The theoretical basis for this approach is the cost control theory developed by Josef Kloock.

80: Allgemeine Fragen des Rechnungswesens (JEL M40)
84: Planungsrechnung und Controlling (JEL M43)

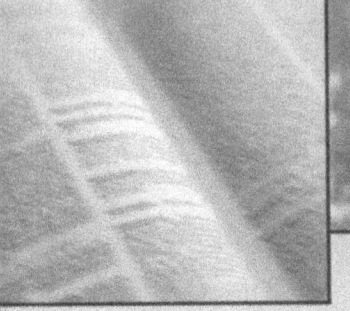

Materialwirtschaft

Ulrich Vossebein
**Intensivtraining
Materialwirtschaft und
Produktionstheorie**
MLP Repetitorium
2., akt. Aufl. 2001. X, 174 S.
Br. DM 28,00
ISBN 3-409-22612-5

Das Intensivtraining Materialwirtschaft und Produktionstheorie beschäftigt sich mit Verbesserungsmöglichkeiten im Bereich Materialwirtschaft. Es wird aufgezeigt, welche Fragestellungen im Rahmen der Produktionsplanung beantwortet werden müssen. Aufbauend auf den produktions- und kostentheoretischen Grundlagen wird dargestellt, wie optimale Produktionsprogramme bestimmt werden können.

Klaus Jürgen Heimbrock
Kompetenzpartnermanagement
Beschaffung im
dynamischen Unternehmen
2001, 286 S.
Br. DM 68,00
ISBN 3-409-11733-4

Dieses Lehrbuch baut auf den aktuellen Erkenntnisse der Themengebiete Beschaffungsmanagement und Change Management auf und führt die Erfolgsfaktore beider Wissensgebiete zum Kompetenzpartner-Management zusammen.

Bestell-Coupon Fax: 06 11.78 78-420

Ja, ich bestelle zur sofortigen Lieferung:

Vorname und Name

Ulrich Vossebein
___Expl. **Intensivtraining
Materialwirtschaft und
Produktionstheorie**
Br. DM 28,00
ISBN 3-409-22612-5

Klaus Jürgen Heimbrock
___Expl. **Kompetenzpartnermanagement**
Br. DM 68,00
ISBN 3-409-11733-4

Straße (bitte kein Postfach)

PLZ, Ort

Unterschrift   321 01 006

Änderungen vorbehalten. Erhältlich im Buchhandel oder beim Verlag. Abraham-Lincoln-Str. 46, 65189 Wiesbaden, Tel: 06 11.78 78-124, www.gabler.

Beschaffungs-Controlling
Kapitalwertorientierte Bestellmengenplanung bei Mengenrabatten und dynamischer Nachfrage

Von Knut Haase

Überblick

- Insbesondere für Handelsunternehmen ist die Ausnutzung von Mengenrabatten unter Berücksichtigung von Kapitalbindungs- und Bestellkosten von hoher praktischer Bedeutung.

- Die Einsparungen, die durch Ausnutzung von Mengenrabatten erzielbar sind, können die damit verbundenen Erhöhungen bei den Lagerkosten bei weitem überwiegen. Daher ist die Berücksichtigung von Mengenrabatten bei der Bestellmengenplanung dringend angeraten.

- Die in der Literatur vorgeschlagenen Ansätze zur dynamischen Bestellmengenplanung bei Mengenrabatten führen zu variablen Lagerhaltungskoeffizienten, die modellendogen zu bestimmen sind. Dadurch entsteht eine zunächst komplexe Fragestellung. Ferner bleiben (marginale) Zinseffekte hinsichtlich des Zeitpunktes der Bestell- und Lagerkostenentstehung zumeist unberücksichtigt.

- Diese Problematik stellt sich von vornherein nicht bei Durchführung einer äquivalenten zahlungsorientierten Entscheidungsrechnung. Zugleich wird deutlich, dass eine optimale Bestellpolitik unabhängig von (heuristischen) Lagerbestandsbewertungen – wie von ter Haseborg vorgeschlagen – ist und mit Verfahren der dynamischen Optimierung bestimmt werden kann.

Eingegangen: 10. März 2000

Priv.-Doz. Dr. Knut Haase, Institut für Betriebswirtschaftslehre, Lehrstuhl für Produktion und Logistik, Christian-Albrechts-Universität zu Kiel, Wilhelm-Seelig-Platz 1, 24098 Kiel, Tel. 04 31/8 80-15 31, Fax 04 31/ 8 80-76 01, e-mail: haase@bwl.uni-kiel.de.

© Gabler-Verlag 2001

A. Problemstellung und Abgrenzung

Eines der zentralen Probleme der Warenwirtschaft ist die Optimierung der Bestellmengen.[1] Dabei ist unter der Zielsetzung, die Bestell- und Lagerkosten zu minimieren, festzulegen, wie viel und wann von einem Artikel bestellt werden soll.

Die in der Literatur vorgeschlagenen Optimierungsmodelle lassen sich neben anderen Klassifikationskriterien im wesentlichen hinsichtlich des zeitlichen Bedarfsverlaufes, der Berücksichtigung von Kapazitäten und der Annahme, ob der Bedarf deterministisch[2] oder stochastisch ist, klassifizieren.[3] Im Vordergrund dieses Beitrages stehen deterministische Bestellmengenprobleme ohne Kapazitätsbeschränkungen.

Ist der Bedarfsverlauf im Zeitablauf gleichbleibend und sind keine knappen Kapazitäten zu beachten, so wird in der Literatur zumeist die klassische Losgrößenformel zur Bestimmung der optimalen Bestellmenge vorgeschlagen.[4] Für diese statische Problemstellung finden sich in der Literatur verschiedene praxisrelevante Erweiterungen.[5] Hierzu gehört auch die Berücksichtigung von Mengenrabatten, wobei diese Problemstellung durch mehrfache Anwendung der klassischen Losgrößenformel und Betrachtung der Kosten, die bei Bestellmengen in Höhe der jeweiligen Rabattgrenzen entstehen, gelöst werden kann.[6] Dabei ist insbesondere darauf zu achten, dass neben den Bestell- und Lagerkosten auch die Einsparungen durch Ausnutzung der Rabatte Grundlage der Entscheidungsfindung ist.[7]

Die Bestellmengenplanung bei schwankenden Bedarfen[8] und Mengenrabatten wird u.a. in den Beiträgen von ter Haseborg (1979, 1990) und Bogaschewsky (1989, 1991) behandelt. Dabei wird in dem Beitrag von ter Haseborg (1990) der Beitrag von Bogaschewsky (1989) einer konstruktiven Kritik unterzogen, worauf in Bogaschewsky (1991) eine Erwiderung erfolgt. Gegenstand der Diskussion war auch die geeignete Bestimmung der Kapitalbindungskosten. Dabei verweist ter Haseborg[9] auf die Beiträge von Schramm (1987) und Rieper (1989), in denen (für den Fall konstanter Periodenbedarfe) eine zahlungs- statt einer erfolgsorientierten Bestellmengenplanung empfohlen wird.

Im Rahmen dieses Beitrages werden wir diesen Hinweis aufgreifen und dabei die konzeptionellen Vorteile eines zahlungsorientierten bzw. investitionstheoretischen[10] Ansatzes zur dynamischen Bestellmengenplanung bei Mengenrabatten verdeutlichen.

Der weitere Aufbau dieser Arbeit ist wie folgt: Im nächsten Abschnitt erläutern wir das mathematische Grundmodell zur dynamischen Einproduktbestellmengenplanung. In Abschnitt C werden konzeptionelle Schwächen des Grundmodells diskutiert. Ein äquivalenter zahlungsorientierter Ansatz wird in Abschnitt D vorgestellt. Dieser wird in Abschnitt E hinsichtlich der Berücksichtigung von Rabatten erweitert. Der Beitrag schließt mit einer Zusammenfassung.

B. Das Grundmodell

Das Grundmodell zur Bestimmung einer optimalen Bestellpolitik für ein Produkt mit dynamischer Nachfrage unterliegt folgenden Prämissen:

1. Die Nachfragemengen sind für alle Perioden des Planungszeitraumes bekannt und termingerecht zu erfüllen.

2. Aus- und Anlieferungen erfolgen jeweils mit unendlicher Geschwindigkeit zu Beginn einer Periode.
3. Pro Bestellung fallen fixe Kosten an.
4. Die Lagerhaltungskosten sind proportional zum Lagerbestand.
5. Es existieren keine weiteren Restriktionen (z.B. Lagerkapazität, Finanzbudget).

Anmerkungen: Die Annahme unendlicher Geschwindigkeit dient der Vereinfachung der formalen Darstellung des Problems und beschränkt nicht die praktische Anwendbarkeit, da Lieferzeiten durch geeignet veränderte Bestell- und Bedarfszeitpunkte berücksichtigt werden können

Definieren wir die Parameter

d_t Nachfrage in Periode t
h Lagerhaltungskosten pro ME und Periode (Lagerhaltungskoeffizient),
s Kosten pro Bestellung
T Planungshorizont

und die Variablen

x_t =1, falls in Periode t eine Bestellung zu erfolgen hat (0 sonst),
q_t Bestellmenge in Periode t,
I_t Lagerbestand in Periode t,

so kann das dynamische Einproduktbestellmengenproblem mathematisch wie folgt formuliert werden:

(1)   Minimiere $\sum_{t=1}^{T} s \cdot x_t + \sum_{t=1}^{T} h \cdot I_t$

unter den Nebenbedingungen

(2) $I_{t-1} + q_t - d_t = I_t \quad t = 1, ..., T$

(3) $q_t - \left(\sum_{\tau=t}^{T} d_\tau\right) \cdot x_t \leq 0 \quad t = 1, ..., T$

(4) $I_t, q_t \geq 0 \quad t = 1, ..., T$

(5) $x_t \in \{0, 1\} \quad t = 1, ..., T$

Erläuterungen: (1) minimiert die Summe der Bestell- und Lagerkosten. Die Lagerbestände der einzelnen Perioden werden durch die Lagerbilanzgleichung (2) ermittelt, wobei ein Anfangslagerbestand durch I_0 berücksichtigt wird. Gemäß (3) wird sichergestellt, dass bei einem Bestellvorgang in einer Periode die korrespondierende und in (5) definierte Entscheidungsvariable den Wert eins annehmen muss und somit Bestellkosten in die Zielfunktion einfließen. (4) repräsentiert die Nichtnegativitätsbedingungen für Lagerbestände und Bestellmengen.[11]

Beispiel 1:[12] Ein Produkt kostet $p = 30$ GE/ME. Für die nächsten $T = 10$ Wochen sind die Bedarfsmengen

$(d_t) = (d_1 \ldots d_{10}) = (240 \quad 110 \quad 190 \quad 120 \quad 200 \quad 110 \quad 250 \quad 100 \quad 180 \quad 200)$

zu erfüllen. Je Bestellung werden fixe Kosten in Höhe von $s = 50$ GE verursacht. Der kalkulatorische Zinssatz beträgt $i = 0{,}2\%$ pro Woche. Bei den Lagerkosten seien lediglich die Kapitalbindungskosten entscheidungsrelevant, so dass $h = 0{,}06$ (0,2% von 30 GE) gilt.

Wir lösen das Beispielproblem mit der Standardsoftware AMPL/CPLEX[13] und erhalten die optimale Bestellpolitik

$$(q_t^*) = (q_1^* \ldots q_{10}^*) = (660\ 0\ 0\ 0\ 660\ 0\ 0\ 0\ 380\ 0),$$

die zugehörigen Lagerbestände

$$(I_t^*) = (I_1^* \ldots I_{10}^*) = (420\ 310\ 120\ 0\ 460\ 350\ 100\ 0\ 200\ 0),$$

und die Werte der binären Entscheidungsvariablen[14]

$$(x_t^*) = (x_1^* \ldots x_{10}^*) = (1\ 0\ 0\ 0\ 1\ 0\ 0\ 0\ 1\ 0).$$

Die Gesamtkosten betragen 267,60 GE, wobei davon die Bestellkosten 150 GE und die Lagerkosten 117,60 GE ausmachen.

C. Kritische Analyse des Grundmodells

Das Modell (1)–(5) hat konzeptionelle Schwächen:

Planungshorizont. Die Wahl des Planungshorizontes hat einen Einfluss auf das Ergebnis.[15] Zur Veranschaulichung lösen wir das Beispiel 1 erneut mit AMPL/CPLEX, wobei wir nun davon ausgehen, dass die Nachfragemenge $d_{10} = 200$ unbekannt sei, d.h. der Planungshorizont sei auf $T = 9$ reduziert. Die nun berechnete „optimale" Bestellpolitik

$$(q_t^*) = (540\ 0\ 0\ 430\ 0\ 0\ 530\ 0)$$

ist offensichtlich bezogen auf den zehnwöchigen Planungszeitraum nicht optimal. Eine Korrektur dieser „Fehlentscheidung" würde auch nicht im Rahmen einer rollierenden Planung erfolgen, da bereits die erste Bestellmenge $q_1^* = 540$ zu gering ist. Damit liegt – bekanntermaßen – ein grundsätzliches Problem vor, das durch die Vorgabe eines endlichen Planungshorizontes entsteht.[16]

Vernachlässigung des Kostenentstehungszeitpunktes. Die in den einzelnen Perioden durch eine Bestellpolitik verursachten Bestell- und Lagerkosten fließen für alle Perioden gleichgewichtig in die Zielfunktion ein. So ist es beispielsweise unerheblich, ob bestimmte Bestell- und Lagerkosten in der ersten Periode $t = 1$ oder in der letzten Periode $t = T$ verursacht werden. Wird aber beispielsweise ein Bestellvorgang um eine Periode vorverlagert, so entstehen für die damit verbundenen fixen Bestellkosten genauso Opportunitätskosten wie für das im Lager gebundene Kapital. Derartige entscheidungsrelevante Zinseffekte werden aber in dem Modell (1)–(5) vernachlässigt. Allerdings handelt es sich hierbei im Vergleich zu den Gesamtkosten in der Regel nur um geringfügige Beträge, die sich zusätzlich auch noch dadurch kompensieren, dass Zinsersparnisse bei den Bestellkosten Zinserhöhungen bei den Lagerkosten nach sich ziehen und umgekehrt. Trotzdem bleibt eine (marginale) Ungenauigkeit.

Konstante Einstandspreise.[17] Der Lagerhaltungskoeffizient beinhaltet vorrangig Opportunitätskosten für das im Lager gebundene Kapital. Da dieser Koeffizient als konstant vorausgesetzt ist, wird implizit die Annahme getroffen, dass auch die Einstandspreise des betrachteten Artikels im Zeitablauf gleichbleibend sind. Denn würden beispielsweise die Einstandspreise steigen, so erhöht sich bei einer Bestellung zugleich die Kapitalbindung pro ME, was durch einen erhöhten Lagerhaltungskoeffizienten zum Ausdruck gebracht werden müsste. Ferner ist auch der Fall ausgeschlossen, dass vom Lieferanten eingeräumte Rabatte im Zeitablauf unterschiedlich in Anspruch genommen werden. Die Einführung eines periodenabhängigen Lagerhaltungskoeffizienten ist nicht zweckmäßig, da die Kapitalbindung pro ME vom Ergebnis der Bestellpolitik abhängt und somit eine modellendogene Bestimmung der Lagerhaltungskoeffizienten erfordert.

D. Zahlungsreihenorientierte Betrachtung

Den in Abschnitt C hervorgehobenen Schwächen des Modells (1)–(5) kann durch zusätzliche Prognosewerte[18] und durch Anwendung des Kapitalwertkonzepts, auf das wir im Folgenden näher eingehen werden, begegnet werden.

Eine Bestellpolitik verursacht einen Zahlungsstrom, wobei wir auch die fixen Bestellkosten als Auszahlung interpretieren und von Barkäufen ausgehen wollen. Die optimale Bestellpolitik des Beispiels 1

$$(q_t^*) = (660 \ 0 \ 0 \ 0 \ 660 \ 0 \ 0 \ 0 \ 380 \ 0)$$

verursacht somit folgenden Auszahlungsstrom

$$(Z_t^*) = ((-50 - 660 \cdot 30) \ 0 \ 0 \ 0 \ (-50 - 660 \cdot 30) \ 0 \ 0 \ 0 \ (-50 - 380 \cdot 30) \ 0)$$
$$= (-19850 \ 0 \ 0 \ 0 \ -19850 \ 0 \ 0 \ 0 \ -11450 \ 0).$$

Einzahlungen entstehen durch den Verkauf der Produkte. Die damit verbundenen Einzahlungen sind unabhängig von der Bestellpolitik und können daher vernachlässigt werden.

Der Kapitalwert, mit K bezeichnet, dient der Beurteilung der Vorteilhaftigkeit eines Zahlungsstromes. Er entspricht der Summe der auf den Beginn der Periode 1 abgezinsten Zahlungen, d.h.

$$K = \sum_{t=1}^{T} \frac{Z_t}{(1+i)^{(t-1)}}$$

wobei i der Kalkulationszinssatz ist.

Um das Kapitalwertkonzept auf unsere Problemstellung zu übertragen, ersetzen wir die Zielfunktion (1) durch

(6) $\quad$ Minimiere $\displaystyle\sum_{t=1}^{T} \frac{s}{(1+i)^{(t-1)}} \cdot x_t + \sum_{t=1}^{T} \frac{p}{(1+i)^{(t-1)}} \cdot q_t.$

Dabei entspricht (6) einer Kapitalwertmaximierung, wobei wir ausgenutzt haben, dass ein Maximierungsproblem durch Multiplikation mit −1 zu einem Minimierungsproblem transformiert wird.

In der Verwendung der Zielfunktion (6) hat nun der Entstehungszeitpunkt einen Einfluss auf das Ergebnis. Ferner können variable Einstandspreise betrachtet werden, da die Kapitalbindung während einer Periode keinen direkten Einfluss auf den Zielfunktionswert ausübt. Dazu ist lediglich der konstante Preis p durch einen periodenabhängigen Preis p_t in (6) zu ersetzen. Festzuhalten ist auch, dass sich die Komplexität des Planungsproblems nicht verändert hat. Wir haben weiterhin ein lineares Planungsproblem mit binären Entscheidungsvariablen, das mit einem Kürzeste-Wege- oder mit dem Wagner-Whitin-Verfahren optimal gelöst werden kann.

Wir lösen das Beispiel 1 als Kapitalwertmaximierungsproblem mit AMPL/CPLEX und erhalten folgendes Ergebnis:

$$(q_t^*) = (660\ 0\ 0\ 0\ 660\ 0\ 0\ 0\ 380\ 0).$$

Die veränderte Zielfunktion führt somit für das Beispiel 1 zu keiner veränderten Bestellpolitik. Der Zielfunktionswert ist 50810,43 GE. Dieser Wert reduziert sich auf 265,42 GE, wenn wir Einzahlungen berücksichtigen, die entstehen würden, wenn die Produkte zum Einkaufspreis weiterverkauft werden.

In dem Beispiel 1 sind wir von konstanten Einstandspreisen ausgegangen, so dass bei Verwendung der Zielfunktion

$$(7) \quad \text{Minimiere} \sum_{t=1}^{T} \frac{s}{(1+i)^{(t-1)}} \cdot x_t + \sum_{t=1}^{T} \frac{h}{(1+i)^t} \cdot I_t$$

auch eine Abzinsung der Bestell- und Lagerkosten erfolgt, d.h. dem Kostenentstehungszeitpunkt Rechnung getragen wird. Lösen wir Beispiel 1 unter Verwendung von (7), so erhalten wir erneut die bekannte optimale Bestellpolitik mit einem Zielfunktionswert von 265,42 GE. Damit führen beide Ansätze zu äquivalenten Ergebnissen.[19] Trotzdem besitzt die Zielfunktion (6) konzeptionelle Vorteile, wie im nachfolgenden Abschnitt am Beispiel von Mengenrabatten gezeigt wird.

E. Berücksichtigung von Mengenrabatten

Gewähren Lieferanten Mengenrabatte, so hängt das im Lager gebundene Kapital von der Inanspruchnahme der Rabatte ab. Der Lagerhaltungskoeffizient ist somit variabel. Zur Vermeidung einer zu modellierenden heuristischen Lagerbestandsbewertung[20] und einer modellendogenen Bestimmung der Lagerhaltungskoeffizienten empfiehlt es sich, eine kapitalwertorientierte Bestellmengenplanung durchzuführen, da dazu keine Lagerhaltungskoeffizienten benötigt werden. Dabei wird zugleich der Entscheidungsrelevanz der Einstandspreise Rechnung getragen.

Bedingt durch die zusätzliche Entscheidungskomponente, inwieweit Mengenrabatte ausgenutzt werden sollen, ist das in Abschnitt B vorgestellte Grundmodell (1)–(5) geeignet zu erweitern.

Definieren wir zusätzlich die Parameter

R Anzahl der Rabattstufen,
Q_r Mindestabnahmemenge der r-ten Rabattstufe,
Q_{R+1} hinreichend große Zahl ($> Q_R$),
p_r Einstandspreis der r-ten Rabattstufe

und die Variablen

x_{rt} $=1$, falls in Periode t eine Bestellung unter Ausnutzung der r-ten Rabattstufe zu erfolgen hat (0 sonst),
q_{rt} Bestellmenge unter Ausnutzung der r-ten Rabattstufe in Periode t,

so kann das Einproduktbestellmengenproblem unter Berücksichtigung von Mengenrabatten mathematisch wie folgt formuliert werden:

(8)   Minimiere $\sum_{r=1}^{R} \sum_{t=1}^{T} \dfrac{s}{(1+i)^{(t-1)}} \cdot x_{rt} + \sum_{r=1}^{R} \sum_{t=1}^{T} \dfrac{p_r}{(1+i)^{(t-1)}} \cdot q_{rt}$

unter den Nebenbedingungen

(9) $I_{t-1} + \sum_{r=1}^{R} q_{rt} - d_t = I_t$ $t = 1, ..., T$
(10) $q_{rt} - Q_{r+1} \cdot x_{rt} \leq 0$ $r = 1, ..., R, \; t = 1, ..., T$
(11) $q_{rt} - Q_r \cdot x_{rt} \geq 0$ $r = 1, ..., R, \; t = 1, ..., T$
(12) $I_t, q_{rt} \geq 0$ $r = 1, ..., R, \; t = 1, ..., T$
(13) $x_{rt} \in \{0,1\}$ $r = 1, ..., R, \; t = 1, ..., T$

Erläuterungen: (8) minimiert die Summe der abgezinsten Auszahlungen. (9) ist die Lagerbilanzgleichung. In Abhängigkeit von der bei einer Bestellung gewählten Rabattstufe werden in (10) die binären Entscheidungsvariablen bestimmt. (11) garantiert, dass die von der Rabattstufe abhängige Mindestabnahmemenge eingehalten wird. Die Wertbereiche der Variablen werden durch (12) und (13) festgelegt.

Anmerkungen:
- Durch geeignete Wahl von Q_1 und Q_{R+1} können zugleich *Mindest- und Maximalabnahmemengen* festgelegt werden.
- Die im Rahmen einer (entscheidungsorientierten) *Kostenrechnung* vorgeschlagenen Ansätze zur Erfassung des wertmäßigen Lagerbestandes sind unerheblich für das Modell (8)–(13). Dies ist insofern plausibel, da einem Handelsunternehmen kein Zinsgewinn entstehen kann, wenn statt einer günstig erworbenen und vergleichsweise teuer erworbene Produkteinheit aus dem Lager zum Weiterverkauf genommen wird. Somit ist insbesondere eine heuristische Lagerbestandsbewertung nach FIFO, wie von ter Haseborg (1990) betrachtet, unnötig.
- Wird ein *Zahlungsziel* von n Perioden eingeräumt, so ändert sich lediglich bei der Berechnung der Zielfunktionskoeffizienten der Exponent $(t-1)$ des Abzinsungsfaktors in $(t+n-1)$.

Beispiel 2: Unter Berücksichtigung der zusätzlichen Angaben

$$R = 3$$
$$(p_r) = (30\ 29{,}75\ 29{,}50)$$
$$(Q_r) = (0\ 500\ 1000\ 2000).$$

gelten die Angaben des Beispiels 1.

Lösen wir das Beispiel 2 unter Verwendung des Entscheidungsproblems (8)–(13) mit AMPL/CPLEX[21], so erhalten wir folgende optimale Bestellpolitik:

$$(q_{rt}^*) = \begin{pmatrix} 0 & 0 & 0 & 0 & 0 & 0 & 0 & 0 & 0 & 0 \\ 660 & 0 & 0 & 0 & 0 & 0 & 0 & 0 & 0 & 0 \\ 0 & 0 & 0 & 0 & 1040 & 0 & 0 & 0 & 0 & 0 \end{pmatrix}$$

Der Zielfunktionswert beträgt 50170,38 GE. Ein Vergleich mit dem Zielfunktionswert 50810,13 GE aus Abschnitt D, der sich bei nachträglicher Berücksichtigung von Rabatten auf 50481,74 reduziert, zeigt den Einfluss von Rabattpreisen. Trotz erhöhter Lagerbestände und geringer Rabattpreisabstufungen sind die insgesamt erzielten Einsparungen in Höhe von 50481,74 – 50170,38 = 311,36 GE erheblich im Vergleich zu den Gesamtkosten von ca. 270 GE, die durch Bestellungen und Lagerung entstehen. Dabei sind ferner die 270 GE den 265 GE aus Abschnitt D gegenüberzustellen, d.h. die Ausnutzung des Rabatts führt zu einer Erhöhung der Lager- und Bestellkosten in Höhe von lediglich 5 GE. Damit wird zugleich die Bedeutung unterstrichen, in Optimierungsmodellen zur Bestellmengenplanung Rabattsysteme zu integrieren.

Zur optimalen Lösung dieser Problemstellung ist das dynamische Optimierungsverfahren von ter Haseborg (1990) geeignet, wobei die Bewertung der einzelnen Zustände im Hinblick auf die veränderte Zielfunktion sich erheblich vereinfacht.

Anhang

Dynamische Einproduktbestellmengenplanung bei Mengenrabatten – Implementierung in AMPL

```
# Definition der Parameter:
    param T;                # Anzahl Perioden
    param R;                # Anzahl Rabattstufen
    param i;                # kalk. Zinssatz
    param d {1..T };        # Periodenbedarf
    param p {1..R };        # Rabattpreis
    param s {1..R };        # Bestellkosten
    param Q {1..R+1};       # Rabattabnahmemenge

# Definition der Variablen:
    var x {1..R, 1..T} binary;   # Bestellentscheidung
    var q {1..R, 1..T} >= 0;     # Bestellmenge
    var I {0..T}       >= 0;     # Lagerbestand
```

```
# Modell:
   minimize Bestellpolitikkosten :
      sum {r in 1..R, t in 1..T} (s[r] / (( 1 + i )^(t-1)) * x[r,t]) +
      sum {r in 1..R, t in 1..T} (p[r] / (( 1 + i )^(t-1)) * q[r,t]);

   subject to Anfangslagerbestand : I[0] = 0;

   subject to Lagerbilanzgleichung {t in 1..T}:
      I[t - 1] + sum{r in 1..R} q[r,t] - d[t] = I[t];

   subject to Bestellung {r in 1..R, t in 1..T}:
      q[r,t] <= Q[r+1] * x[r,t];

   subject to Rabattabnahmemenge {r in 1..R, t in 1..T}:
      q[r,t] >= Q[ r ] * x[r,t];


# Spezifikation der Daten:
data;

   param T :=    10;              param Q := 1    0
   param R :=     3;                         2  500
   param i := 0.002;                         3 1000
                                             4 2000;
   param p := 1  30.00
              2  29.75
              3  29.50;           param d := 1  240
                                             2  110
                                             3  190
   param s := 1 50                            4  120
              2 50                            5  200
              3 50;                           6  110
                                             7  250
                                             8  100
                                             9  180
                                            10  200;

# Bestimmung der Loesung und Ausgabe der Ergebnisse:
solve;
display q, x, I;
```

Anmerkungen

1 Vgl. Müller-Hagedorn (1998), S. 513.
2 Für den betrachteten Planungszeitraum hinsichtlich Höhe und Zeitpunkt bekannt.
3 Vgl. z.B. Domschke u.a. (1997), S. 69ff.
4 Die klassische Losgrößenformel wird auf Andler (1929), Harris (1915) und Stefanic-Allmayer (1927) zurückgeführt, vgl. hierzu Grün (1990).
5 Vgl. z.B. Domschke u.a. (1997), S. 76–87.
6 Vgl. z.B. Müller-Hagedorn (1998), S. 529–534.
7 Vgl. Müller-Manzke (1987) unter Berücksichtigung der Anmerkungen von Glaser (1987).
8 Synonym sprechen wir auch von „dynamischem Bedarf" bzw. „dynamischer Nachfrage".
9 Vgl. ter Haseborg (1990), S. 711.
10 Vgl. Schweitzer/Küpper (1998), S. 234.
11 Die Problemstellung kann als Kürzeste-Wege-Problem dargestellt und daher mit polynomialem Aufwand optimal gelöst werden. Beispielsweise können Probleme mit 100 Perioden im Millisekundenbereich gelöst werden.
12 Müller-Hagedorn (1998), S. 539.
13 Vgl. Fourer u.a. (1993).
14 Die Optimalitätsbedingung $I_{t-1} \cdot x_t = 0$ ist damit erfüllt.
15 Vgl. z.B. Bogaschewsky (1989).
16 Kann ein unabhängiger Planungshorizont für die ersten Perioden angegeben werden, so ist sehr wohl die erste Losgröße stets Bestandteil einer optimalen Bestellpolitik; vgl. z.B. Domschke/Scholl/Voß (1997), S. 126, Bemerkung 3.17.
17 Wagner/Whitin (1958) betrachten dynamische Lager- und Rüstkostensätze und bilden somit auch zeitlich veränderliche Einstandspreise ab.
18 Dabei kann möglicherweise die durchschnittliche Nachfrage $d_\tau = \frac{1}{T}\sum_{t=1}^{T} d_t$ für $\tau = T+1, T+2, \ldots$, als geeignete Prognose herangezogen werden.
19 Zur Äquivalenz einer zahlungs- und erfolgsorientierten Entscheidungsrechnung vgl. auch Rieper (1989).
20 Vgl. ter haseborg (1990), S. 711.
21 Vgl. auch den Quellcode im Anhang.

Literatur

Andler, K. (1927), Rationalisierung der Fabrikation und optimale Losgröße, München.
Bogaschewsky, R. (1989), Dynamische Materialdisposition im Beschaffungsbereich, Zeitschrift für Betriebswirtschaft, 59. Jg., Heft 8, S. 855–874.
Bogaschewsky, R. (1991), Zur Frage der Einsetzbarkeit des Wagner-Whitin-Verfahrens in der Materialdisposition, Zeitschrift für Betriebswirtschaft, 61. Jg., Heft 1, S. 127–129.
Domschke, W., Scholl, A., Voß, S. (1997), Produktionsplanung – Ablauforganisatorische Aspekte, 2. Auflage, Springer, Berlin u.a.
Fourier, R., Gay, D. M., Kernighan, B. W. (1993), AMPL: A Modeling Language for Mathematical Programming.
Glaser, H. (1987), Optimale Bestellmenge und Mengenrabatt – Anmerkungen zu dem gleichlautenden Aufsatz von Müller-Manzke, U., Zeitschrift für Betriebswirtschaft, 57. Jg., Heft 5/6, S. 522–525.
Grün, O. (1990), Industrielle Materialwirtschaft, in: Schweitzer, M., Industriebetriebslehre, Vahlen, München, S. 439–559.
Harris, F. W. (1915), Operations and Costs (Factory Management Series), Chicago, Zitiert nach: Fairfield, E. R. (1931), Quantity and Economy in Manufacture, New York.
Müller-Hagedorn, L. (1998), Der Handel, Kohlhammer, Stuttgart u.a.
Müller-Manzke, U. (1987), Optimale Bestellmenge und Mengenrabatt, Zeitschrift für Betriebswirtschaft, 57. Jg., Heft 5/6, S. 503–521.

ter Haseborg, F. (1979), Optimale Lagerhaltungspolitiken für Ein- und Mehrproduktläger – Strukturen, Algorithmen und Planungshorizonte bei verschiedenen Mengenrabatten und deterministisch schwankendem Bedarf, Göttingen.

ter Haseborg, F. (1990), Dynamische Materialdisposition im Beschaffungsbereich – Anmerkungen zu dem gleichlautenden Aufsatz von Bogaschewsky in Heft 8/89 der ZfB, Zeitschrift für Betriebswirtschaft, 60. Jg., Heft 7, S. 705–730.

Rieper, B. (1989), Zahlungs- oder erfolgsorientierte Entscheidungsrechnungen?, Zeitschrift für Betriebswirtschaft, 59. Jg., Heft 8, S. 875–887.

Schweitzer, M., Küpper, H.-U. (1998), Systeme der Kostenrechnung, 7. Auflage.

Schramm, K. (1987), Über die Kapitalwertfunktion des klassischen Losgrößenmodells, Zeitschrift für Betriebswirtschaft, 57. Jg., Heft 5/6, S. 465–482.

Stefanic-Allmayer, K. (1927), Die günstigste Bestellmenge beim Einkauf, Sparwirtschaft – Zeitschrift für wirtschaftlichen Betrieb, Heft 10, S. 504–508.

Wagner, H. M., Whitin, T. M. (1958), Dynamic version of the economic lot size model, Management Science 5, S. 89–96.

Zusammenfassung

Gegenstand des Beitrages ist die Einproduktbestellmengenplanung bei zeitvariierenden Bedarfen unter besonderer Berücksichtigung von Mengenrabatten. Eine kritische Analyse des allgemein anerkannten Grundmodells zur Einproduktbestellmengenplanung zeigt, dass der Entstehungszeitpunkt der Bestell- und Lagerkosten vernachlässigt wird. Ferner führen *Rabatte* zu variablen Lagerhaltungskoeffizienten, d.h. sie sind modellendogen zu bestimmen, was zu einer komplexen Fragestellung führt.

Zur Umgehung dieser Problematik wurde daher ein neues lineares Modell mit binären Entscheidungsvariablen vorgeschlagen. Grundlage des Ansatzes ist das Kapitalwertkonzept, d.h. es ist die Bestellpolitik mit maximalem Kapitalwert bzw. minimalem kapitalisierten Auszahlungsstrom zu bestimmen. Die Äquivalenz zum Grundmodell wurde mit Hilfe eines Beispiels verdeutlicht.

Zur Berücksichtigung von Rabatten wurde eine Erweiterung des Optimierungsmodells vorgestellt. Anhand eines Beispiels wurde gezeigt, dass Mengenrabatte einen erheblichen Einfluss auf die optimale Bestellpolitik ausüben können. Insbesondere zeigte sich, dass Lagerkostensteigerungen unerheblich sein können im Vergleich zu den bei Ausnutzung von Mengenrabatten erzielbaren Einsparungen, so dass eine Integration von Mengenrabatten in die (dynamische) Bestellmengenplanung dringend angeraten ist.

Summary

In this paper the dynamic, single item lot-sizing problem with quantity discounts is considered. We propose to minimize the net present value of a lot-size schedule. In comparison to usually considered dynamic lot-sizing models our approach has three substantial advantages: i) As no (variable) inventory-holding coefficients are required the problem can be solved by linear programming. ii) The dynamic programming approach proposed by ter Haseborg assumes a first-in-first-out inventory holding policy for the calculation of the holding cost. Our approach is valid for any inventory holding policy and can also be solved by dynamic programming. iii) Interest-rate effects regarding the point of time at which holding and setup costs are incurred are taken into account.

40: Beschaffung (JEL M51)
84: Planungsrechnung und Controlling (JEL M43)

„Just-in-Time" und klassisches Losgrößenmodell – ein Widerspruch?

Eine dynamische Analyse

Von Alfred Luhmer

Überblick

- Der Beitrag betrachtet das klassische Losgrößenmodell und unterstellt Erfahrungseffekte bei den Auflegungskosten. Auf die Lagerungskosten können sich außerdem Erfahrungseffekte bei den variablen Produktionskosten auswirken. Wohlbekannt ist, dass unter diesen Bedingungen die optimale Losgröße unterhalb des myopisch optimalen Niveaus gewählt werden sollte, um die Erfahrungsbildung zu steigern. Die folgende Analyse bestimmt den optimalen Zeitpfad der Losgröße und ergibt Bedingungen, unter denen es optimal ist, die Losgröße so klein wie möglich, also nach einer strikten just-in-time Politik zu wählen.

- Folgende Aussagen werden unter Vernachlässigung des Zinseffektes bei den Auflegungskosten abgeleitet:
  - Selbst bei schwankender Lagerabgangsrate können nur zwei verschiedene Regime optimal sein:
    1. die Losgröße wird gemäß der klassischen Quadratwurzel-Formel gewählt, wobei aber von Anfang an für die Auflegungskosten der Wert einzusetzen ist, der voraussichtlich erst am Ende des Lernprozesses erreicht werden wird,

    oder

    2. die Losgröße wird in Höhe der aus technischen oder organisatorischen Gründen gegebenen Untergrenze gewählt.
  - Bei zeitkonstanter Lagerabgangsrate ist Regime 2, falls es überhaupt in der optimalen Politik vorkommt, von allem Anfang an zu wählen.
  - Auch bei schwankender Lagerabgangsrate gilt eine allgemein gültige Bedingung für das Auftreten von Regime 2: würde bis zum Ende des Modellhorizonts die Wahl der Losgröße gemäß Regime 1 zu einer kumulierten Auflegungszahl führen, die das 0,48-fache der reziproken Lernrate der Auflegungskosten überschreitet, so ist nicht Regime 1, sondern die strikte just-in-time Politik des Regimes 2 optimal.

Eingegangen: 22. Dezember 2000

Professor Dr. Alfred Luhmer, Fakultät für Wirtschaftswissenschaft, Otto-von-Guericke-Universität Magdeburg, PSF 4120, 39016 Magdeburg, e-mail: luhmer@ww.uni-magdeburg.de.

© Gabler-Verlag 2001

A. Einleitung

Operative Optimierungskalküle wie das klassische Losgrößenmodell und die optimale Fehlerquote sind in den letzten zwanzig Jahren in Ungnade gefallen. Die herrschende Meinung verwirft sie als irrelevant. Lagerlose Fertigung und 100% Qualität sind Trumpf und diese Leitlinien werden „strategisch" begründet. Es komme nicht darauf an, gegebene Systeme optimal zu betreiben, viel wichtiger sei, sie ständig zu verbessern. Ein ständig verbessertes System werde einem nicht weiter entwickelten, wenn auch myopisch optimal betriebenen System bald überlegen sein. Um ein System ständig zu verbessern, sind aber typische Abweichungen von der momentanen operativen Optimalität erforderlich. Diese Managementweisheit hat sich nach ihrem Entstehen in Japan im weltweiten Wettbewerb überzeugend durchgesetzt. Auch in amerikanischen Textbüchern des Production and Operations Management liest man seit langem, Lagerbestände seien schädlich, weil sie die Fehlerquellen verdeckten und damit verhinderten, dass diese ausgeräumt werden.[1] Dieselben Textbücher enthalten aber stets auch ausführliche Darlegungen zur ökonomischen Losgröße, die auf einer Abwägung zwischen Auflegungskosten und Lagerungskosten beruhen.

Das konfrontiert die quantitative Betriebswirtschaftslehre mit der Frage, wie die unzweifelhafte Logik der operativen Optimierungskalküle, z.B. die des klassischen Losgrößenmodells und die erwähnten strategischen Einsichten in Einklang zu bringen sind. Wirkliches Verständnis verlangt ein konsistentes Modell, das operative und strategische Gesichtspunkte vereint. Am ehesten kann das ein dynamisches Modell leisten.[2]

Dynamische Analysen des Losgrößenmodells mit Investitionen in die Senkung der Auflegungskosten sind in der Literatur bekannt.[3] Die vorliegende Untersuchung unterscheidet sich von diesen in der Fragestellung. Sie untersucht, unter welchen Bedingungen es ökonomisch optimal sein kann, die minimal mögliche Losgröße zu wählen. Einige dieser Arbeiten betrachten auch Erfahrungseffekte. „Riding down the Experience Curve" ist als „strategisches" Erfolgsrezept zwar inzwischen verschlissen.[4] Dennoch bleibt das „Gesetz der Erfahrungskurve" relevant und die Managementwissenschaft hat neben einer Fülle empirischer Arbeiten auch einige theoretische hervorgebracht, die hinter dieses „Gesetz" blicken und die Bedingungen seiner Gültigkeit beleuchten. Zu diesen theoretischen Arbeiten hat auch Josef Kloock in Zusammenarbeit mit Hermann Sabel beigetragen. Kloock, Sabel und Schuhmann (1987) führen die Erfahrungskurve auf verschiedene Einzeleffekte zurück, darunter die Reduktion der Material- und Fertigungskosten, die Verbesserung der Ausbeute (yield rate) und der zeitlichen und intensitätsmäßigen Anlagennutzungsgrade. Sie befassen sich auch mit dem Problem der Aggregation von Einzelerfahrungskurven zu einer Gesamterfahrungskurve. Die Erfahrungskurve setzt sich danach additiv aus drei Effekten des Lernens zusammen:

- reduzierten variablen Kosten,
- reduzierten Fixkosten und
- reduzierten Investitionsbedarfen für Kapazitätserweiterungen.

Insbesondere isoliert ihre Theorie Erfahrungs- und Skaleneffekte, die sich empirisch kaum trennen lassen. Ihrer Untersuchung legen sie die log-lineare Spezifikation der Erfahrungskurve

$$k(X) = k_0 X^{-l},$$

im angelsächsischen Sprachbereich auch „Power Law" genannt, zugrunde. Darin bezeichne

k die Stückkosten, mit Ausgangsniveau k_0,
X die „Erfahrung", gemessen durch die kumulative Ausbringung,
l die Lernrate, $l > 0$.

Die log-lineare Spezifikation hat allerdings die unangenehme Eigenschaft, dass eine Summe mehrerer Funktionen dieser Form nicht mehr log-linear ist. Sie ermöglicht also nur eine nicht-konsistente Aggregation. Dafür liefert sie allerdings eine überraschend gute ex-post Anpassung an beobachtete empirische Daten auf aggregierter Ebene. Kloock & Sabel (1993) untersuchen die Frage, ob man mehr auf Lerneffekte oder mehr auf Skaleneffekte setzen sollte. Sie heben hervor, dass die Erzielung von Erfahrungseffekten Investitionen erfordert und relativieren damit die Parole: „Quality is free".[5] „Lean Production" wird explizit als ein Bündel von Erfahrungsphänomenen betrachtet: Die Organisation lernt, Komplexität von Vorgängen zu reduzieren und sie dadurch kostengünstiger durchzuführen. Der Aufsatz enthält auch ein Modell, das die erfahrungsbedingten Kostenpfade durch Wahl der Anfangsinvestitionen in Hardware (Anlagenkapazität) und Software (Erfahrung, Know-how) optimiert. Sabel & Kloock (1995) führen diese Fragestellung auf der Basis eines Cournot-Monopolmodells fort.

Auch die folgenden Überlegungen bauen eine ökonomische Begründung der Just-in-time-Strategie auf der Erfahrungskurve auf. Darüber hinaus verwenden sie den Ansatz des klassischen Losgrößenmodells als Grundlage. Das betrachtete Modell charakterisiert die Just-in-Time-Strategie durch das Prinzip der lagerlosen Fertigung. Lagerlose Fertigung verlangt möglichst kleine Lagerkosten und lässt Abwägungen zwischen Bestellkosten und Lagerkosten keinen Raum. Das Modell liefert eine ökonomische Begründung der Just-in-Time-Strategie, wenn es zeigt, dass die optimale Losgröße während einer positiven Zeitdauer an der aus exogenen, technischen oder organisatorischen Gründen zulässigen Untergrenze liegen kann.

B. Die „Mixed Exponential" Erfahrungskurve

Das hier vorgestellte Modell verwendet allerdings nicht die übliche log-lineare, sondern die sogenannte „mixed exponential" Spezifikation der Erfahrungskurve, die sich durch konsistente Aggregierbarkeit auszeichnet. Sie wurde von Kantor & Zangwill (1991) vorgeschlagen und basiert auf der in der psychologischen Lerntheorie bekannten Vorstellung exponentiellen Lernens. Danach nimmt die Wahrscheinlichkeit des Auftretens nicht erfolgreicher Handlungen bei wiederholten Versuchen allmählich mit konstanter Rate ab. Diesem Mechanismus, so nehmen Kantor und Zangwill an, unterliegen auch alle betrieblichen Aktivitäten. Für eine Aktivität mit der Lernrate l ergibt sich daraus eine Stückkostenfunktion der Form

$$k(X \mid l) := k_0(l)\, e^{-lX}.$$

Verschiedene Aktivitäten mit derselben Lernrate können für die Analyse der Kostendynamik zu einer einzigen zusammengefasst werden. Dazu ist zunächst eine gemeinsame

Maßgröße für das Aktivitätsniveau aller zu aggregierenden Aktivitäten mit der Lernrate l zu wählen. Die Summe der Kosten je Aktivitätsniveaueinheit ergibt die aggregierten Einheitskosten $k_0(l)$. Ohne Beschränkung der Allgemeinheit kann man die Anfangserfahrungsgröße für die aggregierte Aktivität null setzen. Die Lernrate kann dann als Index der zu aggregierenden Aktivitäten dienen. Die „mixed exponential" Form der Erfahrungskurve ergibt sich danach als die Summe der Kosten der einzelnen Aktivitäten l

$$k(X) = \int_0^\infty k_0(l)\, e^{-lX}\, dl,$$

also als die Laplace-Transformierte der Anfangskostenfunktion. Wie Kantor und Zangwill (1991) zeigen, ergibt sich das vertraute „Power Law" als Spezialfall, wenn man für k_0 die unvollständige Gamma-Funktion

$$k_0(l) := \frac{l^{n-1} e^{-l}}{\Gamma(n)}$$

einsetzt.[6] Weiter zeigen die Autoren, dass eine „mixed exponential" Erfahrungskurve mit sehr wenigen (meist reichen zwei) Aktivitäten eine gute Approximation einer gegebenen log-linearen Kurve liefert. Die folgende Grafik zeigt eine „Mixed Exponential" Erfahrungskurve aus zwei Aktivitäten als Approximation eines „Power Law".[7]

Die Kosten einer Produktkomponente i lassen sich somit in der Form

$$k_i(X) = \sum_j (k_{0i}\, \alpha_{ij})\, e^{-l_j X}$$

Abb. 1: Approximation einer log-linearen durch zwei exponentielle Erfahrungskurven

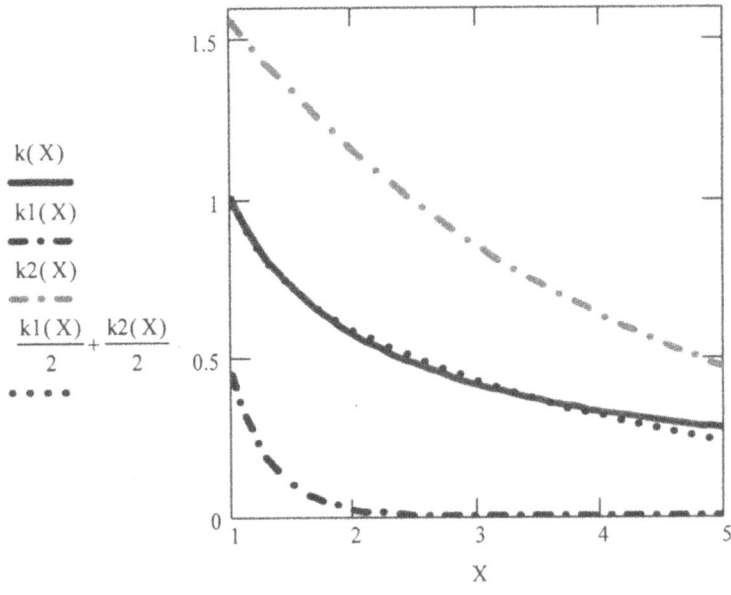

schreiben, wobei k_{0i} die Ausgangskosten der Komponente i, α_{ij} den Anteil der Aktivität j an den Ausgangskosten k_{0i} und l_j die für Aktivität j typische Lernrate bezeichnen. Wie man sofort sieht, lassen sich die Komponentenkosten k_i konsistent zu Systemkosten

$$(1) \quad k(X) = \sum_i \sum_j k_{0i}\, \alpha_{ij}\, e^{-l_j X} = \sum_j \underbrace{\left(\sum_i k_{0i}\, \alpha_{ij} \right)}_{=: k_{0j}} e^{-l_j X}$$

aggregieren: Es spielt keine Rolle, ob man erst über die Komponenten und dann über die Aktivitäten summiert oder umgekehrt. Die Systemkosten (1) kann man auch in der Form

$$k(X) = \sum_j k_j(X) = \sum_j \bar{k}_{0j}\, e^{-l_j X}$$

als Aggregation der Aktivitätsstückkosten $k_j(X) := \bar{k}_{0j}\, e^{-l_j X}$ schreiben.

Die „mixed exponential" Erfahrungskurve kann ohne weiteres auch Aktivitäten verschieden alter Technologien miteinander kombinieren. Werden zwei Aktivitäten mit der Erfahrung X_1 bzw. X_2 für die Produktion einer neuen Komponente eingesetzt, so ergibt sich für die Stückkosten

$$k_i(X) = k_{0i}\, (\tilde{\alpha}_{i1}\, e^{-l_1(X_1 - X)} + \tilde{\alpha}_{i2}\, e^{-l_2(X_2 - X)}) = \sum_{j=1}^{2} \left(k_{0i} \underbrace{\tilde{\alpha}_{ij}\, e^{-l_j X_j}}_{=:\alpha_{ij}} \right) e^{-l_j X}.$$

Man braucht also nur die Anteile der Aktivitäten an den Ausgangskosten anzupassen; der Anteil der alten Technologie muss zugunsten des Anteils der neueren gesenkt werden.

C. Kostendynamik des klassischen Losgrößenmodells

I. Allgemeine Analyse

Folgendes einfache Modell ermöglicht eine theoretische Begründung der JiT-Strategie auf der Grundlage des klassischen Losgrößenmodells in Verbindung mit der Erfahrungskurve. Bezeichne:

q die Losgröße, sie ist die Entscheidungsvariable;
F die Auflegungskosten,
h den Lagerkostensatz,
x die Ausbringung pro Periode,
c die direkten Herstellkosten pro Stück.

Dann ist

$$k(q) := \frac{F}{q} + h\frac{q}{2x} + c$$

die Stückkostenfunktion des klassischen Losgrößenmodells. Drei Hauptprozesse (um die Sprache der Prozesskostenrechnung zu nutzen) werden hier sichtbar: zunächst der Auflegungsprozess mit dem Prozesskostensatz F, der mit der Häufigkeit x/q pro Periode in Anspruch genommen wird, dann der Lagerungsprozess mit dem Prozesskostensatz h, dessen Prozessniveau $q/2$ pro Zeiteinheit beträgt und schließlich der Fertigungsprozess mit dem Prozesskostensatz c und dem Niveau x pro Periode. Jeder der drei Prozesse unterliegt im Prinzip Erfahrungseffekten. Erfahrungseffekte bei den Lagerungskosten können aber vernachlässigt werden; es handelt sich bei diesen Kosten um Kapitalbindungskosten und Obsoleszenzrisikokosten, bei denen kaum Lerneffekte auftreten. Lediglich die Erfahrungseffekte der direkten Herstellkosten c vermindern indirekt den Lagerkostensatz h. Nimmt man an, dass die direkten Herstellkosten einer Lernrate l_c unterliegen und dass der Lagerkostensatz proportional zu den direkten Herstellkosten c pro Stück ist, dann ergibt sich folgende Dynamik für den Lagerkostensatz:

(2) $\quad \dot{h} := \dfrac{dh}{dt} = -l_c\, x h; \quad h(0) = h_0$.

Da x eine vorgegebene Funktion der Zeit t ist, und

$$X(t) = \int_0^t x(\tau)\, d\tau,$$

die Erfahrung als kumulative Ausbringung von Anfangszeitpunkt $t = 0$ an misst, kann man den Lagerkostensatz direkt als Funktion

$$h(t) = h_0\, e^{-l_c X(t)}$$

der Zeit schreiben.

Auch die Auflegungskosten unterliegen Erfahrungseffekten gemäß dem exponentiellen Erfahrungsgesetz

(3) $\quad F(Y) = F_0 \exp(-l_F Y)$.

Darin bezeichne Y die Anzahl der Wiederholungen des Auflegungsvorgangs und l_F die Lernrate. Die Anzahl Y der Wiederholungen hängt gemäß

$$\dot{Y} = \dfrac{x}{q}$$

von der Losgröße und der Lagerabgangsrate x ab. Damit erhält man für die relevanten Kosten bis zum Ende T des Technologielebenszyklus in einem zeitkontinuierlichen Modell approximativ

$$K := \int_0^T e^{-rt} \left(\dfrac{x(t)}{q(t)}\, F(t) + \dfrac{q(t)}{2}\, h(t) \right) dt,$$

nämlich die Summe aus

- erwarteter Zahl $\dfrac{x(t)}{q(t)}$ der Lose pro Periode mal Auflegungskostensatz $F(t)$ und
- durchschnittlichem Lagerbestand $\dfrac{q(t)}{2}$ (linear approximiert) mal Lagerkostensatz $h(t)$ pro Periode.

„Just-in-Time" – Eine dynamische Analyse

Die Kosten einer Periode t werden entsprechend ihrem zeitlichen Anfall mit der Rate r diskontiert. Der Barwert der gesamten Kosten ist durch Wahl der Losgrößenfunktion $q(\cdot)$ zu minimieren.

Um die Analyse vom Maßstab der Geldeinheit unabhängig zu machen, sei das Verhältnis

(4) $\quad z := F/h = \dfrac{F_0 \exp(l_c X - l_F Y)}{h_0} = z_0 \exp(l_c X - l_F Y)$

von Auflegungskosten und Lagerkostensatz eingeführt. Es gilt dann

(5) $\quad \dot{z} = (l_c \dot{X} - l_F \dot{Y}) z = \left(l_c - \dfrac{l_F}{q} \right) xz.$

Außerdem bezeichne

$$\eta := e^{-rt} h$$

den abgezinsten Lagerkostensatz.

(6) $\quad \dot{\eta} = -(r + l_c x)\eta$

beschreibt dessen Entwicklung in der Zeit.

Die Minimierung von K unter Beachtung der Kostendynamik (5) ist ein Kontrollproblem mit der Losgröße q als Steuervariabler. Die Losgröße unterliegt aus technischen oder organisatorischen Gründen einer positiven unteren Schranke q_0:

(7) $\quad q \geqq q_0 > 0.$

Die Politik der Just-in-Time (JiT) Logistik erscheint in diesem Modell, wie schon angedeutet, als ein Zeitpfad, auf dem die optimale Losgröße an der unteren Grenze (7) liegt. Der Endzustand $z(T)$ ist frei; Nachwirkungen über das Technologielebenszyklusende hinaus seien der Einfachheit halber ausgeschlossen, so dass kein „Schrottwert" zu beachten ist. Der Lagerkostensatz $\eta(\cdot)$ braucht nicht explizit als Zustandsvariable berücksichtigt zu werden, da er als Zeitfunktion exogen gegeben ist. Damit nimmt das Problem der dynamisch optimalen Losgröße die Form

$$\min_{q(\cdot)} \left\{ \int_0^T \eta(t) \left(\dfrac{x(t)}{q(t)} z(t) + \dfrac{q(t)}{2} \right) dt \right\}$$

$$\text{udN} \quad \dot{z} = \left(l_c - \dfrac{l_F}{q} \right) xz; \quad z(0) = z_0$$

$$q \geqq q_0$$

an. Die optimale Lösung lässt sich nach dem Minimumprinzip von Pontryagin[8] mit Hilfe der Hamiltonfunktion

$$H = \eta \left(\dfrac{x}{q} z + \dfrac{q}{2} \right) + \lambda \cdot \left(l_c - \dfrac{l_F}{q} \right) xz$$

bestimmen. Für die Bewertung λ der Zustandsänderung $\dot{z}$ gilt danach die Differentialgleichung

(8) $\quad \dot{\lambda} = \left[\left(\dfrac{l_F}{q} - l_c\right)\lambda - \dfrac{\eta}{q}\right]x$

mit dem Randwert $\lambda(T) = 0$. Führt man statt dessen die Variable

$$\varphi := 1 - \dfrac{l_F \lambda}{\eta}$$

ein, so erhält man aus (8) unter Berücksichtigung von (6)

(9) $\quad \dot{\varphi} = \left(\dfrac{l_F x}{q} - r\right)\varphi - r; \quad \varphi(T) = 1.$

In der Nähe des Zeitpunkts T muss φ positiv sein. Wäre φ hier fallend, so müsste $\varphi(T - \varepsilon) > 1$ und folglich $\dfrac{l_F x}{q} < 0$ gelten. Da dies ausgeschlossen ist, muss φ auf eins zu wachsen. Klar ist auch, das φ überall positiv sein muss. Andernfalls könnte die Randbedingung $\varphi(T) = 1$ nicht erreicht werden. Weiter kann man $\varphi > 1$ ausschließen; in diesem Fall wäre $\dot{\varphi}$ positiv und $\varphi(T) = 1$ könnte ebenfalls nicht mehr erreicht werden. Es gilt also stets

$$0 < \varphi \leq 1.$$

Außerdem gilt notwendig die Minimumbedingung

$$H_q = \eta \left[\dfrac{\varphi x z}{-q^2} + \dfrac{1}{2}\right] \geqq 0$$
$$(q - q_0) H_q = 0,$$

die gleichbedeutend mit

(10) $\quad q^{*2} = \max\left\{\begin{matrix} 2xz\varphi, \\ q_0^2 \end{matrix}\right\}$

ist. $q^*(\cdot)$ ist also stetig. Löst man (19) nach q, so zeigt sich für den Fall, dass die untere Grenze q_0 nicht bindet, die vertraute Losgrößenformel mit strategisch modifizierten Auflegungskosten: das Verhältnis $z = \dfrac{F}{h}$ von Auflegungskosten zu Lagerkostensatz geht nun nicht mehr, wie in der klassischen Formel mit dem Gewicht 1 ein, sondern nur mit dem Gewicht φ. Da $0 < \varphi \leq 1$, wird die Losgröße im dynamischen Modell also kleiner gewählt als im statischen. Dadurch wird myopische Optimalität geopfert, um Lerneffekte bei den Auflegungskosten zu beschleunigen, indem man häufiger auflegt als nach der klassischen Losgrößenformel.

Abb. 2: Einfluss des Zinssatzes auf φ

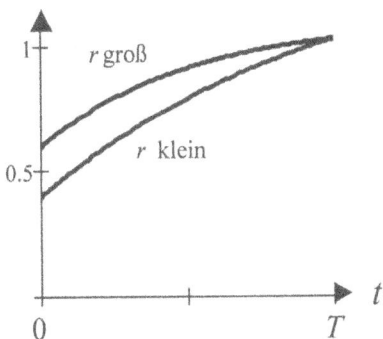

Über den Einfluss der Diskontrate r lässt sich folgendes sagen: je höher r, desto kleiner φ in jedem Zeitpunkt.[9] Der Anfangswert $\varphi(0)$ muss daher um so größer sein, je größer r (siehe Abb. 2). Daher ist es bei größerem r weniger lohnend, in die Reduktion von z zu investieren. Folglich wird also der optimale Pfad von q höher liegen.

In Abschnitten, in denen die Untergrenze q_0 für die Losgröße nicht bindet, gilt die erste Alternative der Optimalitätsbedingung (10) identisch in t. Daher kann man für diesen Fall (10) nach der Zeit differenzieren und erhält unter Berücksichtigung von (5) und (9)

(11) $\quad \dfrac{\dot{q}}{q} = \dfrac{1}{2}\left(\dfrac{\dot{x}}{x} + \dfrac{\dot{z}}{z} + \dfrac{\dot{\varphi}}{\varphi}\right)$

$\quad\quad\quad = \dfrac{1}{2}\left(\dfrac{\dot{x}}{x} + l_c\, x + \left(1 - \dfrac{1}{\varphi}\right) r\right)$

Aus (11) ist zu ersehen, dass die dynamisch optimale Losgröße nur dann im Laufe der Zeit sinken kann, wenn die Diskontrate r groß genug ist. Genauer gesagt, muss r/φ größer sein als die Abnahmerate $-\dot{\eta}/\eta = l_c x + r$ des diskontierten Lagerkostensatzes η. Am Ende T des Technologielebenszyklus wird jedenfalls der Einfluss der Diskontierung klein und die Losgröße nimmt nach Maßgabe der Abnahmerate des Lagerkostensatzes $-\dot{h}/h = l_c x$ sogar zu. Die optimale Losgröße entspricht in T der klassischen Losgröße $\sqrt{2x(T)z(T)}$; bei positiver Diskontrate r muss es also am Ende des Technologielebenszyklus eine Phase geben, in der es aus Erfahrungsgründen optimal ist, die Losgröße niedriger anzusetzen als die klassische Losgröße für T.

Für positive Diskontrate r lässt sich (11) bei nicht bindender Losgrößenrestriktion nur simultan mit (9) lösen. Dies ist nur numerisch möglich. Daher wird im folgenden als Referenzfall der Fall ohne Diskontierung untersucht. In diesem Fall hängt die Änderungsrate der Losgröße nur von den Änderungsraten exogen gegebener Zeitfunktionen ab und man erhält einfache Ergebnisse.

II. Referenzfall: ohne Diskontierung

1. Erster Fall: Inneres Optimum in der Endphase des Technologiezyklus

Aus (11) und (6) folgt, dass für $r = 0$ die Losgröße, falls sie nicht an die untere Grenze stößt, der Differentialgleichung

$$\frac{\dot{q}}{q} = \frac{1}{2}\left[\frac{\dot{x}}{x} - \frac{\dot{\eta}}{\eta}\right]$$

genügt. Deren Lösung ist

(12) $\quad q = C\sqrt{\dfrac{x}{\eta}}$

wobei $\eta = h$ wegen $r = 0$.

Sollte der Lebenszyklus in einer solchen Phase enden, muss wegen $\varphi(T) = 1$ und (10)

$$q^*(T) = \sqrt{2x(T)z(T)}$$

gelten. Daraus folgt

$$C = \sqrt{2F(T)}$$

in (12), so dass

(13) $\quad q^*(t) = \sqrt{\dfrac{2F(T)\,x(t)}{h(t)}} = \sqrt{\dfrac{2z(T)\,x(t)\,h(T)}{h(t)}}.$

In (13) erkennt man die klassische Losgrößenformel wieder: die optimale Losgröße ist während der ganzen Endphase nach der üblichen Losgrößenformel zu bestimmen, allerdings nicht unter Verwendung der momentan gültigen Auflegungskosten $F(t)$ sondern unter Vorwegnahme der Auflegungskosten $F(T)$ vom Ende der Phase. Für Nachfrage- und Lagerkosten sind dagegen die jeweils aktuellen Daten einzusetzen.

Nimmt man an, der Lagerkostensatz nehme, bedingt durch Lerneffekte bei den direkten Herstellkosten ab, so folgt für konstante Lagerabgangsrate x aus (13) eine im Laufe der Zeit steigende Losgröße. Der Anstieg ist umso stärker, je größer die Lernrate l_c ist. Das könnte zunächst so aussehen, als ob sich dadurch die durchschnittliche Abweichung von der klassischen Losgröße noch vergrößerte, dass also die Investition in Lerneffekte verstärkt werde. Allerdings wird auch das dynamisch-optimale Endniveau $q^*(T)$ der Losgröße davon beeinflusst, so dass sich diese Konsequenz nicht schlüssig ziehen läßt. Auf diese Frage wird noch zurückzukommen sein.

Um die Frage zu beantworten, welche Höhe die relevanten Auflegungskosten $F(T)$ annehmen werden, ist der Endwert $z(T)$ zu bestimmen, indem man $q^*(t)$ aus der Optimalitätsbedingung (13) in die Zustandsgleichung (5) einsetzt. Man erhält die lineare Differentialgleichung

$$\frac{\dot{z}}{z} = l_c\,x - l_F\sqrt{\dfrac{h\,x}{2z(T)\,h(T)}}\,.$$

Wegen $z = F/h$ und (2) folgt daraus die homogene lineare Differentialgleichung

$$\frac{\dot{F}}{F} = -l_F \sqrt{\frac{hx}{2\,z(T)\,h(T)}}$$

für F mit der Lösung

$$F(t) = F(\tau) \exp\left(\frac{-l_F}{\sqrt{2\,z(T)\,h(T)}} \int_\tau^t \sqrt{h(\theta)\,x(\theta)}\,d\theta\right).$$

Daraus ergibt sich für das Verhältnis $\phi := F(T)/F(\tau)$ die Bestimmungsgleichung

(14) $\quad \phi = \exp\left(\frac{-l_F}{\sqrt{\phi}} \int_\tau^T \sqrt{\frac{h(t)\,x(t)}{2\,F(\tau)}}\,dt\right).$

Die folgende Abbildung 3 zeigt beispielhaft die grafische Bestimmung von $\phi := F(T)/F(\tau)$ für

$$a := l_F \int_\tau^T \sqrt{\frac{h(t)\,x(t)}{2\,F(\tau)}}\,dt = 0{,}4.$$

Das Ergebnis ist $\phi = 0{,}6$. Die Auflegungskosten gehen von τ bis T auf 60% ihres Ausgangswertes zurück.

Die Bestimmungsgleichung (14) für ϕ hat entweder drei Lösungen oder nur die triviale Lösung $\phi = 0$. Die beiden in der Abbildung 3 nicht erkennbaren Lösungen zeigen sich unter einer Lupe über dem Nullpunkt, siehe Abbildung 4. Wenn die Lernrate groß, der Horizont lang oder die Lagerkosten bzw. die Lagerabgangsrate hoch sind, dann existiert nur die triviale Lösung $\phi = 0$.

Damit erhebt sich die Frage, welche der drei Schnittpunkte den Endwert $F(T)$ der Auflegungskosten bestimmt. Weil $F(t)$ für $t < T$ stets größer ist als im Endzustand, muss in jedem Zeitpunkt $t < T$ die Beziehung $F(t)/F(\tau) > \phi$ gelten, d.h.

$$\phi(t) := \frac{F(t)}{F(\tau)} = \exp\left(-a(t)/\sqrt{\frac{F(T)}{F(\tau)}}\right)$$
$$> \exp\left(-a(t)/\sqrt{\frac{F(t)}{F(\tau)}}\right)$$
$$= \exp\left(-a(t)/\sqrt{\phi(t)}\right).$$

ϕ kann also nur Werte erreichen, bei denen die strichpunktierte Kurve $\exp(-a(t)/\sqrt{\phi(t)})$ unterhalb der 45°-Linie $\text{id}(\phi)$ in der Abbildung 3 liegt. Der mittlere Lösungspunkt kommt mithin als Endwert nicht in Frage.

Auch die triviale Lösung ist aber wegen der Losgrößenbeschränkung $q \geq q_0$ nicht relevant. Daher bestimmt der rechte Schnittpunkt den Endwert der Auflegungskosten $F(T)$. Sollte nur die triviale Lösung $\phi = 0$ existieren, so schließt das die erste Alternative der Optimalitätsbedingung (10) aus. Gemäß der zweiten ist dann die optimale Losgröße am Ende des Lebenszyklus gleich der minimal möglichen Losgröße q_0. Eine Antwort auf die Frage,

Abb. 3: Grafische Bestimmung der Auflegungskosten am Ende des Lebenszyklus

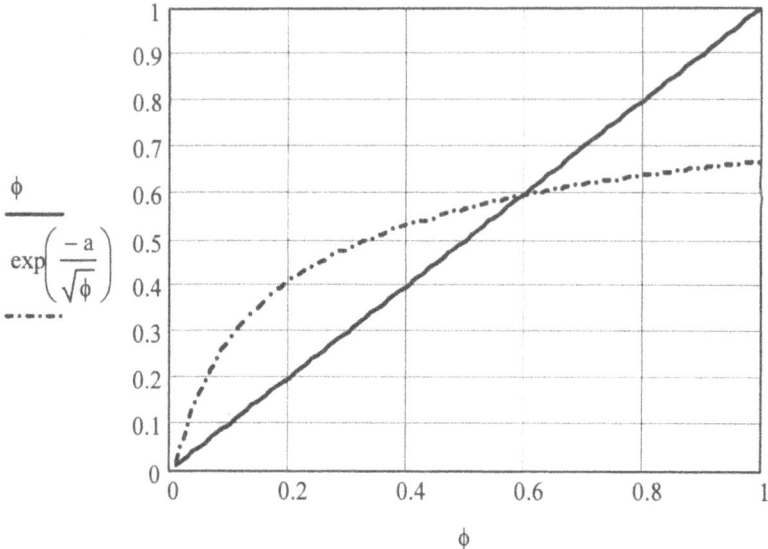

Abb. 4: Lupe über dem Nullpunkt von Abb. 3

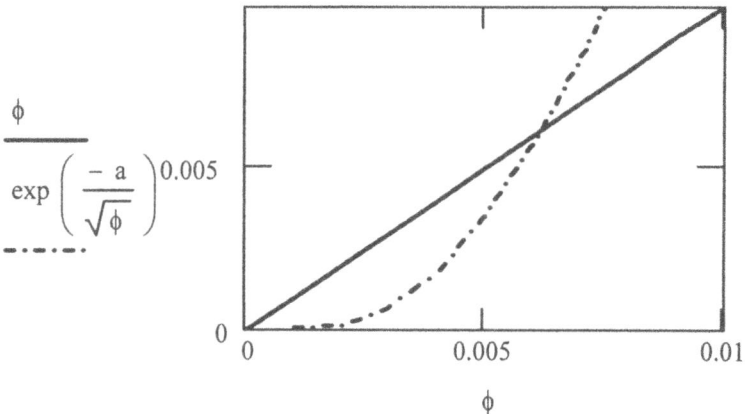

unter welchen Bedingungen die eine oder die andere der beiden Alternativen zutrifft, ergibt sich aus der folgenden Überlegung:

Der Ausdruck

$$a = l_F \int_\tau^T \sqrt{\frac{h(t)\, x(t)}{2\, F(\tau)}}\, dt$$

gibt die kumulierte Auflegungszahl bei optimaler Losgröße während der Periode von τ bis T, multipliziert mit der Lernrate der Auflegungskosten wieder, also die Zahl der Lerngelegenheiten („Auflegungserfahrung") multipliziert mit der Lernrate. Bei der Bestimmung von a ist von den aktuellen Auflegungskosten am Beginn der Betrachtungsperiode auszugehen. Man kann für diesen Ausdruck eine obere Grenze angeben; wird diese überschritten, so hat (14) nur die triviale Lösung. Diese Grenze ist durch die Minimalstelle der Funktion $\phi^{\sqrt{\phi}}$ bestimmt. Nur solange

(15) $\quad a < e^{-2/e} = 0{,}4791417088$

kann der Lebenszyklus in einer Phase mit nicht bindender Losgrößenbeschränkung enden. Die bisherigen Ergebnisse begründen die folgende

Behauptung 1 *Ist die Diskontierung irrelevant, dann ist in einem Zeitintervall, das in τ mit Auflegungskosten $F(\tau)$ beginnt und in T endet und in dem*

$$l_F \int_\tau^T \sqrt{\frac{h(t)\,x(t)}{2\,F(\tau)}}\,dt > e^{-2/e}$$

gilt, JiT optimal.
Andernfalls ist die optimale Losgröße während des ganzen Zeitintervalls $[\tau, T]$ durch

$$q^*(t) = \sqrt{\frac{2\,F(T)\,x(t)}{h(t)}}$$

bestimmt, entspricht also der klassischen optimalen Losgröße mit den voraussichtlichen Auflegungskosten im Endzeitpunkt T.

Nun sei noch der Einfluss der Lernrate der direkten Herstellkosten auf das optimale Endniveau der Auflegungskosten untersucht. Definiere

$$H := \int_\tau^T \sqrt{\frac{h(t)\,x(t)}{2\,F(\tau)}}\,dt.$$

H ist c.p. um so kleiner je größer die Lernrate l_c der direkten Herstellkosten ist. Die Bestimmungsgleichung (14) für die Reduktion ϕ der Auflegungskosten wird damit zu

$$\ln \phi(H)\,\sqrt{\phi(H)} = -\,l_F\,H.$$

Differentiation nach H ergibt

$$\frac{\phi'}{\phi}\,\phi^{1/2} + \ln \phi \cdot \frac{1}{2}\,\phi^{-1/2}\,\phi' = -l_F$$

$$\left(1 + \frac{1}{2}\ln \phi\right)\phi' = -l_F\,\phi^{1/2}.$$

Wegen (15) bleibt aber $\phi > 0{,}48$, also $\ln \phi >: -0{,}73576$. Daraus ergibt sich $\phi' < 0$. Der optimale Endwert $F(T)$ liegt also umso höher, je kleiner H, d.h. je größer l_c. Eine höhere Lernrate der direkten Herstellkosten l_c führt also einerseits zu einem stärkeren Anstieg der optimalen Losgröße während der Lernperiode, gleichzeitig aber zu einem höheren Endwert der Auflegungskosten. Davon geht die Tendenz zu einer größeren End-Losgröße aus, also zu weniger Investition in die Auflegungserfahrung. Welche Tendenz überwiegt, kann allgemein nicht bestimmt werden. Die im Rahmen der Diskussion von (13) über den Verlauf der optimalen Losgröße in Frage gestellte Konsequenz kann also tatsächlich nicht schlüssig gezogen werden.

2. Zweiter Fall: JiT optimal in der Endphase des Technologielebenszyklus

Bis hierher wurde der Fall betrachtet, dass der Technologielebenszyklus in einer Phase endet, in der die untere Grenze der Losgröße nicht optimal ist. Für den anderen Fall erhebt sich die Frage nach dem Zeitpunkt τ des Beginns der Endphase, in der die minimal mögliche Losgröße optimal ist. Um diesen Zeitpunkt zu finden, muss die JiT-Phase so weit nach vorn verlängert werden, bis die Minimumbedingung (10) erstmals nicht mehr q_0 als Lösung liefert. In einer JiT-Phase nimmt das Entwicklungsgesetz (9) für die φ die Form der Differentialgleichung

$$\dot{\varphi} = \frac{l_F x}{q_0} \varphi, \quad \varphi(T) = 1$$

mit der Lösung

$$\varphi(t) = \exp\left(\frac{l_F}{q_0}(X(t) - X(T))\right)$$

an und z folgt der Gleichung

$$\dot{z} = \left(l_c - \frac{l_F}{q_0}\right) x z$$

mit der Lösung

$$z(t) = z(\tau) \exp\left(\left(l_c - \frac{l_F}{q_0}\right)(X(t) - X(\tau))\right).$$

Man muss also prüfen, ob für alle $\tau \in [\tau, T]$

$$q_0 \geq \sqrt{2 x(t) z(\tau) \exp\left(\left(l_c - \frac{l_F}{q_0}\right)(X(t) - X(\tau))\right) \exp\left(\frac{l_F}{q_0}(X(t) - X(T))\right)}$$

$$= \sqrt{2 x(t) z(\tau) \exp\left(l_c (X(t) - X(\tau)) + \frac{l_F}{q_0}(X(\tau) - X(T))\right)}$$

gilt. Die untere Grenze des Intervalls $[\tau, T]$, für das diese Bedingung erfüllt ist, bildet den Anfang der JiT-Phase.

Für den Fall einer konstanten Lagerabgangsrate x muss während einer Phase mit bindender Losgrößenbeschränkung dauernd

$$q_0 \geq \sqrt{2 x z(\tau) \exp\left(x(l_c(t - \tau) + \frac{l_F}{q_0}(\tau - T))\right)}$$

gelten. Die rechte Seite dieser Bedingung wächst mit t, wenn die Bedingung also für $t = T$ erfüllt ist, d.h. wenn

$$q_0 \geq \sqrt{2 x z(\tau) \exp\left(x\left(l_c - \frac{l_F}{q_0}\right)(T - \tau)\right)},$$

dann ist sie für alle $t \in [\tau, T]$ erfüllt. Man kann zeigen, dass die rechte Seite dieses Ausdrucks mit τ zunimmt: Ihre Ableitung nach τ ist nämlich proportional zu

$$\left[\dot{z} - z x\left(l_c - \frac{l_F}{q_0}\right)\right] \exp\left(x\left(l_c - \frac{l_F}{q_0}\right)(T - \tau)\right)$$

wobei $\dot{z}$ sich nach der Dynamik der vorhergehenden Phase mit nicht bindender Losgrößenrestriktion richtet. D.h. die Ableitung ist

$$\left[\left(l_c - \frac{l_F}{q_0}\right) x z - z x\left(l_c - \frac{l_F}{q_0}\right)\right] \exp\left(x\left(l_c - \frac{l_F}{q_0}\right)(T - \tau)\right)$$
$$= \left[\frac{1}{q_0} - \frac{1}{q}\right] l_F x z \exp\left(x\left(l_c - \frac{l_F}{q_0}\right)(T - \tau)\right).$$

Darin muss $q > q_0$ gelten, also ist die Ableitung positiv. Je weiter τ nach vorne rückt, desto kleiner wird also die rechte Seite der Bedingung. Das zeigt, dass es vor einer Phase mit bindender Losgrößenbeschränkung bei konstanter Nachfragerate keine Phase mit nicht bindender Beschränkung geben kann. Wenn also eine JiT-Phase in der optimalen Politik enthalten ist, dann ist JiT von Anfang an optimal. Es gilt also:

Behauptung 2 *Bei irrelevanter Diskontierung und konstanter Lagerabgangsrate ist JiT, wenn überhaupt, dann von allem Anfang an optimal.*

III. Ergebnis

- Die JiT-Philosophie läßt sich unter bestimmten Bedingungen durch ein formales Modell auf der Basis des klassischen Losgrößenmodells und der Erfahrungskurve als optimale Strategie begründen. Um eine Mode, die auf transienten Umweltbedingungen beruht, handelt es sich also nicht. In ihrer strikten Form relativiert das Modell allerdings deren langfristige Optimalität. Bei kurzen Lebenszyklen der betrachteten Prozesse, kleiner Lernrate der Auflegungskosten, geringer Lagerabgangsrate und geringem Lagerkostensatz ist eine strikte JiT-Strategie nicht lohnend.
- Selbst bei schwankender Lagerabgangsrate können nur zwei verschiedene Regime optimal sein:
  1. Entweder die Losgröße wird gemäß der klassischen Quadratwurzel-Formel gewählt, wobei aber von Anfang an für die Auflegungskosten der Wert einzusetzen ist, der voraussichtlich erst am Ende des Lernprozesses erreicht werden wird, oder
  2. die Losgröße wird in Höhe der aus technischen oder organisatorischen Gründen gegebenen Untergrenze gewählt.

- Das Modell identifiziert eine Art „Naturkonstante", die unter Vernachlässigung der Diskontierung die Vorteilhaftigkeit einer strikten JiT-Strategie bestimmt: nur wenn die Auflegungszahl für die noch ausstehende Zeit des Technologielebenszyklus gemäß der klassischen Losgrößenformel auf der Basis der aktuellen Auflegungskosten, multipliziert mit der Lernrate des Auflegungsprozesses den Wert $e^{-2/e} = 0{,}48$ überschreitet, ist es lohnend, die technisch mögliche Mindestlosgröße zu wählen. Berücksichtigt man die Diskontierung, so werden Investitionen in die zukünftige Systemperformance weniger attraktiv. Daher kann die angegebene Grenze als untere Schranke auch für den allgemeinen Fall einen Anhaltspunkt bieten.
- Bei konstanter Ausbringung kann JiT wenn überhaupt, dann nur von Anfang an optimal sein.
- Optimales Lernen erfordert Investition: Diese besteht im vorliegenden Beispiel darin, die Losgröße systematisch kleiner als das myopische Optimum zu wählen. Dadurch werden die gesamten losgrößenabhängigen Kosten kurzfristig höher ausfallen als nach dem klassischen Losgrößenmodell, langfristig verbessert sich aber die Systemperformance durch die beschleunigte Erfahrungsbildung. Würde die Senkung der Auflegungskosten zusätzliche Hardware-Investitionen erfordern, so würden diese die optimale Losgröße erhöhen.
- So lange die optimale Losgröße nicht an der unteren Grenze liegt, bewirken stärkere Lerneffekte bei den Herstellkosten eine Erhöhung des Anstiegs der Losgröße in der Zeit; sie führen aber gleichzeitig zu einer Verschiebung des Endwerts der Auflegungskosten nach oben, drehen also gewissermaßen die Trajektorie der optimalen Losgröße; ob sie zu einer Verstärkung der Investition in Erfahrungseffekte bei den Auflegungskosten führen, lässt sich allgemein nicht beantworten.
- Diese Überlegungen gelten unabhängig von wettbewerbsstrategischen Einflüssen. Diese können die Bedeutung des Lernens noch erheblich verstärken.

D. Kostendynamiken ähnlicher Struktur

Eine ähnliche formale Struktur wie das Beispiel des vorherigen Abschnitts weisen auch andere produktionswirtschaftliche Probleme auf. Wenn etwa mit Qualitätskontrollmaßnahmen Lerneffekte verbunden sind, die die erwarteten Kosten einer Maßnahme reduzieren, dann kann in ähnlicher Weise gezeigt werden, dass es optimal ist, die Qualitätskontrollen über das myopisch optimale Maß hinaus auszudehnen, bei dem die Kosten eines zusätzlichen Fehlers gerade die Grenzkosten seiner Vermeidung aufwiegen.[10] Auch hier gilt, dass bei den Fehlerkosten kaum Lerneffekte auftreten, da diese zum großen Teil außerhalb des Unternehmens entstehen. Eine Verallgemeinerung für den Fall, dass auch die Fehlerkosten Lerneffekten unterliegen, würde die Ergebnisse allerdings erheblich ändern. Sind diese Lerneffekte stärker als die Lerneffekte bei den Qualitätskontrollkosten, so kann dies sogar dazu führen, die Fehlerrate zu erhöhen, um diese Lerneffekte zu stimulieren. Auch im dynamischen Optimierungsmodell der Qualitätskontrolle existiert eine Entsprechung zur minimal möglichen Losgröße, nämlich die vollständige Überprüfung der Teilergebnisse aller qualitätsrelevanten betrieblichen Teilprozesse.

Auch das Ersatzproblem hat eine ähnliche Struktur[11], wenn häufigerer Ersatz Lerneffekte hervorruft, während die laufenden Betriebskosten mit der Lebensdauer steigen.

Die Verkürzung von Modellzyklen kann analog erklärt werden. Auch hier wird der Beschleunigung der Ersatzzyklen eine technisch-organisatorisch bestimmte Mindestlebensdauer eine modellexogene Grenze setzen.

Anmerkungen

1 Vgl. z.B. Silver/Pyke/Peterson ³1998, Abschnitt 16.1.1, insbes. S. 633; der Lagerbestand wird mit dem Wasserstand in einem Fluss verglichen, der gefährliche Hindernisse für die Produktivität verdeckt. Ebenso, ausführlicher schon in der 2. Aufl. 1985. Siehe auch Heizer/Render, ⁵1999, S. 487 mit einer bildlichen Darstellung.
2 Das klassische Losgrößenmodell wird oft benutzt, um Voraussetzungen für einen Erfolg von Just-in-Time zu bestimmen, z.B. drastische Senkung der Auflegungskosten. Vgl. z.B. Nahmias ³1997, S. 372 oder Heinzer/Render ⁵1999, S. 488f. Explizite dynamische Modelle werden dagegen nicht betrachtet, auch nicht in Nahmias Buch, dessen Paperbackausgabe auf dem Umschlag die Losgrößenformel zusammen mit dem Slogan: „One learns by doing" zeigt.
3 Siehe z.B. Porteus 1986, 1986a.
4 Beispiele bei Nahmias, ³1997, S. 42f.
5 Titel eines Buchs von Crosby.
6 Diese Darstellung gilt allerdings erst für $X \geqq 1$.
7 $k(X) = X^{-0,8}$; $k_1(X) = 9e^{-3X}$; $k_2(X) = 2.1e^{-0,3X}$
8 Siehe z.B. Athans/Falb 1966, 288ff.
9 Das sieht man nach Einsetzen von (10) in (9): $\dot{\varphi} = l_F \cdot \left\{ \sqrt{\dfrac{x\varphi}{2z}} \middle/ \dfrac{x}{q_0} \right\} + (\varphi - 1)r$. Wegen $\varphi \leq 1$ bedeutet dies, dass der Anstieg von φ in der Zeit umso geringer ist je größer r.
10 Siehe z.B. Fine 1986, 1988; Fine & Porteus 1989; Marcellus & Dada 1991.
11 Auf die strukturelle Ähnlichkeit zwischen Losgrößen- und Ersatzproblem weist schon Vernon L. Smith 1962 hin.

Literatur

Athans, Michael, Falb, Peter L. (1996): Optimal Control, An Introduction to the Theory and Its Applications, New York et al. (MacGraw-Hill).
Crosby, P. B. (1979): Quality is free, New York.
Fine, Charles H. (1986): Quality Improvement and Learning in Productive Systems, Management Science 32, S. 1301–1315.
Fine, Charles H. (1988): A Quality Control Model with Learning Effects, Operations Research 36, S. 437–444.
Fine, Charles H., Porteus, Evan L. (1989): Dynamic Process Improvement, Operations Research 37, S. 580–591.
Heizer, Jay, Render, Barry (1999): Operations Management, 5th ed., Upper Saddle River NJ (Prentice Hall).
Kantor, Paul B., Zangwill, Willard I. (1991), Theoretical Foundation for a Learning Rate Budget, Management Science 37, S. 315–330.
Kloock, Josef, Sabel, Hermann, Schuhmann, Werner (1987): Die Erfahrungskurve in der Unternehmenspolitik – Theoretische Präzisierungen und praktische Perspektiven. Ergänzungsheft 2 der Zeitschrift für Betriebswirtschaft, 57. Jg., S. 3–51.
Kloock, Josef, Sabel, Hermann (1993): Economies and Savings als grundlegende Konzepte der Erfahrung – Was bringt mehr? Zeitschrift für Betriebswirtschaft, 63. Jg., S. 209–233.
Marcellus, Richard L., Maqbool, Dada (1991): Interactive Process Quality Improvement, Management Science 37, S. 1365–1376.

Nahmias, Steven (1997): Production and Operations Analysis, 3rd ed. New York et al. (MacGraw-Hill).

Porteus, Evan L. (1986): Optimal Lot Sizing, Process Quality Improvement and Setup Cost Reduction, Operations Research 34, S. 137–144.

Porteus, Evan L. (1986a): Investing in New Parameter Values in the Discounted EOQ Model, Naval Research Logistics Quarterly 33, S. 39–48.

Sabel, Hermann, Kloock, Josef (1995): Statische und dynamische Dimensionierungen: Konsequenzen aus der Erfahrungskurve. In: Die Dimensionierung des Unternehmens, Stuttgart (Schäffer-Poeschel).

Silver, Edward A., Pyke, David F., Peterson, Rein (1998): Inventory Management and Production Planning and Scheduling, 3rd ed., New York (Wiley).

Smith, Vernon L. (1961): Investment and Production – A Study in the Theory of the Capital Using Enterprise, Cambridge (Mass.).

Zusammenfassung

Der Aufsatz entwickelt eine dynamische Variante des klassischen Losgrößenmodells, aus dem sich Bedingungen ableiten lassen, unter denen eine strikte Just-in-Time-Strategie optimal ist. Eine strikte Just-in-Time-Strategie stellt sich im Modell dadurch dar, dass die aus technisch-organisatorischen Gründen minimal mögliche Losgröße gewählt wird. Auf der Basis der von Kantor und Zangwill vorgeschlagenen „mixed exponential" Erfahrungskurve wird gezeigt, dass eine strikte Just-in-Time-Strategie nur optimal sein kann, wenn die noch zu gewinnende Auflegungserfahrung multipliziert mit der Lernrate des Auflegungsprozesses eine bestimmte Grenze überschreitet. Ist eine strikte Just-in-Time-Strategie nicht optimal, so ergibt sich bei konstanter Ausbringung unter Vernachlässigung der Diskontierung aus dem Modell, dass in der gesamten Betrachtungsperiode die Losgröße nach der klassischen Formel unter Zugrundelegung der erst am Ende des Technologielebenszyklus erreichten Höhe der Auflegungskosten zu bestimmen ist. Der Ansatz des Modells kann auf andere Probleme des Kostenmanagements, wie z.B. das Qualitätsmanagement und das Ersatzproblem übertragen werden.

Summary

The article proposes a dynamic extension of the classical EOQ model. The model yields conditions under which a strict Just-in-Time policy is optimal. A strict Just-in-Time policy chooses the lot size, at the minimum level feasible according to technical and organizational restrictions. The model is based on the mixed exponential experience curve proposed by Kantor and Zangwill in 1991. The paper identifies a condition under which the strict Just-in-Time policy is optimal. This is the case if the number of setups outstanding in the future (according to the EOQ formula evaluated for the setup cost level at the beginning), multiplied by the learning rate of the setup process exceeds a certain lower bound. Otherwise, neglecting the time value of money, the model identifies a lot size as long-run optimal which is determined by the EOQ formula using all the time the setup cost level to be reached only at the terminal time after which no further experience opportunities exist. The approach of the model carries over to other problems of cost management such as quality control and machine replacement.

41: Lagerwesen (JEL M52)
84: Planungsrechnung und Controlling (JEL M43)

NEU in der SGO Reihe

Margit Osterloh / Jetta Frost
Prozeßmanagement als Kernkompetenz
3., akt. Aufl. 2000. 280 S.
Geb. DM 78,00
ISBN 3-409-33788-1

Inhalt:

- Die drei neuen Ideen des Business Reengineering
- Was können Sie von bewährten Konzepten übernehmen?
- Vom Business Reengineering zum Prozeßmanagement
- Organisation als dynamische Kernkompetenz
- Wie wird Prozeßmanagement eine dynamische Kernkompetenz?
- Change Management
- Stolpersteine bei der Umsetzung

Das Buch zeigt, wie Sie die Organisation Ihres Unternehmens als Kernkompetenz ausgestalten können. Zahlreiche detaillierte Unternehmensbeispiele demonstrieren die erfolgreiche Umsetzung. Zugleich werden Kriterien diskutiert, welche Unternehmensaktivitäten im Wege des Outsourcing ausgelagert werden können.

Autoren:

Prof. Dr. Margit Osterloh ist Inhaberin des Lehrstuhls für Organisation an der Universität Zürich.
Dr. oec. publ. Jetta Frost ist Oberassistentin und Habilitandin am Lehrstuhl von Prof. Dr. Margit Osterloh.

Bestellung

Fax: 06 11.78 78-420

321 01 006

Ja, ich bestelle:

___ Expl. Margit Osterloh / Jetta Frost
Prozeßmanagement als Kernkompetenz
Geb. DM 78,00
ISBN 3-409-33788-1

Vorname und Name

Straße (bitte kein Postfach)

PLZ, Ort

Unterschrift

Änderungen vorbehalten.
Erhältlich beim Buchhandel oder beim Verlag.

Abraham-Lincoln-Str. 46, 65189 Wiesbaden, Tel.: 06 11.78 78-124, www.gabler.de

Produktionscontrolling

Effiziente Produktionen in diskreten Technologien

Von Werner Dinkelbach und Andreas Kleine

Überblick

- Lineare Technologien mit beliebig teilbaren Gütern sind in der Produktionstheorie aus der Aktivitätsanalyse hinlänglich bekannt. Zahlreiche betriebliche Input-Output-Systeme zeichnen sich jedoch durch nicht beliebig teilbare Güter aus, die in diskreten Technologien Berücksichtigung finden. Diese auf diskreten Kegeln basierenden Technologien sind Gegenstand des vorliegenden Beitrages.

- Von besonderem Interesse sind für die Planung insbesondere sogenannte effiziente Produktionen, die sich bei diskreten Technologien in wesentlich effiziente und nichtwesentlich effiziente Produktionen differenzieren und mit Hilfe von Testprogrammen identifizieren lassen.

- Die Ermittlung aller effizienten Produktionen erfordert im Unterschied zu linearen Technologien ein modifiziertes Vorgehen, das beispielhaft illustriert wird.

- Eine Konzentration auf ausschließlich wesentlich effiziente Produktionen ist bei diskreten Technologien häufig nicht plausibel. Nichtwesentlich effiziente Produktionen können etwa bei einer erfolgsoptimalen Planung auf Grundlage einer Preisdifferenzierung oder bei einer Einbeziehung von umweltorientierten Zielsetzungen optimal sein.

Eingegangen: 22. Dezember 2000

Professor Dr. Werner Dinkelbach, Universität des Saarlandes, Rechts- und Wirtschaftswissenschaftliche Fakultät, Lehrstuhl für Betriebswirtschaftslehre, insbesondere Unternehmensforschung, Postfach 15 11 50, D-66041 Saarbrücken (wd@wiwi.uni-sb.de). Arbeitsgebiete: Quantitative Betriebswirtschaftslehre, insbesondere Entscheidung, Produktion und Umwelt, Investition, Operations Research.
Privatdozent Dr. Andreas Kleine, wissenschaftlicher Assistent am obigen Lehrstuhl (ak@wiwi.uni-sb.de). Arbeitsgebiete: Quantitative Betriebswirtschaftslehre, insbesondere Entscheidung, Produktion, Investition, Data Envelopment Analysis, Principal-Agent-Theorie.

© Gabler-Verlag 2001

A. Motivation

Über vektorielle (multikriterielle) Entscheidungsmodelle bzw. über Vektormaximierung ist schon viel geschrieben worden. Auch effiziente Produktionen im Rahmen der Produktionstheorie bzw. effiziente Alternativen im Rahmen der Entscheidungstheorie sind seit fünf Jahrzehnten bekannt. Bei fast allen Beiträgen zu Fragen der Effizienz von Produktionen wird von konvexen Technologien ausgegangen. Dies hat zum einen theoretische und numerische Vorteile, ist aber zum anderen insofern praxisfern, als in der Praxis vielfach nur diskrete Technologien bzw. Alternativen anzutreffen sind, die scheinbar insbesondere zu numerischen Nachteilen führen. Diese angeblichen Nachteile verlieren durch immer schnellere Computer an Bedeutung. Jedenfalls bestehen heute keine gravierenden Gründe, die eine Beschäftigung mit diskreten Technologien bzw. Alternativenmengen als zu mühsam oder nicht erfolgversprechend erscheinen lassen.

Im Abschnitt B dieses Beitrages werden die bekannten Grundlagen vektorieller Entscheidungsmodelle kurz wiederholt und an einer (linearen) Leontief-Technologie erläutert. Weniger bekannte diskrete Alternativenmengen und die hiermit verbundene wesentliche Effizienz stehen im Mittelpunkt des Abschnitts C, in dem zur Illustration eine diskrete Leontief-Technologie dargestellt wird. Einen Eindruck, wie sich die Menge aller effizienten Produktionen in diskreten Technologien ermitteln läßt, vermittelt der Abschnitt D. Eine mögliche Relevanz von effizienten Produktionen, die nichtwesentlich effizient sind, illustriert Abschnitt E zum einen auf Basis einer Preisdifferenzierung und zum anderen für Zielkonflikte in umweltorientierten Technologien. Im Anhang werden ergänzend konvexe und diskrete Kegel, Dominanzkegel sowie konvexe Hülle formal definiert.

Mit diesem Artikel sollen die Zusammenhänge zwischen effizienten Produktionen und wesentlich effizienten Produktionen, die immer noch wenig bekannt sind, verdeutlicht werden. Insbesondere hat der zweite Teil des häufig zitierten Effizienztheorems der (linearen) Vektoroptimierung – grob gesprochen:

- Zielgewichtung führt stets zu effizienten Produktionen,
- effiziente Produktionen können stets mit Zielgewichtung gefunden werden –

bei diskreter Technologie keine generelle Gültigkeit. Damit ist die Thematik dieses Beitrages umrissen.

B. Effizienz

I. Definition effizienter Alternativen

Offensichtlich ist die Bestimmung einer Person mit maximaler Geschwisterzahl aus einer Gruppe von Personen ein triviales Problem. Die gesuchte Person kann unmittelbar jeweils durch paarweisen Vergleich gefunden werden, wobei Mehrfachlösungen (mehrere Personen mit gleicher maximaler Geschwisterzahl) möglich sind.

Ausgangspunkt jeder entscheidungstheoretischen Überlegung ist eine nichtleere Menge (Alternativenmenge) X von Objekten (Alternativen) x, die sämtlich – eindimensional –

durch eine reelle Zahl (Zielfunktionswert) $z(x)$ gekennzeichnet sind ($z : X \to \mathbb{R}$). Hierbei stellt sich die Frage nach der Alternative bzw. den Alternativen aus X mit maximalem Zielfunktionswert, d.h., gesucht ist die Menge

$$X^* := \{x^* \in X \mid \text{ es existiert kein } x' \in X \text{ mit } z(x') > z(x^*)\}.$$

X^* ist die Menge aller bezüglich der Alternativenmenge X und der Zielfunktion z „maximalen" Elemente, m.a.W., die Menge aller die Zielfunktion z maximierenden Alternativen bzw. die optimale Lösungsmenge eines skalaren Entscheidungsmodells

(EM) $\max \{z(x) \mid x \in X\}$.

Im folgenden werden ausschließlich vektorielle Entscheidungsmodelle betrachtet, d.h. multikriterielle Entscheidungsmodelle, bei denen sämtliche Ziele durch zu maximierende – oder auch zu minimierende – Zielfunktionen dargestellt werden und bei denen mindestens zwei konkurrierende Ziele einen Zielkonflikt implizieren. Bei einem derartigen Zielkonflikt gibt es keine Alternative, die bezüglich der Alternativenmenge X und bezüglich jedes der betrachteten Ziele individuell optimal ist.

Bei skalaren Entscheidungsmodellen wird durch die Optimierungsvorschrift die Menge X der zulässigen Alternativen (Lösungen) in zwei disjunkte Teilmengen zerlegt, und zwar in eine Teilmenge X^* der optimalen Lösungen und in eine Teilmenge $X \setminus X^*$ der nicht optimalen Lösungen. Sowohl die Teilmenge X^* der optimalen Lösungen kann leer sein, beispielsweise wenn die Alternativenmenge nicht beschränkt ist und damit unter Umständen keine optimale Lösung existiert, als auch die Teilmenge $X \setminus X^*$ der nicht optimalen Lösungen, beispielsweise wenn alle zulässigen Alternativen zum selben optimalen Zielfunktionswert führen.

Eine ähnliche Zerlegung – allerdings mit einem modifizierten Optimalitätsbegriff – ist bei vektoriellen Entscheidungsmodellen

$$(\text{VEM}_z) \quad \max \left\{ \begin{pmatrix} z_1(x) \\ \vdots \\ z_K(x) \end{pmatrix} \middle| x \in X \right\}$$

mit K Zielfunktionen $\mathbf{z} := (z_1, ..., z_K)^T$ auch möglich. So stellt sich üblicherweise bei einem vektoriellen Entscheidungsmodell zunächst die Frage, welche Alternativen als Kandidaten für eine – wie auch immer definierte – „optimale" Lösung nicht in Frage kommen. Hierbei spielen die Begriffe der *Dominanz* und der *Effizienz* eine zentrale Rolle.[1]

Definition 1: *Eine Alternative $x' \in X$ dominiert eine Alternative $x'' \in X$ bezüglich der Alternativenmenge X und der K Zielfunktionen $\mathbf{z}$, wenn gilt:*

$z_k(x') \geq z_k(x'')$ *für alle $k = 1, ..., K$,*

$z_k(x') > z_k(x'')$ *für mindestens ein $k \in \{1, ..., K\}$,*

oder in Vektorschreibweise, wenn gilt: $\mathbf{z}(x') \geq \mathbf{z}(x'')$.

Alternativen aus der Menge X, die von anderen Alternativen aus X dominiert werden, können außer Betracht bleiben, so daß in bezug auf ein vektorielles Entscheidungsmodell nur die Menge der nicht dominierten Alternativen von Interesse ist. Dies führt in Anlehnung an Koopmans zur Definition effizienter Alternativen:

Definition 2: *Eine Alternative $x_{eff} \in X$ heißt effizient bezüglich der Alternativenmenge X und der K Zielfunktionen $\mathbf{z}$, wenn sie nicht bezüglich X und $\mathbf{z}$ dominiert wird, d.h., wenn es keine andere Alternative $x' \in X$ gibt, die für alle K Zielfunktionen zu keinem schlechteren Zielfunktionswert und die für mindestens eine Zielfunktion zu einem besseren Wert führt. Damit lautet die Menge X_{eff} der bezüglich X und $\mathbf{z}$ effizienten Alternativen:*

$$X_{eff} := \{x_{eff} \in X \mid \text{es existiert kein } x' \in X \text{ mit } \mathbf{z}(x') \geq \mathbf{z}(x_{eff})\}.$$

Für den Fall, daß die Schnittmenge der K individuell optimalen Lösungen nicht leer ist, stimmt sie mit der Menge der effizienten Alternativen überein, die dann auch Menge der perfekten Lösungen heißt.[2] Existieren bei einem skalaren Entscheidungsmodell optimale Lösungen, sind diese stets effizient als auch perfekt bezüglich X und z, da die (eindimensionale) Maximalität bzw. Minimalität ein Spezialfall der (mehrdimensionalen) Effizienz ist. Umgekehrt ist die Effizienz nichts anderes als eine Verallgemeinerung der Maximalität bzw. der Minimalität.

Bisher wurden in diesem Beitrag an die Zielfunktionen und die Alternativenmengen keine speziellen Voraussetzungen gestellt. Bei zahlreichen ökonomischen Problemstellungen – wie etwa bei der Produktionsprogrammplanung – lassen sich alle zulässigen Alternativen nicht explizit auflisten, sondern nur implizit durch Nebenbedingungen beschreiben. Die Werte der reellwertigen Entscheidungsvariablen $\mathbf{x} = (x_1, ..., x_N)^T$ charakterisieren hierbei eine Alternative. Bei K linearen Zielfunktionen – mit Koeffizienten $\mathbf{c}_k \in \mathbb{R}^N$ ($z_k(\mathbf{x}) := \mathbf{c}_k^T \mathbf{x}$) – sowie M linearen Nebenbedingungen – mit einer Koeffizientenmatrix $\mathbf{A} \in \mathbb{R}^{M \cdot N}$ und einem Begrenzungsvektor $\mathbf{b} \in \mathbb{R}^M$ – ergibt sich das spezielle lineare vektorielle Entscheidungsmodell:

$$\text{(LVEM)} \quad max \left\{ \begin{pmatrix} \mathbf{c}_1^T \mathbf{x} \\ \vdots \\ \mathbf{c}_K^T \mathbf{x} \end{pmatrix} \middle| \begin{array}{l} \mathbf{A}\mathbf{x} \leq \mathbf{b} \\ \mathbf{x} \in \mathbb{R}_+^N \end{array} \right\}.$$

In der theoretischen Betriebswirtschaftslehre wie auch in zahlreichen Anwendungen ist eine Alternativenmenge häufig nichts anderes als eine – im allgemeinen kompakte – Gütermenge mit speziellen Interpretationen. Insbesondere im Produktionsbereich sind spezielle vektorielle Entscheidungsmodelle von Interesse, bei denen der Zielfunktionsvektor aus zu maximierenden Outputquantitäten und/oder zu minimierenden Inputquantitäten besteht. Vektorielle Entscheidungsmodelle mit zu extremierenden Entscheidungsvariablen $\mathbf{x} = (x_1, ..., x_K)^T (= \mathbf{z})$ lauten allgemein:[3]

$$\text{(VEM}_\mathbf{x}\text{)} \quad max \left\{ \begin{pmatrix} x_1 \\ \vdots \\ x_K \end{pmatrix} \middle| \begin{pmatrix} x_1 \\ \vdots \\ x_K \end{pmatrix} \in X \subset \mathbb{R}^K \right\}.$$

Die Definition 2 gilt selbstverständlich auch für (VEM$_\mathbf{x}$). Da der Zielfunktionsvektor $\mathbf{z}$ entfällt, wird hier die Effizienz auf X anstatt auf X und $\mathbf{z}$ bezogen.

II. Testprogramme

Eine Überprüfung einer beliebigen Alternative $x^\square \in X$ auf Effizienz bezüglich eines vektoriellen Entscheidungsmodells (VEM$_z$) mit nur zwei Zielfunktionen und damit einem im $\mathbb{R}^2$ darstellbaren Zielraum

$$Z := \left\{ \begin{pmatrix} z_1(x) \\ z_2(x) \end{pmatrix} \in \mathbb{R}^2 \;\middle|\; x \in X \right\}$$

ist graphisch sehr anschaulich durch sogenannte Dominanzkegel möglich. Hierzu sind die Zielfunktionsisoquanten in eine entsprechende Abbildung einzuzeichnen, d.h. alle Punkte, die für die betrachteten Ziele – z_1 bzw. z_2 – und bezüglich der zu testenden Alternative $x^\square$ jeweils zum selben Zielfunktionswert – $z_1(x^\square)$ bzw. $z_2(x^\square)$ – führen. Diese Zielfunktionsisoquanten definieren Halbebenen und damit den gewünschten Dominanzkegel (vgl. Anhang: Definition A8). Gibt es mindestens eine Alternative x' aus X mit $\mathbf{z}(x') \neq \mathbf{z}(x^\square)$, deren Zielfunktionswerte im Inneren oder auf dem Rand des Dominanzkegels liegen, so wird die zu testende Alternative $x^\square$ von x' dominiert und ist somit nicht effizient. Existiert hingegen neben der zu testenden Alternative $x^\square$ keine weitere zulässige Alternative im Dominanzkegel mit abweichenden Zielfunktionswerten, dann ist $x^\square$ effizient bezüglich X und $\mathbf{z}$.

Basierend auf dieser Idee bieten Testprogramme allgemein eine Möglichkeit, eine Alternative $x^\square$ aus einer kompakten Menge X auf Effizienz zu überprüfen. Bei K zu maximierenden Zielfunktionen stellen diese Programme mittels Abweichungsvariablen d_k^+ für jede Zielfunktion z_k fest, ob eine Alternative aus X existiert, die die Vorgaben $z_k(x^\square)$ erreicht und eventuell sogar überschreitet. Durch eine Maximierung der Summe dieser nichtnegativen Abweichungen läßt sich eine eventuelle Effizienz einer zu testenden Alternative $x^\square$ untersuchen:[4]

$$\text{(TEST)} \quad \max \left\{ \sum_{k=1}^{K} d_k^+ \;\middle|\; \begin{array}{l} z_k(x) - d_k^+ = z_k(x^k) \quad (k=1,\ldots,K) \\ d_k^+ \geq 0 \quad\quad\quad\quad\quad\quad\;\; (k=1,\ldots,K) \\ x \in X \end{array} \right\}.$$

Das Testprogramm (TEST) leistet nichts anderes als eine Überprüfung einer Alternative $x^\square$ auf Effizienz mittels eines Dominanzkegels. Ein positiver maximaler Zielfunktionswert von (TEST) signalisiert, daß die getestete Alternative $x^\square$ von einer anderen Alternative, z.B. der bezüglich (TEST) optimalen Alternative, dominiert wird. Nur wenn alle Abweichungsvariablen im Optimum einen Wert von Null aufweisen, d.h. der optimale Zielfunktionswert von (TEST) Null beträgt, handelt es sich bei der zu testenden Alternative $x^\square$ um eine bezüglich X und $\mathbf{z}$ effiziente Alternative.[5]

Da die Zielfunktion des Testprogramms letztlich einer Zielgewichtung – mit gleichen positiven Gewichten – gleichkommt und aus der Theorie der Vektoroptimierung bekannt ist, daß eine Zielgewichtung als Kompromißmodell mit positiven Gewichten unabhängig weiterer Voraussetzungen stets zu einer effizienten Alternative führt[6], resultiert aus dem Testprogramm mindestens eine effiziente Alternative. Ist die maximale Summe der Abweichungsvariablen positiv, d.h., wird die Alternative $x^\square$ dominiert, dann gibt das Testprogramm wenigstens eine effiziente Alternative als Lösungsvorschlag an.

III. Effiziente Produktionen in linearen Technologien

Das folgende Beispiel B_{L1} illustriert die bisherigen Effizienzüberlegungen für ein Input-Output-System mit zwei Faktoren und einem Produkt. Zur Beschreibung dieses Input-Output-Systems werden Produktionen (Vektoren) $\mathbf{y} = (-r_1, -r_2, +x)^T$ verwendet, wobei r_1 und r_2 die jeweils einzusetzenden Faktorquantitäten (FE_1, FE_2) der ersten und zweiten Faktorart sowie x die herzustellenden Produktquantitäten (PE) angeben. Alle zulässigen Produktionen (Alternativen) enthalte die Technologie $TM \subset \mathbb{R}^3$ (Alternativenmenge). Die eine Produktion charakterisierenden Komponenten der zu minimierenden Inputs und des zu maximierenden Outputs spiegeln bereits die Ziele eines Produzenten wider. Für den Vektor der drei Zielfunktionen gilt somit in diesem speziellen Input-Output-System:

$$\mathbf{z} = \begin{pmatrix} z_1 \\ z_2 \\ z_3 \end{pmatrix} = \begin{pmatrix} -r_1 \\ -r_2 \\ +x \end{pmatrix} = \mathbf{y}.$$

M.a.W.: Die beiden ersten Ziele bestehen darin, die Inputquantitäten jeweils zu minimieren; das dritte Ziel beinhaltet eine Maximierung der Outputquantität.[7] Durch die Gleichheit der Zielfunktionen $\mathbf{z} = (z_1, z_2, z_3)^T$ und der Produktionen $\mathbf{y} = (-r_1, -r_2, +x)^T$ ist eine Effizienzanalyse eines Input-Output-Systems $max\{\mathbf{y} \mid \mathbf{y} \in TM\}$ (vgl. ($VEM_\mathbf{x}$)) ein Spezialfall einer Effizienzanalyse eines vektoriellen Entscheidungsmodells ($VEM_\mathbf{z}$) mit linearen Zielfunktionen. Aus einer Effizienz bezüglich X und $\mathbf{z}$ (vgl. Definition 2) wird nunmehr eine Effizienz bezüglich TM und $\mathbf{y}$ oder – kürzer – eine Effizienz bezüglich TM.[8]

Grundlage des Beispiels B_{L1} ist die klassische Aktivitätsanalyse.[9] Es wird von folgenden drei sogenannten Basisproduktionen ausgegangen[10],

$$\mathbf{y}_{B1} = \begin{pmatrix} -24 \\ -41 \\ +1 \end{pmatrix}, \quad \mathbf{y}_{B2} = \begin{pmatrix} -36 \\ -31 \\ +1 \end{pmatrix}, \quad \mathbf{y}_{B3} = \begin{pmatrix} -47 \\ -20 \\ +1 \end{pmatrix},$$

von denen jeweils nichtnegative Vielfache realisiert werden können. Die zugehörige lineare Technologie (Alternativenmenge) TM_L läßt sich – bei unterstellter Input-Substitutionalität – wie folgt zusammenfassend formulieren:

$$TM_L = \left\{ \mathbf{y} \in \mathbb{R}^3 \;\middle|\; \mathbf{y} = \sum_{j=1}^{3} \mathbf{y}_{Bj} \lambda_j, \; (\lambda_1, \lambda_2, \lambda_3)^T \in \mathbb{R}^3_+ \right\}.$$

Die Abb. 1 stellt die lineare Technologie TM_L in einem (r_1, r_2)-Diagramm dar, wie es in der Produktionstheorie üblich ist. Die lineare Technologie entspricht einem durch die drei Basisproduktionen erzeugten konvexen Kegel mit dem Scheitel in $\mathbf{y} = \mathbf{o}$ (vgl. Anhang: Korollar A3, wobei für dieses Beispiel $\mathcal{K} = \{\mathbf{y}_{B1}, \mathbf{y}_{B2}, \mathbf{y}_{B3}\}$ gilt).

In einem ersten Schritt ist die lineare Technologie auf effiziente Produktionen zu analysieren. Offensichtlich ist jede einzelne Basisproduktion, wie sich unmittelbar durch Koeffizientenvergleich ersehen läßt, effizient bezüglich der drei Basisproduktionen $\mathbf{y}_{B1}$, $\mathbf{y}_{B2}$ und $\mathbf{y}_{B3}$. Läßt man wie bei einer linearen Technologie TM_L üblich gemischte Prozesse zu,

Abb. 1: Lineare Technologie TM_L

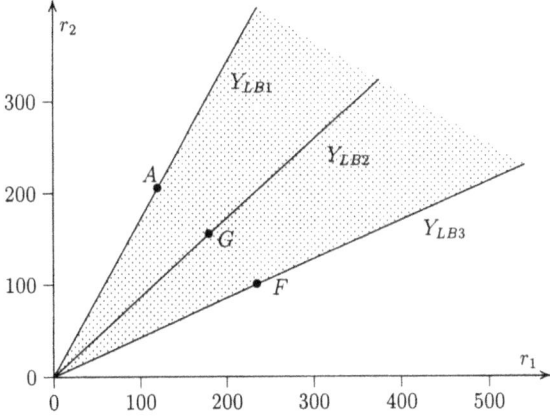

Abb. 2: Effiziente und dominierte Produktionen in TM_L

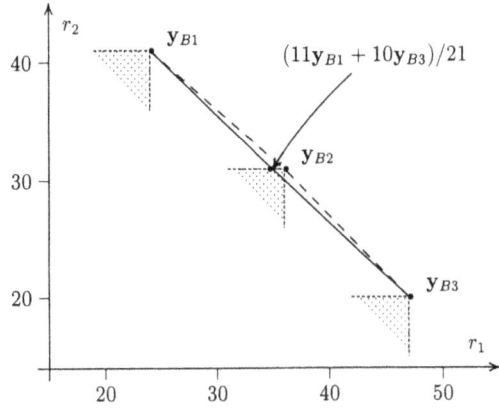

wird die Basisproduktion $\mathbf{y}_{B2}$ durch Konvexkombinationen aus $\mathbf{y}_{B1}$ und $\mathbf{y}_{B3}$ dominiert (vgl. Abb. 2), wobei zu berücksichtigen ist, daß – bei konstanter Produktquantität $x = 1$ – die Faktorquantitäten r_1 und r_2 zu minimieren sind. Die in Abb. 2 für $x = 1$ PE eingezeichneten Dominanzkegel (vgl. Anhang: Definition A8 und Definition A9) enthalten nur bei der Basisproduktion $\mathbf{y}_{B2}$ weitere zulässige Produktionen, wie z.B. $11\,(\mathbf{y}_{B1} + 10\,\mathbf{y}_{B3})/21$. Bei den Basisproduktionen $\mathbf{y}_{B1}$ und $\mathbf{y}_{B3}$ sowie deren Konvexkombinationen (mit $x = 1$) ist der Scheitel des jeweiligen Dominanzkegels die einzige zulässige und damit effiziente Produktion.

Aus der Produktionstheorie ist bekannt, daß aus der Effizienz einer Basisproduktion $\mathbf{y}_{Bj}$ aus TM_L geschlossen werden kann, daß auch der zu dieser Basisproduktion zugehörige Basisprozeß

$$Y_{LBj} = \{\mathbf{y} \in TM_L \mid \mathbf{y} = \mathbf{y}_{Bj}\,\lambda \quad (\lambda \in \mathbb{R}_+)\} \qquad (j \in \{1, \ldots, J\})$$

zur Herstellung von mehr oder auch weniger als einer Produktquantität effizient bezüglich der Technologie TM_L ist. M.a.W.: Ist $\mathbf{y}_{Bj}$ effizient bezüglich TM_L, dann sind alle $\mathbf{y} \in Y_{LBj}$ effizient bezüglich TM_L. Daher ist es nicht notwendig zu überprüfen, ob auch die Herstellung von z.B. 5 PE mit den Basisprozessen Y_{LB1} oder Y_{LB3} (mit $\lambda = 5$) effizient ist (vgl. Punkte A und F in Abb. 1).

Die eingeführte lineare Technologie TM_L wird nunmehr durch Ergänzung von beschaffungsbedingten Obergrenzen $\bar{r}_1 = 515$ FE_1 und $\bar{r}_2 = 364$ FE_2 sowie durch eine absatzbedingte Untergrenze $\bar{x} = 5$ PE zu einer (linearen) Leontief-Technologie LT_L erweitert und in Hinblick auf kostenminimale und deckungsbeitragsmaximale Produktionen analysiert. Durch die Faktorrestriktionen wird die maximale Produktquantität auf $x_{max} = 13{,}26$ PE beschränkt. Die definierte Leontief-Technologie LT_L – sie wird in Abb. 3 durch das Vieleck $ABDEF$ graphisch veranschaulicht – hat unter Verwendung von Hilfsvariablen x_1, x_2 und x_3, die im folgenden die jeweiligen Aktivitätsniveaus λ_1, λ_2 und λ_3 angeben, nunmehr folgendes Aussehen:

$$LT_L = \left\{ \begin{pmatrix} -r_1 \\ -r_2 \\ +x \end{pmatrix} \in \mathbb{R}^3 \left| \begin{array}{l} r_1 = 24x_1 + 36x_2 + 47x_3 \leq 515 \\ r_2 = 41x_1 + 31x_2 + 20x_3 \leq 364 \\ x = x_1 + x_2 + x_3 \geq 5 \\ x_1, x_2, x_3 \in \mathbb{R}_+ \end{array} \right. \right\}.$$

Abb. 3: Kostenminimale Anpassung bei der Leontief-Technologie LT_L

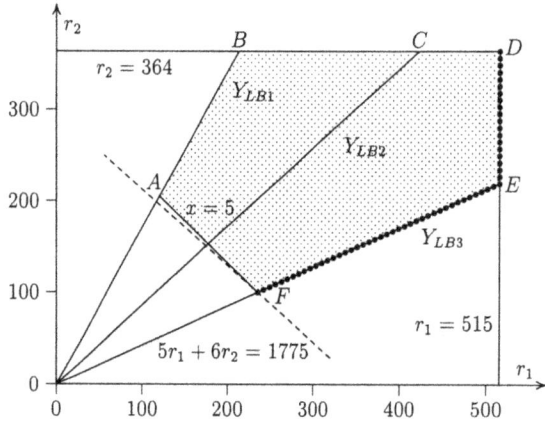

Die lineare Technologie TM_L wird bei einer Leontief-Technologie LT_L durch zusätzliche betrieblich bedingte Restriktionen begrenzt. Aus formaler Sicht verliert diese Technologie in der Regel die klassischen Eigenschaften eines Kegels, weil mit einem Basisprozeß nicht mehr beliebige Produktquantitäten herstellbar sind. Eine Leontief-Technologie LT_L auf der Basis linearer Prozesse bleibt jedoch eine konvexe Menge, die nun üblicherweise beschränkt ist und die u.U. nicht den Ursprung als zulässige Produktion enthält. Die bezüglich TM_L effizienten Produktionen sind bezüglich LT_L effizient, sofern sie durch die zusätzlich eingeführten Nebenbedingungen nicht tangiert werden.

Ist eine beliebige Produktion $\mathbf{y}^{\square} = (-r_1^{\square}, -r_2^{\square}, +x^{\square})^T \in LT_L$ auf Effizienz bezüglich LT_L zu überprüfen, bietet es sich in einem Testprogramm an, in Abweichungsvariablen d_m^- und d^+ zu unterscheiden, die mögliche Unterschreitungen bei den beiden Faktoren ($m = 1, 2$) und eine mögliche Überschreitung beim Output erfassen. Damit ergibt sich das Testprogramm:

$$(\text{TEST}_{LT_L}) \quad \max \left\{ d_1^- + d_2^- + d^+ \left| \begin{array}{c} r_1 + d_1^- = r_1^k \\ r_2 + d_2^- = r_2^k \\ x - d^+ = x^k \\ d_1^-, d_2^-, d^+ \geqq 0 \\ (-r_1, -r_2, +x)^T \in LT_L \end{array} \right. \right\}.$$

In einem zweiten Schritt stellt sich die Frage, ob es innerhalb der Leontief-Technologie LT_L unter den effizienten Produktionen solche Produktionen gibt, die unter Berücksichtigung zusätzlicher aggregierender Kriterien besser als andere sind. Dazu sind weitere Daten erforderlich. Werden beispielsweise Produktionen als erstrebenswert angesehen, die zu minimalen Kosten oder zu maximalen Deckungsbeiträgen führen, sind die Faktorquantitäten und die Produktquantitäten mit Preisen zu bewerten. Betragen etwa die Beschaffungspreise der beiden Faktoren $q_1 = 5$ GE/FE$_1$ und $q_2 = 6$ GE/FE$_2$ sowie der Verkaufspreis des Produktes $p = 375$ GE/PE, lassen sich für jeden Basisprozeß die variablen Stückkosten k_j und die Stückdeckungsbeiträge $p - k_j$ berechnen ($j = 1, 2, 3$). Im einzelnen gilt:

$$k_1 = 366 \qquad k_2 = 366 \qquad k_3 = 355.$$

Offensichtlich ist y_{B3} die stückkostenminimale Basisproduktion. Zur Bestimmung der Minimalkosten-Funktion $K_L^*(x)$ ist das folgende lineare Programm (parametrisch) für alle zulässigen Werte von x zu lösen:

$$K_L^*(x) := \min \left\{ 366 x_1 + 366 x_2 + 355 x_3 \left| \begin{pmatrix} -r_1 \\ -r_2 \\ +x \end{pmatrix} \in LT_L \right. \right\}$$

für $5 \leqq x \leqq x_{\max}$.

Mit dem stückkostenminimalen Basisprozeß Y_{LB3} können bis zum Erreichen der Faktorgrenze $r_1 = 515$ FE$_1$ und ungefähr $x = x_3 = 10,96$ PE hergestellt werden (vgl. Punkt E in Abb. 3). Im ersten Abschnitt der Anpassung von $x = 5$ bis $x = 10,96$ PE sind sowohl die konstanten Grenzkosten der Minimalkosten-Funktion $K_L^*(x)$ als auch die konstanten Grenzdeckungsbeiträge der Maximaldeckungsbeitrags-Funktion $D_L^*(x)$ ($:= 375x - K_L^*(x)$) positiv. Um eine weitere Erhöhung der Produktquantität erzielen zu können, muß der erste Basisprozeß hinzugenommen werden. Danach steigt die Minimalkosten-Funktion $K_L^*(x)$ stärker als bisher, während die Maximaldeckungsbeitrags-Funktion $D_L^*(x)$ nunmehr abnimmt. In Tab. 1 sind die zum Teil gerundeten Ergebnisse der Anpassung zusammen-

Tab. 1: Optimale Lösungstabelle $(x_2^*(x) \equiv 0)$

x	$x_1^*(x)$	$x_3^*(x)$	$K_L^*(x)$	$D_L^*(x)$
$5 \leqq x \leqq 10{,}96$	0	x	$355x$	$20x$
$x = 10{,}96$	0	10,96	3889,89	**219,15**
$10{,}96 \leqq x \leqq 13{,}26$	$2{,}043x - 22{,}391$	$-1{,}043x + 22{,}391$	$377{,}48x - 246{,}30$	$-2{,}48x + 246{,}30$
$x = 13{,}26$	4,70	8,55	4759	213,44

gefaßt (vgl. auch in Abb. 3 den gepunkteten Streckenzug *FED*). Der zweite dominierte Basisprozeß kommt erwartungsgemäß nicht zum Einsatz.

Ersetzt man in der Zielfunktion von (TEST$_{LT_L}$) die Abweichungsvariablen d_1^- durch $r_1^\square - r_1$, d_2^- durch $r_2^\square - r_2$ sowie d^+ durch $x - x^\square$, dann wird (TEST$_{LT_L}$) zu einem Zielgewichtungsmodell mit folgender zu maximierender Zielfunktion:

$$r_1^\square - r_1 + r_2^\square - r_2 + x - x^\square = x - r_1 - r_2 + (r_1^\square + r_2^\square - x^\square).$$

Werden weiterhin die Inputquantitäten mit den gegebenen Faktorpreisen q_1 und q_2 sowie die Produktquantität mit dem gegebenen Verkaufspreis p gewichtet und vernachlässigt man die für die Lösungsfindung bedeutungslose Konstante $(r_1^\square + r_2^\square - x^\square)$, dann wird aus dem Testprogramm (TEST$_{LT_L}$) ein lineares Programm zur Bestimmung eines maximalen Deckungsbeitrags:

$$\max\{375x - 5r_1 - 6r_2 \mid \ldots\}$$
$$= \max\{375(x_1 + x_2 + x_3) - 5(24x_1 + 36x_2 + 47x_3) - 6(41x_1 + 31x_2 + 20x_3) \mid \ldots\}$$
$$= \max\{9x_1 + 9x_2 + 20x_3 \mid \ldots\}.$$

Eine Zielgewichtung bzw. eine Deckungsbeitragsmaximierung führt, wie angegeben, stets zu mindestens einer effizienten Alternative, hier zu einer effizienten Produktion (vgl. Anmerkung 6). Es bleibt aber noch die Frage, ob stets alle effizienten Produktionen mit einer erfolgsorientierten (linearen) Zielfunktion, d.h. mittels Zielgewichtung, identifiziert werden können.

C. Wesentliche Effizienz

I. Definition wesentlich effizienter Alternativen

In diesem Abschnitt wird die am Ende des vorangehenden Beispiels B_{L1} angedeutete Frage aufgegriffen: Kann mit Hilfe einer Zielgewichtung als Kompromißmodell jede effiziente Alternative eines vektoriellen Entscheidungsmodells (VEM$_z$)

$$\max\left\{\begin{pmatrix} z_1(x) \\ \vdots \\ z_K(x) \end{pmatrix} \middle| x \in X\right\}$$

gefunden werden? Diese Frage ist offensichtlich zu verneinen.[11] So können bei nichtkonvexen Alternativenmengen auf der einen Seite Alternativen existieren, die ohne Zweifel effizient sind, jedoch nicht mittels Zielgewichtung identifiziert werden können, aber auf der anderen Seite auch effiziente Alternativen existieren, die Ergebnis einer Zielgewichtung als Kompromißmodell sind.

Definition 3: *Eine Alternative $x_{w\text{-}eff} \in X$ heißt wesentlich effizient bezüglich der Alternativenmenge X und der K Zielfunktionen z, wenn sie effizient bezüglich der konvexen Hülle $\mathcal{H}(Z)$ des Zielraumes Z ist, d.h., wenn kein $\mathbf{z}' \in \mathcal{H}(Z)$ existiert mit $\mathbf{z}' \geq \mathbf{z}(x_{w\text{-}eff})$.*[12]

Damit lautet die Menge $X_{w\text{-}eff}$ der bezüglich X und z wesentlich effizienten Alternativen:

$$X_{w\text{-}eff} := \{x_{w\text{-}eff} \in X \mid \textit{es existiert kein } \mathbf{z}' \in \mathcal{H}(Z) \textit{ mit } \mathbf{z}' \geq \mathbf{z}(x_{w\text{-}eff})\}$$

und die Menge $X_{nw\text{-}eff}$ der bezüglich X und z nichtwesentlich effizienten Alternativen:

$$X_{nw\text{-}eff} := X_{eff} \setminus X_{w\text{-}eff}.$$

Nichtwesentlich effiziente Alternativen sind effizient bezüglich X und z; sie werden von mindestens einer unzulässigen Konvexkombination zulässiger Zielfunktionsvektoren dominiert.

Eine Unterscheidung in wesentlich effiziente und nichtwesentlich effiziente Alternativen ist insbesondere bei nichtkonvexen Zielräumen von Interesse, da in diesem Fall der Zielraum Z eine echte Teilmenge der konvexen Hülle von Z ist. Aus diesem Grund kann die Menge der wesentlich effizienten Alternativen auch eine Teilmenge der effizienten Alternativen sein, jeweils bezüglich eines vektoriellen Entscheidungsmodells. Offensichtlich sind die nichtwesentlich effizienten Alternativen gerade diejenigen, die nicht optimale Lösung einer Zielgewichtung sein können. Ist die Alternativenmenge X konvex und sind die Zielfunktionen $z_1, ..., z_K$ beispielsweise linear, stimmen die Menge der effizienten Alternativen X_{eff} und die Menge der wesentlich effizienten Alternativen $X_{w\text{-}eff}$ überein.

Im folgenden stehen diskrete (nichtkonvexe) Alternativenmengen im Mittelpunkt der produktionstheoretischen Betrachtungen. Eine diskrete Menge ist eine Menge, deren Elemente eineindeutig in eine Teilmenge der natürlichen Zahlen abbildbar sind, d.h., deren Elemente – endlich oder abzählbar – aufgelistet werden können.

II. Wesentlich effiziente Produktionen in diskreten Technologien

Das folgende Beispiel B_{D1}, eine Weiterführung des Beispiels B_{L1}, führte zu einer diskreten Alternativenmenge, bei der nur ganzzahlige Faktor- und Produktquantitäten – man denke etwa an Stückgüter – zugelassen sind.[13] An den Zielsetzungen des (linearen) Beispiels B_{L1} ändert sich im folgenden nichts. Insbesondere bleibt die Übereinstimmung der Zielfunktionsvektoren $\mathbf{z} = (z_1, z_2, z_3)^T$ und der Produktionsvektoren $\mathbf{y} = (-r_1, -r_2, +x)^T$ erhalten, so daß hier wieder ein vektorielles Entscheidungsmodell (VEM$_x$) vorliegt.

Grundlage des Beispiels B_{D1} sind die drei in Abschnitt B.III eingeführten Basisproduktionen $\mathbf{y}_{B1}, \mathbf{y}_{B2}$ und $\mathbf{y}_{B3}$, die sich nunmehr nur in nichtnegativen ganzzahligen Vielfa-

Abb. 4: Basisprozesse der diskreten Technologie TM_D

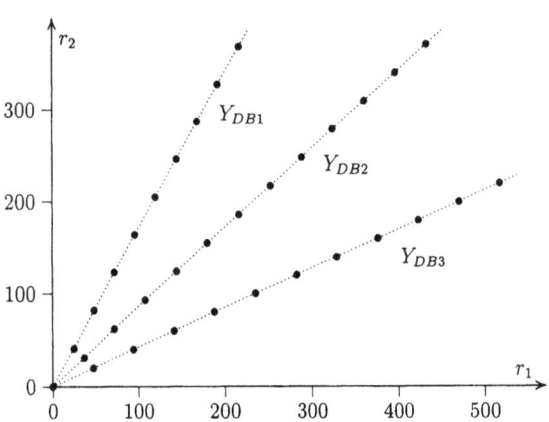

chen und deren Kombinationen realisieren lassen. Abb. 4 enthält lediglich die diskreten Basisprozesse

$$Y_{DBj} = \{\mathbf{y} \in TM_D \mid \mathbf{y} = \mathbf{y}_{Bj} \kappa \quad (\kappa \in \mathbb{N}_0)\} \quad (j = 1, 2, 3).$$

Die zugehörige diskrete Technologie TM_D läßt sich in Anlehnung an die lineare Technologie TM_L wie folgt formulieren:

$$TM_D = \left\{ \mathbf{y} \in \mathbb{R}^3 \,\middle|\, \mathbf{y} = \sum_{j=1}^{3} \mathbf{y}_{Bj} \kappa_j, \; (\kappa_1, \kappa_2, \kappa_3)^T \in \mathbb{N}_0^3 \right\}.$$

Bei der Technologie TM_D handelt es sich um einen durch die drei Basisproduktionen erzeugten diskreten Kegel (vgl. Anhang: Korrollar A6). Jede einzelne Basisproduktion ist, wie sich unmittelbar durch Koeffizientenvergleich ersehen läßt, effizient bezüglich der drei Basisproduktionen $\mathbf{y}_{B1}, \mathbf{y}_{B2}$ und $\mathbf{y}_{B3}$. Die Dominanzkegel enthalten nur die Basisproduktionen selbst. Es sind jedoch nur die Basisproduktionen $\mathbf{y}_{B1}$ und $\mathbf{y}_{B3}$ effizient bezüglich $\mathcal{H}(TM_D)$, nicht dagegen die Basisproduktion $\mathbf{y}_{B2}$ (vgl. Abb. 2). Dies führt zu den im folgenden geschilderten Besonderheiten diskreter Technologien.

Kann – so muß an dieser Stelle gefragt werden – aus der Effizienz einer Basisproduktion aus TM_D geschlossen werden, daß auch – in Analogie zur linearen Technologie TM_L – ein ganzzahliges Vielfaches dieser Basisproduktion zur Herstellung von mehr als einer Produktquantität effizient bezüglich der Technologie TM_D ist? Dies muß nicht zwingend der Fall sein. So können 2κ PE, d.h. alle geraden ganzzahligen Produktquantitäten, ausschließlich mit dem zweiten Prozeß mit $x_2 = 2\kappa$ PE, aber beispielsweise auch mit dem ersten gemeinsam mit dem dritten Prozeß mit $x_1 = \kappa$ und $x_3 = \kappa$ PE, d.h. mit $x_1 + x_3 = 2\kappa$ PE, hergestellt werden ($\kappa \in \mathbb{N}$). Dabei zeigt sich aber, daß Produktionen aus dem zweiten Prozeß von den angegebenen (ganzzahligen) Kombinationen aus dem ersten und dritten Prozeß dominiert werden (vgl. Abb. 5 für $\kappa = 4$):

Abb. 5: Effiziente und dominierte Produktionen in TM_D

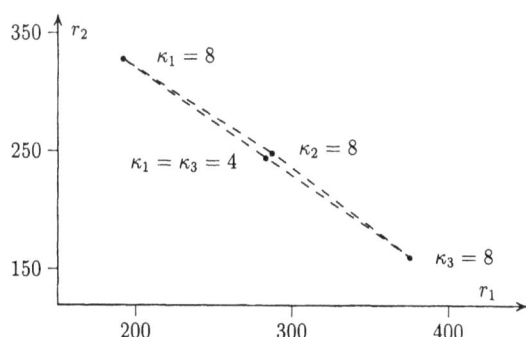

$$\begin{pmatrix} -36 \\ -31 \\ +1 \end{pmatrix} (2\kappa) = \begin{pmatrix} -72\kappa \\ -62\kappa \\ +2\kappa \end{pmatrix} \leq \begin{pmatrix} -71\kappa \\ -61\kappa \\ +2\kappa \end{pmatrix} = \begin{pmatrix} -24 \\ -41 \\ +1 \end{pmatrix} \kappa + \begin{pmatrix} -47 \\ -20 \\ +1 \end{pmatrix} \kappa.$$

In ähnlicher Weise läßt sich für alle ungeraden Produktquantitäten $x \geq 3$ PE zeigen, daß auch diese nicht ausschließlich mit dem Basisprozeß $\mathbf{y}_{B2}$ effizient herstellbar sind.

Wie dieses Beispiel belegt, folgt – im Gegensatz zu linearen Technologien – aus der Effizienz einer diskreten Basisproduktion, wie etwa $\mathbf{y}_{B2}$, nicht zwingend die Effizienz von nichtnegativen ganzzahligen Vielfachen von $\mathbf{y}_{B2}$, d.h. auch nicht die Effizienz des zugehörigen diskreten Basisprozesses Y_{DB2}.

Die eingeführte diskrete Technologie TM_D wird nunmehr ebenfalls durch Ergänzung von beschaffungsbedingten Faktorobergrenzen $\bar{r}_1 = 515$ FE$_1$ und $\bar{r}_2 = 364$ FE$_2$ sowie durch eine absatzbedingte Untergrenze $\bar{x} = 5$ PE (vgl. Beispiel B$_{L1}$) zu einer diskreten – und damit nichtkonvexen – Leontief-Technologie LT_D erweitert und in Hinblick auf kostenminimale und deckungsbeitragsmaximale Produktionen analysiert. Es ist

$$LT_D = \left\{ \begin{pmatrix} -r_1 \\ -r_2 \\ +x \end{pmatrix} \in \mathbb{R}^3 \;\middle|\; \begin{array}{l} r_1 = 24x_1 + 36x_2 + 47x_3 \leq 515 \\ r_2 = 41x_1 + 31x_2 + 20x_3 \leq 364 \\ x = x_1 + x_2 + x_3 \geq 5 \\ x_1, x_2, x_3 \in \mathbb{N}_0 \end{array} \right\}.$$

In Abb. 6 sind lediglich die drei Basisprozesse von LT_D sowie drei kombinierte („gemischte") Produktionspunkte für $x = 11$, 12 und 13 PE, die Ergebnisse der Anpassung sind, nicht jedoch alle kombinierbare Produktionen eingezeichnet. Sämtliche eingezeichneten Punkte stellen produktionstechnisch zulässige Produktionen dar. Absatzbedingt unzulässige Produktionen sind durch Kreise, stückkostenminimale Produktionen durch größere Punkte gekennzeichnet. Durch die eingeschränkte Auswahl zulässiger Produktionen in Abb. 6 wird beispielsweise nicht deutlich, daß sich eine Produktquantität von 5 PE mit dem Basisprozeß Y_{DB2} nicht effizient herstellen läßt.

Die Beschaffungspreise für die beiden Faktoren betragen weiterhin $q_1 = 5$ GE/FE$_1$ und $q_2 = 6$ GE/FE$_2$. Das Produkt kann wieder zum Verkaufspreis $p = 375$ GE/PE abgesetzt

Abb. 6: Kostenminimale Anpassung bei LT_D

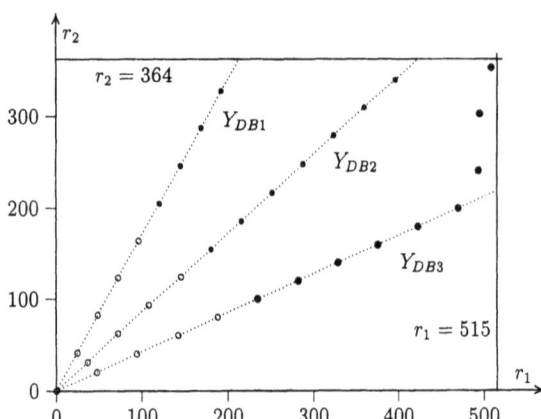

Tab. 2: Minimalkosten- und Maximaldeckungsbeitrags-Funktionen

	Beispiel B_{L1}					Beispiel B_{D1}				
x	x_1^*	x_2^*	x_3^*	$K_L^*(x)$	$D_L^*(x)$	x_1^*	x_2^*	x_3^*	$K_D^*(x)$	$D_D^*(x)$
5	0	0	5	1775	100	0	0	5	1775	100
6	0	0	6	2130	120	0	0	6	2130	120
7	0	0	7	2485	140	0	0	7	2485	140
8	0	0	8	2840	160	0	0	8	2840	160
9	0	0	9	3195	180	0	0	9	3195	180
10	0	0	10	3550	200	0	0	10	3550	200
11	0,087	0	10,913	3906	**219**	1	0	10	3916	**209**
12	2,130	0	9,870	4283,4	216,6	3	0	9	4293	207
13	4,174	0	8,826	4660,9	214,1	4	1	8	4670	205

werden. Aus diesen Angaben lassen sich die Stückkosten k_j und die Stückdeckungsbeiträge $p - k_j$ berechnen ($j = 1, 2, 3$), wie sie bereits aus dem Beispiel B_{L1} bekannt sind. Unverändert ist y_{B3} die stückkostenminimale Basisproduktion. Zur Bestimmung der Minimalkosten-Funktion $K_D^*(x)$ ist das folgende ganzzahlige lineare Programm (parametrisch) für alle zulässigen Werte von x zu lösen:

$$K_D^*(x) := \min\left\{ 366 x_1 + 366 x_2 + 355 x_3 \;\middle|\; \begin{pmatrix} -r_1 \\ -r_2 \\ +x \end{pmatrix} \in LT_D \right\}$$

für $x \in \{5, 6 \ldots, x_{\max}\}$.

Aus der ermittelten Minimalkosten-Funktion läßt sich anschließend die Maximaldeckungsbeitrags-Funktion $D_D^*(x)$ unmittelbar herleiten. Diese und die korrespondierenden Ergebnisse für Beispiel B_{L1} enthält Tab. 2. Mit dem stückkostenminimalen Basisprozeß Y_{DB3} sind maximal 10 PE herstellbar. Sind 11 oder 12 PE zu erzeugen, kann dies mit den Basisprozessen Y_{DB1} und Y_{DB3} geschehen. Für die maximale Produktquantität $x_{max} = 13$ PE sind alle drei Basisprozesse einzusetzen, insbesondere auch der – wie in diesem Beispiel gezeigt – nicht für alle Produktquantitäten effiziente Basisprozeß Y_{DB2}. Für $x = 11$ und $x = 12$ existieren zudem in Tab. 2 nicht angegebene Mehrfachlösungen, in denen ebenfalls dieser Prozeß Y_{DB2} zum Einsatz kommt. Bis zur Produktquantität $x = 10$ stimmen die Minimalkosten-Funktionen für ganzzahlige Produktionen im linearen wie im diskreten Fall überein. Das gilt auch für die Maximaldeckungsbeitrags-Funktion. Für $x = 11$, 12 und 13 führt die Technologie LT_L als echte Obermenge von LT_D zu kostengünstigeren Ergebnissen. Die zur Verfügung stehenden Faktorquantitäten werden bei einer diskreten Leontief-Technologie bei $x_{max} = 13$ PE bis auf 7 FE_1 und 9 FE_2 aufgebraucht, im Beispiel B_{L1} hingegen gehen die vorhandenen Faktorbestände bei der maximalen Produktionsmenge $x_{max} = 13{,}26$ PE voll in die Produktion ein.

III. Zwischenergebnis

Die in Abschnitt B.III eingeführte Leontief-Technologie LT_L ist konvex, die konvexe Hülle $\mathcal{H}(LT_L)$ ist mit LT_L identisch. Die zugrunde gelegten Zielfunktionen – Kosten- bzw. Deckungsbeitragsfunktionen – sind in diesem Beitrag linear, so daß die in Tab. 1 zusammengestellten optimalen Produktionen effizient – und natürlich auch wesentlich effizient – bezüglich LT_L sind.

Die Leontief-Technologie LT_D des Abschnitts C.II ist diskret; sie ist eine echte Teilmenge ihrer konvexen Hülle $\mathcal{H}(LT_D)$, die ihrerseits eine (echte) Teilmenge von $\mathcal{H}(LT_L)$ ist. Da auch die betrachteten linearen Zielfunktionen in den Abschnitten B.III und C.II übereinstimmen, kann kein Zweifel bestehen, daß auch die bezüglich LT_D kostenminimalen bzw. deckunsbetragsmaximalen Produktionen sämtlich effizient bezüglich $\mathcal{H}(LT_D)$ sind (vgl. rechte Hälfte der Tab. 2).

Auf der einen Seite sind in Tab. 2 für die Technologie LT_L effiziente und damit zugleich wesentlich effiziente Produktionen bezüglich LT_L angegeben. Auf der anderen Seite sind für die Technologie LT_D in Tab. 2 bezüglich $\mathcal{H}(LT_D)$ effiziente und damit zugleich wesentlich effiziente Produktionen bezüglich LT_D aufgelistet. So bleibt die abschließende Frage: Existieren möglicherweise bezüglich LT_D zulässige Produktionen, die nicht Ergebnis einer Kostenminimierung bzw. Deckungsbeitragsmaximierung sein können und die damit nicht effizient bezüglich $\mathcal{H}(LT_D)$, aber trotzdem effizient bezüglich LT_D sind? Für den Spezialfall $x = 1$ wurde diese Frage bei der Analyse der Basisproduktionen bereits angesprochen und positiv beantwortet. Diese Frage ist auch dann zu bejahen, wenn man einen weniger speziellen Punkt der Technologie LT_D, etwa $(x_1, x_2, x_3)^T = (3, 1, 8)^T$ mit $\mathbf{y}^\square = (-r_1, -r_2, +x)^T = (-484, -314, +12)^T$ auswählt. Die Produktion $\mathbf{y}^\square$ ist zulässig bezüglich LT_D. Mit Hilfe einer Variante des Testprogramms ($TEST_{LT_L}$) läßt sich die Effizienz von $\mathbf{y}^\square$ bezüglich LT_D zeigen:

$$(\text{TEST}_{LT_D}) \quad \max \left\{ d_1^- + d_2^- + d^+ \;\middle|\; \begin{array}{r} r_1 + d_1^- = 484 \\ r_2 + d_2^- = 314 \\ x - d^+ = 12 \\ d_1^-, d_2^-, d^+ \geqq 0 \\ (-r_1, -r_2, +12)^T \in LT_D \end{array} \right\},$$

denn die optimale Lösung von (TEST_{LT_D}) lautet:

$$\begin{array}{lll} x_1^* = 3 & x_2^* = 1 & x_3^* = 8 \\ r_1^* = 484 & r_2^* = 314 & x^* = 12 \\ d_1^{-*} = 0 & d_2^{-*} = 0 & d^{+*} = 0. \end{array}$$

Dennoch ist $\mathbf{y}^\square$ nicht durch eine Kostenminimierung identifizierbar; $\mathbf{y}^\square$ weist mit 4304 GE z.B. um 11 GE höhere Kosten als eine kostenminimale Produktion zur Herstellung von 12 PE auf. Die Produktion $\mathbf{y}^\square$ könnte aber für andere Zielsetzungen mit (streng) monoton steigenden Kompromißzielfunktionen von Interesse sein.[14]

Die Erläuterungen machen deutlich, daß

- bei einer erfolgsorientierten Planung mit einer linearen Erfolgsfunktion (Zielgewichtung) optimale Lösungen ausschließlich wesentlich effiziente Produktionen sind,
- und bei einer diskreten Leontief-Technologie Produktionen existieren können, die effizient, aber nichtwesentlich effizient sind und daher keine optimale Lösung einer Zielgewichtung, wohl aber anderer Kompromißzielfunktionen (vgl. Abschnitt E), sein können.

D. Bestimmung aller effizienten Produktionen

In den Abschnitten B und C wurden die Konzepte der Effizienz und der wesentlichen Effizienz eingeführt sowie an einer linearen und diskreten Leontief-Technologie veranschaulicht. Bei entscheidungstheoretischen Analysen von multikriteriellen Entscheidungsmodellen werden gegebenenfalls nicht nur eine effiziente (kompromiß-optimale) Alternative bzw. eine effiziente (kompromiß-optimale) Produktion bei vorgegebener Produktquantität mit Hilfe eines Kompromißmodells ermittelt, sondern aus formalen, aber auch aus praktischen Gründen die Frage nach der Menge aller effizienten Produktionen gestellt und gelöst. Im folgenden Abschnitt D.I wird diese bekannte Frage aufgegriffen und in Abschnitt D.II in bezug auf nichtwesentlich effiziente Produktionen erweitert und beantwortet.

I. Bestimmung effizienter Produktionen in linearen Technologien

Aufgrund eines Effizienztheorems und seiner Varianten bestehen zwischen der Bestimmung aller effizienten Produktionen und der parametrischen Programmierung relativ enge

Beziehungen. Für lineare vektorielle Entscheidungsmodelle, speziell für lineare Technologien mit mehreren linearen Zielfunktionen gilt:

Gegeben sei ein lineares vektorielles Entscheidungsmodell (LVEM); ferner ein parametrisches lineares Programm

(LPEM) $\max\{\mathbf{t}^T \cdot \mathbf{z}(\mathbf{x}) \mid \mathbf{x} \in X\}$ *für* $\mathbf{t} > \mathbf{0}$.

Dann gilt: $\mathbf{x}_{eff} \in X$ *ist genau dann effizient bezüglich (LVEM), wenn ein* $\mathbf{t}_{eff} > \mathbf{0}$ *existiert, so daß* $\mathbf{x}_{eff}$ *optimale Lösung von (LPEM) für* $\mathbf{t}_{eff}$ *ist.*[15]

Bezogen auf die speziellen produktionstheoretischen Überlegungen bedeutet dies: Die Bestimmung aller effizienten Produktionen ist im linearen Fall äquivalent der numerischen Lösung eines parametrischen linearen Programms für alle positiven – gegebenenfalls normierten – Parameter (Gewichte, Preise). Für mehr als zwei Zielfunktionen, d.h. für den M-Faktor-N-Produkt-Fall, bieten sich Verfahren der parametrischen linearen Programmierung mit mehreren Parametern in der Zielfunktion an.[16]

Mit dem folgenden Beispiel B_{L2} wird zur Veranschaulichung auf die lineare Leontief-Technologie LT_L aus Abschnitt B.III zurückgegriffen und beispielhaft für $x = 12$ PE sämtliche bezüglich LT_L effizienten Produktionen bestimmt, wobei als Parameter (Zielgewichte) die Beschaffungspreise der beiden Faktoren q_1 und q_2 gewählt werden. Im folgenden wird vereinfachend $q_2 = 6$ GE/FE$_2$ konstant gehalten und q_1 variiert. Das entsprechende parametrische lineare Programm lautet damit:

$$\min\left\{ q_1 \cdot r_1 + 6r_2 \;\middle|\; \begin{pmatrix} -r_1 \\ -r_2 \\ +12 \end{pmatrix} \in LT_L \right\}$$

für $0 < q_1 < \infty$.

Das vollständige Ergebnis ist in Tab. 3 zusammengefaßt.[17]

In Abb. 7 stellt das Viereck $A^0 G^0 G'' A''$ die Menge (Isoquante im weiteren Sinne) aller zulässigen Produktionen mit $x = 12$, der untere Rand $A^0 G^0$ die Menge (Isoquante im engeren Sinne) der effizienten Produktionen dar. Ergänzend sind in Abb. 7 die Isoquanten der Kompromißzielfunktion $q_1 \cdot r_1 + 6r_2$ für $q_1 = 3$ und $q_1 = 12$ (jeweils GE/FE$_1$) gestrichelt eingezeichnet; sie verdeutlichen die übliche Vorgehensweise bei der parametrischen linearen Programmierung mit einem Parameter in der Zielfunktion.

Tab. 3: Effiziente Produktionen mit $x = 12$ in LT_L

q_1	x_1	x_2	x_3	r_1	r_2
$(0, 5\frac{11}{23})$	$2\frac{3}{23}$	0	$9\frac{20}{23}$	515	$284\frac{17}{23}$
$5\frac{11}{23}$	KK$(2\frac{3}{23}\mid5\frac{19}{21})$	0	KK$(9\frac{20}{23}\mid6\frac{2}{21})$	KK$(515\mid428\frac{4}{21})$	KK$(284\frac{17}{23}\mid364)$
$(5\frac{11}{23}, \infty)$	$5\frac{19}{21}$	0	$6\frac{2}{21}$	$428\frac{4}{21}$	364

Abb. 7: Effiziente Produktionen in LT_L

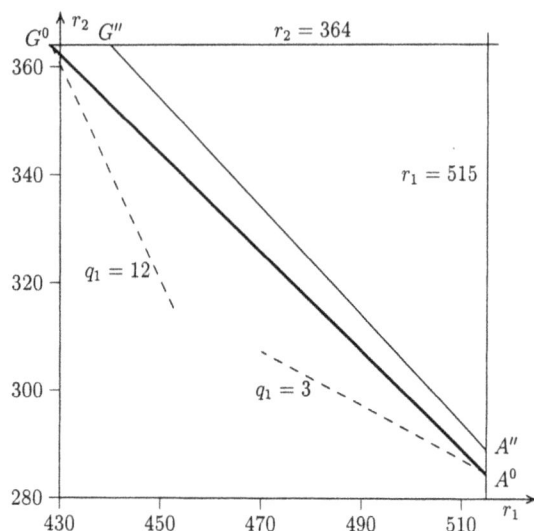

II. Bestimmung effizienter Produktionen in diskreten Technologien

Im Abschnitt C.III wurde gezeigt, daß das in D.I zitierte Effizienztheorem für nichtkonvexe, insbesondere für diskrete Technologien nicht gilt. Nichtwesentlich effiziente Produktionen als Teilmenge der effizienten Produktionen können jedoch bei unterstelltem rationalen Verhalten nicht ohne weiteres vernachlässigt werden. M.a.W.: Zur Ermittlung effizienter Produktionen gehört auch die Bestimmung nichtwesentlich effizienter Produktionen. Offensichtlich ist jedoch die Ermittlung aller Produktionen bei diskreten Technologien weniger trivial als bei linearen Technologien. Als erstes Instrument kann die Zielgewichtung herangezogen werden, mit deren Hilfe immerhin die effizienten, ohne die nichtwesentlich effizienten Produktionen, identifiziert werden können.

Nunmehr wird im folgenden Beispiel B_{D2} wieder von diskreten Produktionen ausgegangen. Somit lautet das entsprechende ganzzahlige parametrische lineare Programm für die diskrete Leontief-Technologie LT_D aus Abschnitt C.II:

$$\min\left\{q_1 \cdot r_1 + 6r_2 \;\middle|\; \begin{pmatrix} -r_1 \\ -r_2 \\ +12 \end{pmatrix} \in LT_D \right\}$$

für $0 < q_1 < \infty$.

Die diskrete Leontief-Technologie LT_D umfaßt 33 Produktionen zur Herstellung von $x = 12$ Produktquantitäten, die sämtlich in Abb. 8 eingezeichnet sind. Der durch die kleinen Punkte angedeutete Polygonzug umschreibt die konvexe Hülle aller zulässigen Produktionen. Offensichtlich werden die wesentlich effizienten Produktionen von dem angegebenen ganzzahligen parametrischen Programm entdeckt (vgl. die Punkte A, B, D, F und

Abb. 8: Effiziente Produktionen in LT_D

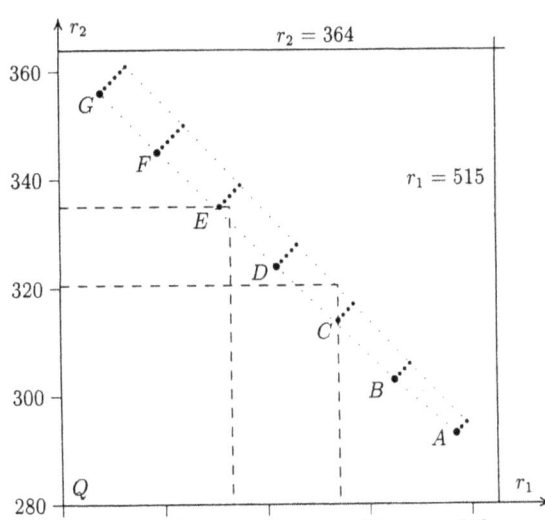

Tab. 4: Effiziente Produktionen mit $x = 12$ in LT_D

q_1	x_1	x_2	x_3	r_1	r_2	Abb. 8	t_1
$[0, 5]$	2	1	9	507	293	A	$\left(0, \frac{23}{77}\right]$
$\left[5, 5\frac{11}{23}\right]$	3	0	9	495	303	B	$\left[\frac{23}{77}, \frac{34}{65}\right]$
$--$	3	1	8	484	314	C	$\left[\frac{34}{65}, \frac{44}{54}\right]$
$5\frac{11}{23}$	4	0	8	472	324	D	$\left[\frac{44}{54}, \frac{55}{42}\right]$
$--$	4	1	7	461	335	E	$\left[\frac{55}{42}, \frac{65}{31}\right]$
$\left[5\frac{11}{23}, 6\right]$	5	0	7	449	345	F	$\left[\frac{65}{31}, 4\right]$
$[6, \infty)$	5	1	6	438	356	G	$[4, \infty)$

G in Abb. 8). Die zugehörigen numerischen Ergebnisse stehen in den ersten vier Spalten der Tab. 4. Die nichtwesentlich effizienten Produktionen C und E werden von dem Instrument der Zielgewichtung nicht erfaßt.

Die Produktionen B, D und F (vgl. Abb. 8) sind wie auch bei der linearen Leontief-Technologie LT_L wesentlich effizient; sie liegen auf der Strecke $A^0 G^0$, wie sich unmittelbar aus den Angaben der Tab. 3 und 4 zeigen läßt. Dagegen liegen die Produktionen A, C, E und G im Inneren des Vierecks $A^0 G^0 G'' A''$ (vgl. Abb. 7). Von diesen vier Produktionen liegen die Produktionen A und G auf dem Rand der konvexen Hülle aller zulässigen Produktionen (vgl. Abb. 8); sie sind wesentlich effizient; dagegen liegen die Produktionen C und E im Inneren der konvexen Hülle; sie sind nichtwesentlich effizient.

Als ein zweites komplizierteres, aber zugleich mächtigeres Instrument bietet sich eine Abstandsminimierung auf der Basis einer Tschebycheff-Norm (Maximum-Norm) an.[18] Bei einer Tschebycheff-Norm wird der zu minimierende Kompromißzielfunktionswert für eine Produktion ausschließlich von den Zielen bestimmt, deren gewichtete Differenz zwischen individuell optimalen und jeweils erreichbaren Zielfunktionswerten maximal ist.[19] Die individuell optimalen Zielfunktionswerte sollten jeweils um $\varepsilon > 0$ verbessert werden, um auf diese Weise alle effizienten Produktionen finden zu können.[20] Als Referenzpunkt könnte im vorliegenden Beispiel der Punkt Q mit $(r_1, r_2) = (430, 280) < (438, 293)$ (Idealzielpunkt) gewählt werden. Die maximale mit t_1 und t_2 gewichtete Differenz ist zu minimieren:

$$\min \{ \max \{ t_1(r_1 - 430), t_2(r_2 - 280) \} \mid (-r_1, -r_2, +12)^T \in LT_D \}$$

für $t_1, t_2 > 0$.

Dies gewährleistet das folgende äquivalente ganzzahlige lineare Programm:

$$\min \left\{ y \left| \begin{array}{l} y \geq t_1 \cdot (r_1 - 430) \\ y \geq t_2 \cdot (r_2 - 280) \\ (-r_1, -r_2, +12)^T \in LT_D \\ y \in \mathbb{R} \end{array} \right. \right\}$$

für $t_1, t_2 > 0$.

Durch geschickte Variation der Parameter t_1 und t_2 lassen sich alle, d.h. auch die nichtwesentlich effizienten Produktionen ermitteln. In Tab. 4 sind in den letzten vier Spalten die kompromißoptimalen effizienten Produktionen für $0 < t_1 < \infty$ und $t_2 = 1$ aufgelistet. Beispielsweise führen die Parameterwerte (Gewichte) $t_1 = 3/4$ und $t_1 = 5/3$ (mit $34/65 < 3/4 < 44/54$ bzw. $55/42 < 5/3 < 65/31$) zu den nichtwesentlich effizienten Produktionen C und E (vgl. die entsprechenden Darstellungen (Rechtecke bzw. Isoquanten) in Abb. 8). Für diese beiden Parameterwerte sind in der Abb. 8 die jeweils zugehörigen optimalen (maximalen) Rechtecke gestrichelt dargestellt, die veranschaulichen sollen, wie mit der Tschebycheff-Norm nichtwesentlich effiziente, aber auch wesentlich effiziente Produktionen identifiziert werden können.

E. Betriebswirtschaftliche Anwendungen diskreter Technologien

I. Preisdifferenzierung im Zwei-Faktor-Fall

Die Preisdifferenzierung ist ein nicht unbedeutendes Teilgebiet der Betriebswirtschaftslehre. Für Gutenberg war sie Bestandteil des absatzpolitischen Instrumentariums. Sie wurde und wird im Rahmen der Preispolitik überwiegend aus der Sicht eines Unternehmens als Anbieter von Gütern diskutiert. Der Untertitel des Buches von Tacke (1989) lautet unzweideutig „Höhere Gewinne durch Differenzierung". So sind auch die unterschiedlichen Arten der Preisdifferenzierung, wie etwa personelle, räumliche, zeitliche und mengenbezogene (quantitative) Preisdifferenzierungen, zu verstehen.[21] In diesem Abschnitt wird zum einen das Thema Preisdifferenzierung aus der Sicht des Käufers bei gegebenen mengenbezogenen Preiskonditionen gesehen und zum anderen bei Vorliegen einer input-substitutionalen Technologie eine kostenminimale Faktorkombination bei vorgegebener Produktquantität anhand zweier Varianten B_{L3} und B_{D3} der Beispiele B_{L1} und B_{D1} bestimmt.

Die Beschaffung der Faktorquantitäten erfolgt für beide Beispielvarianten über einen Lieferanten, aus dessen Angebot folgende Kostenfunktion für die zu bestellenden Faktorquantitäten resultiert:

$$K_{B_3}(r_1, r_2) = \begin{cases} 2r_1^0 + 3r_2 & (430 \leq r_1^0 \leq 485;\ 280 \leq r_2 \leq 364) \\ 4r_1^1 + 3r_2 - 970 & (485 \leq r_1^1 \leq 515;\ 280 \leq r_2 \leq 364) \end{cases}$$

mit $r_1^0 + r_1^1 = r_1$, wobei im weiteren eine Binärvariable dafür sorgen wird, daß nur ein Abschnitt der Kostenfunktion zum Tragen kommt. Es wird somit unterstellt, daß der Lieferant bzw. Produzent den Faktor 1 nur bis zu der Grenze $r_1 = 485$ verbilligt anbieten kann und nach dieser Grenze eine Kostensteigerung bei der Bereitstellung des Faktors weitergeben muß, während der Faktor 2 zu einem mengenunabhängigen Preis angeboten wird.[22] Hier interessieren die stückweise linearen Kostenisoquanten im (r_1, r_2)-Koordinatensystem. Sie sind in Abb. 9 und Abb. 10 für

$$K_{B_3}(r_1, r_2) = 1850,\ 1915 \text{ und } 1980 \text{ GE}$$

exemplarisch dargestellt, sie weisen jeweils bei $r_1 = 485$ FE_1 einen Knick auf und lassen sich als Dominanzkegel interpretieren.

Zur Ermittlung einer kostenminimalen Herstellung der Produktquantität $x = 12$ PE ist für die Technologie $LT_\bullet$ das nichtlineare Programm

$$\min\left\{ K_{B_3}(r_1, r_2) \ \middle| \ \begin{pmatrix} -r_1 \\ -r_2 \\ +12 \end{pmatrix} \in LT_\bullet \right\}$$

zu lösen ($\bullet \in \{L, D\}$). Formuliert man die Zielfunktion mit Hilfe einer Binärvariablen δ um, ergibt sich das äquivalente gemischt ganzzahlige lineare Programm:[23]

$$\min\left\{ 2r_1^0 + 4r_1^1 + 3r_2 - 970\delta \ \middle| \ \begin{matrix} (-r_1, -r_2, +12)^T \in LT_\bullet \\ r_1^0 + r_1^1 = r_1 \\ 430(1-\delta) \leq r_1^0 \leq 485(1-\delta) \\ 485\delta \leq r_1^1 \leq 515\delta \\ \delta \in \{0, 1\} \end{matrix} \right\}.$$

Wie sieht nun die optimale Lösung für die lineare Technologie ($\bullet = L$) aus? In Abb. 9 sind ergänzend die aus Beispiel B_{L2} (vgl. Abb. 7) bekannten effizienten Faktorkombina-

Abb. 9: Nichtlineare Kostenisoquanten in linearen Technologien

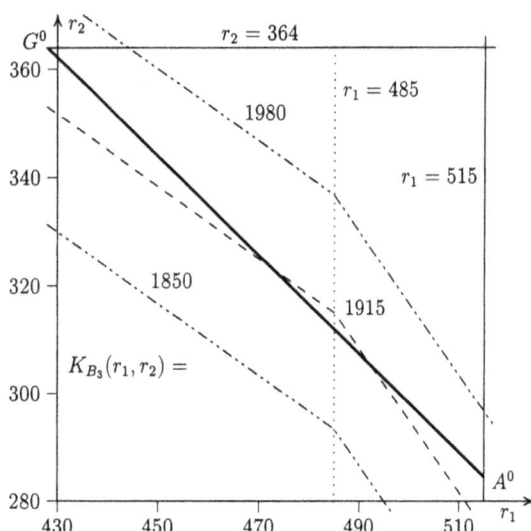

Abb. 10: Nichtlineare Kostenisoquanten in diskreten Technologien

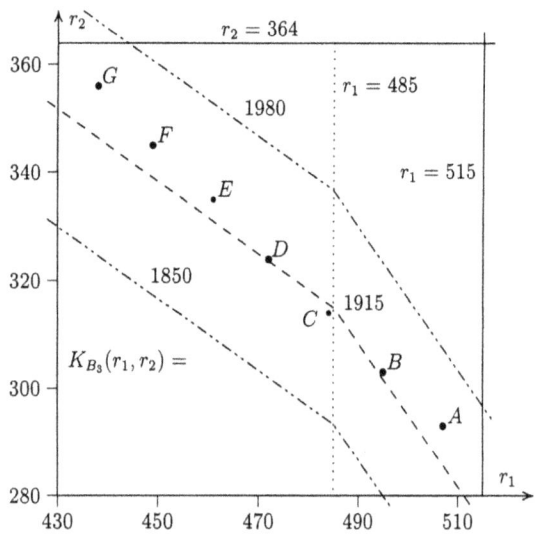

tionen eingetragen. Der nichtleere Durchschnitt des Kegels ($K_{B_3}(r_1, r_2) = 1915$) und der Effizienzgeraden $A^0 G^0$ zeigt, daß mit 1915 GE noch nicht die minimalen Faktorkosten erreicht sind. Diese können soweit gesenkt werden, bis der Scheitel des durch die Kostenisoquante für 1915 GE definierten Dominanzkegels auf der Effizienzgeraden $A^0 G^0$ liegt. Auf diese Weise erhält man das kostenminimale Ergebnis für das Beispiel B_{L3} (vgl. Tab. 5).

Tab. 5: Optimale Lösungen der Beispiele B_{L3} und B_{D3}

Beispiel	r_1	r_2	minimale Kosten
B_{L3}	485	312, 130	1906, 391
B_{D3}	484	314, 000	1910, 000

Für die diskrete Technologie (• = D) ist analog zu verfahren. In Abb. 10 wird die entsprechende zeichnerische Lösung angedeutet. Der Dominanzkegel mit $K_{B_3}(r_1, r_2) = 1915$ enthält im Inneren ausschließlich die zulässige Produktion C. Damit ist diese Produktion kostenminimal (vgl. Tab. 5).

II. Zielkonflikte in umweltorientierten Technologien

In den bisherigen Abschnitten wurden Produktionssysteme als spezielle Input-Output-Systeme ausschließlich mit Faktoren als Input und Produkten als Output betrachtet. Bekanntlich fallen in fast allen Produktionssystemen neben den geplanten Produkten zwangsweise auch Nebenprodukte an, die erwünscht sein können, wenn sie als Output eines Produktionssystems positive, d.h. entlastende Wirkungen auf die nachhaltige Verfügbarkeit der natürlichen Umwelt für den Menschen haben, oder die als nicht erwünscht bezeichnet werden müssen, weil sie negativ, d.h. belastend auf die nachhaltige Verfügbarkeit der natürlichen Umwelt für den Menschen einwirken. Werden im folgenden nur nicht erwünschte Nebenprodukte weiter betrachtet, dann sind die Basisvektoren einer Technologie um Koeffizienten für die Quantitäten dieser Nebenprodukte zu ergänzen. Auf eine analoge Betrachtung von erwünschten und nicht erwünschten Nebenfaktoren wird an dieser Stelle verzichtet.[24]

Obwohl nicht erwünschte Nebenprodukte mit den genannten Eigenschaften bereits ein gewisses Interesse erfahren haben, verdienen sie unter umweltpolitischen Aspekten nach wie vor eine breite Aufmerksamkeit. Für Unternehmen stellt sich die Frage, wie sie sich dem im allgemeinen auftretenden Konflikt zwischen Ökonomie und Ökologie stellen: Eine rein erfolgsorientierte Zielfunktion z_E impliziert möglicherweise einen relativ hohen Anfall an nicht erwünschten Nebenprodukten (Schadstoffen), während eine rein umweltorientierte Zielfunktion z_U zu relativ geringen Erfolgsgrößen führen kann. Dieser hier angedeutete Konflikt kann bei konvexen Alternativenmengen mit Hilfe des Instrumentariums der multikriteriellen Entscheidungstheorie und/oder des umweltpolitischen Instrumentariums analysiert werden. Dasselbe gilt auch für Technologien mit nur wenigen, auflistbaren Produktionen. Welche Kompromißlösungen sich bei diskreten Technologien, bei denen die Produktionen implizit beschrieben werden, anbieten, wird im nachfolgenden anhand der Varianten B_{L4} und B_{D4} der Beispiele B_{L1} und B_{D1} gezeigt.

In Erweiterung der Technologien TM_L und TM_D der Abschnitte B und C werden die Basisproduktionen um ein Element v_j ($j = 1, 2, 3$) erweitert, wobei v_j den Anfall eines Schadstoffes (eines nicht erwünschten Nebenproduktes) gemessen in SE (Schadstoffeinheiten) der j-ten Basisproduktion angibt. Konkret wird nunmehr von folgenden erweiterten Basisproduktionen ausgegangen:

$$\mathbf{y}_{B1} = \begin{pmatrix} -24 \\ -41 \\ -12 \\ +1 \end{pmatrix}, \quad \mathbf{y}_{B2} = \begin{pmatrix} -36 \\ -31 \\ -18 \\ +1 \end{pmatrix}, \quad \mathbf{y}_{B3} = \begin{pmatrix} -47 \\ -20 \\ -22 \\ +1 \end{pmatrix}.$$

Damit lauten die nunmehr umweltorientierten Leontief-Technologien ($\bullet \in \{L, D\}$):

$$ULT_\bullet = \left\{ \begin{pmatrix} -r_1 \\ -r_2 \\ -v \\ +x \end{pmatrix} \in \mathbb{R}^4 \left| \begin{array}{rcrcrcrcl} r_1 &=& 24x_1 &+& 36x_2 &+& 47x_3 &\leq& 515 \\ r_2 &=& 41x_1 &+& 31x_2 &+& 20x_3 &\leq& 364 \\ v &=& 12x_1 &+& 18x_2 &+& 22x_3 &\leq& 9999 \\ x &=& x_1 &+& x_2 &+& x_3 &\geq& 5 \\ \multicolumn{9}{l}{x_1, x_2, x_3 \in \begin{cases} \mathbb{R}_+, \text{ falls } \bullet = L \\ \mathbb{N}_0, \text{ falls } \bullet = D \end{cases}} \end{array} \right. \right\}.$$

Mit der oberen Grenze 9999 wird angedeutet, daß hier keine Beschränkungen von Schadstoffemissionen vorgesehen sind. Unabhängig davon, ob für die anfallenden Schadstoffquantitäten Entsorgungsprozesse existieren oder ob lediglich eine obere Emissionsgrenze vorgegeben ist, wird hier versucht, zunächst den Zielkonflikt zwischen Ökonomie und Ökologie herauszuarbeiten, indem zum einen die gesamten Stückkosten z_E und zum anderen der gesamte Schadstoffanfall z_U gleichzeitig zu minimieren sind. Die variablen Stückkosten betragen im folgenden $q_1 = 5$ GE/FE$_1$ und $q_2 = 7$ GE/FE$_2$. Es handelt sich somit um das folgende vektorielle Entscheidungsmodell ($\bullet \in \{L, D\}$):

$$(\text{VEM}_\bullet) \quad \min \left\{ \begin{pmatrix} z_E \\ z_U \end{pmatrix} \left| \begin{pmatrix} -r_1 \\ -r_2 \\ -v \\ +x \end{pmatrix} \in ULT_\bullet \right. \right\}$$

mit

$$z_E = 407x_1 + 397x_2 + 375x_3$$
$$z_U = 12x_1 + 18x_2 + 22x_3.$$

Daß ein Zielkonflikt vorliegt, folgt unmittelbar aus den Eigenschaften der zwei Zielfunktionen: Der erste Prozeß ist schadstoffminimal, der dritte hingegen stückkostenminimal. Der oder die Entscheidungsträger sollten sich somit auf eine Kompromißzielfunktion und gegebenenfalls auf deren Parameter einigen.

An dieser Stelle wird von einer Abstandsfunktion auf der Grundlage einer Tschebycheff-Norm ausgegangen. Der erstrebenswerte Zielvektor sei $(z_E, z_U) = (4574, 206)$ (vgl. Punkt Q in Abb. 11 und Abb. 12). Für zwei beispielhaft unterstellte Gewichtungen $(t_1, t_2) = (\frac{1}{6}, 1)$ und $(t_1, t_2) = (\frac{10}{27}, 1)$ ist die folgende Modellformulierung (für $\bullet \in \{L, D\}$) zu analysieren:

Abb. 11: Zielraum in linearen Fall

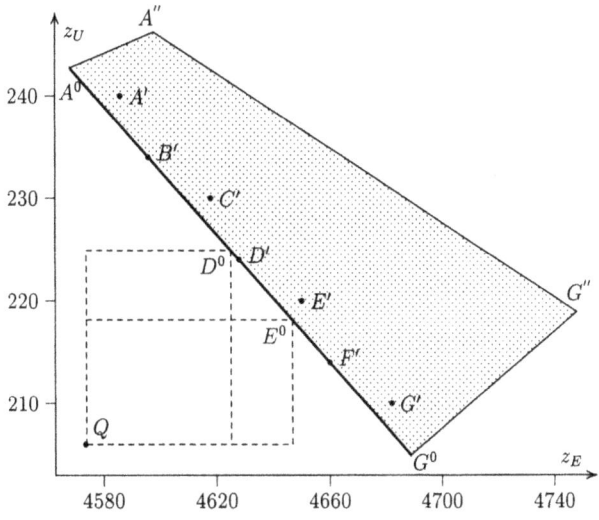

Abb. 12: Effiziente Alternativen im diskreten Fall

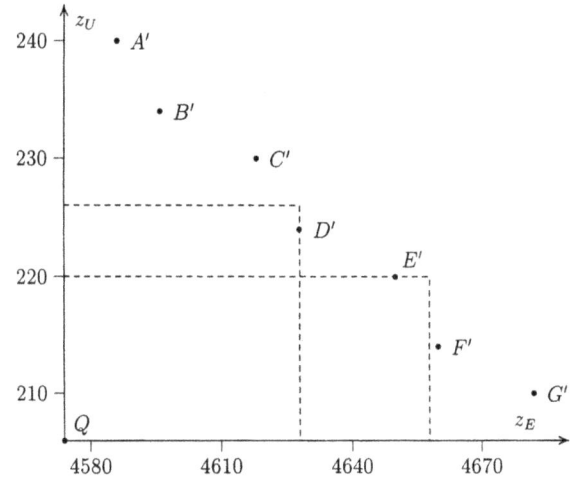

$$\min\left\{y \;\middle|\; \begin{array}{l} y \geq t_1 \cdot (z_E - 4574) \\ y \geq t_2 \cdot (z_U - 206) \\ (-r_1, -r_2, -v, +12)^T \in ULT_\bullet \\ y \in \mathbb{R} \end{array}\right\}.$$

Die kompromißoptimalen Lösungen beider Beispiele sind in der Tab. 6 zusammengefaßt sowie in Abb. 11 und Abb. 12 graphisch veranschaulicht.

Tab. 6: Kompromißoptimale Lösungen ($\bullet \in \{L, D\}$)

$\bullet = L$	(t_1, t_2)	x_1	x_2	x_3	z_E	z_U	Abb. 11
	$(\frac{1}{6}, 1)$	4,59	0	7,41	4646,78	218,13	E^0
	$(\frac{10}{27}, 1)$	3,91	0	8,09	4625,07	224,92	D^0
$\bullet = D$	(t_1, t_2)	x_1	x_2	x_3	z_E	z_U	Abb. 12
	$(\frac{1}{6}, 1)$	4	1	7	4650	220	E'
	$(\frac{10}{27}, 1)$	4	0	8	4628	224	D'

Die (nur!) wesentlich effizienten Alternativen für den linearen Fall ($\bullet = L$) werden durch die Gerade ($A^0 G^0$) in Abb. 11 dargestellt; das Viereck $A^0 G^0 G'' A''$ umfaßt alle zulässigen Alternativen mit $x = 12$ und zum Vergleich mit dem diskreten Fall auch die effizienten diskreten Alternativen. Die fünf wesentlich und die zwei nichtwesentlich effizienten Alternativen für den diskreten Fall ($\bullet = D$) enthält die Abb. 12.

Betrachtet man noch einmal den linearen Fall, so fällt auf, daß die zwei bezüglich der Tschebycheff-Norm gefundenen kompromißoptimalen Lösungen zwischen (!) den Alternativen G^0 und A^0 liegen (vgl. Abb. 11). Bei einer Zielgewichtung sind nur die Punkte G^0 und A^0 kompromißoptimal, wenn man von dem Sonderfall absieht, daß bei genau einer Gewichtungskombination alle effizienten Alternativen zugleich kompromißoptimal sind, womit bezüglich des Entscheidungsproblems nichts gewonnen ist. Die Abb. 12 macht abschließend die Bedeutung nichtwesentlich effizienter Alternativen im diskreten Fall deutlich. Je nach Gewichtung ergeben sich eine wesentlich effiziente Lösung (z.B. D') oder nichtwesentlich effiziente Alternative (z.B. E'). Da gerade bei einer umweltorientierten Analyse eine Zielgewichtung zwischen ökonomischer und ökologischer Betrachtungsweise von zentraler Bedeutung ist, wäre es töricht, auf die nichtwesentlich effizienten Alternativen als Kandidaten für eine Kompromißlösung von vornherein zu verzichten.

Anhang

In Ergänzung zu den Abschnitten des Hauptteils werden hier *konvexer Kegel, diskreter Kegel, Dominanzkegel* und *konvexe Hülle* definiert.[25]

Definition A1: *Gegeben sei eine nichtleere Teilmenge $K \subset \mathbb{R}^N$. Folgt aus $\mathbf{x}, \mathbf{y} \in K$ und $\lambda, \mu \in \mathbb{R}_+$, daß $\lambda \mathbf{x} + \mu \mathbf{y} \in K$ ist, dann heißt K konvexer Kegel. Der Ursprung $\mathbf{o} \in K$ heißt Scheitel des Kegels K.*

Definition A2: *Gegeben sei eine nichtleere Teilmenge $\mathcal{K} \subset \mathbb{R}^N$. Der kleinste, $\mathcal{K}$ enthaltende konvexe Kegel heißt von $\mathcal{K}$ erzeugter konvexer Kegel, der mit $K(\mathcal{K})$ bezeichnet wird.*

Korollar A3: *Es sei $\mathcal{K} = \{\mathbf{x}_i \in \mathbb{R}^N \mid i = 1, ..., I\}$ und $\boldsymbol{\lambda} = (\lambda_1, ..., \lambda_I)^T \in \mathbb{R}_+^I$, dann ist die Menge aller nichtnegativen Linearkombinationen von $\mathbf{x}_1, ..., \mathbf{x}_I$*

$$K(\mathcal{K}) = \left\{ \sum_{i=1}^{I} \mathbf{x}_i \lambda_i \,\bigg|\, \mathbf{x}_i \in \mathcal{K} \ (i=1,\ldots,I),\ \boldsymbol{\lambda} \in \mathbb{R}_+^I \right\}$$

der von $\mathcal{K}$ erzeugte konvexe Kegel $K(\mathcal{K})$.

Definition A4: *Gegeben sei eine nichtleere Teilmenge $K_D \subset \mathbb{Z}^N$. Folgt aus $\mathbf{x}, \mathbf{y} \in K_D$ und $\kappa, \nu \in \mathbb{N}_0$, daß $\kappa \mathbf{x} + \nu \mathbf{y} \in K_D$ ist, dann heißt K_D diskreter Kegel.*

Definition A5: *Gegeben sei eine nichtleere Teilmenge $\mathcal{K} \subset \mathbb{Z}^N$. Der kleinste, $\mathcal{K}$ enthaltende diskrete Kegel heißt von $\mathcal{K}$ erzeugter diskreter Kegel, der mit $K_D(\mathcal{K})$ bezeichnet wird.*

Korollar A6: *Es sei $\mathcal{K} = \{\mathbf{x}_i \in \mathbb{Z}^N \mid i=1,\ldots,I\}$ und $\boldsymbol{\kappa} = (\kappa_1,\ldots,\kappa_I)^T \in \mathbb{N}_0^I$, dann ist die Menge aller nichtnegativen ganzzahligen Kombinationen von $\mathbf{x}_1,\ldots,\mathbf{x}_I$*

$$K_D(\mathcal{K}) = \left\{ \sum_{i=1}^{I} \mathbf{x}_i \kappa_i \,\bigg|\, \mathbf{x}_i \in \mathcal{K} \ (i=1,\ldots,I),\ \boldsymbol{\kappa} \in \mathbb{N}_0^I \right\}$$

der von $\mathcal{K}$ erzeugte diskrete Kegel $K_D(\mathcal{K})$.

Definition A7: *Gegeben seien ein Vektor $\mathbf{a} \in \mathbb{R}^N$ sowie eine nichtleere Teilmenge $K(\mathbf{a}) \subset \mathbb{R}^N$ mit $\mathbf{a} \in K(\mathbf{a})$. Folgt aus $\mathbf{a}+\mathbf{x}, \mathbf{a}+\mathbf{y} \in K(\mathbf{a})$ zusammen mit $\lambda, \mu \in \mathbb{R}_+$, daß $\mathbf{a} + \lambda \mathbf{x} + \mu \mathbf{y} \in K(\mathbf{a})$ ist, dann heißt $K(\mathbf{a})$ konvexer Kegel mit Scheitel $\mathbf{a}$.*

Definition A8: *Gegeben seien ein vektorielles Entscheidungsmodell (VEM_z) mit K Zielfunktionen ($K \geq 2$) sowie eine Alternative $\mathbf{x}^\square \in X$ mit $\mathbf{z}^\square := \mathbf{z}(x^\square) \in Z$. Ein durch die Halbebenen*

$$z_k \geq z_k^\square \quad bzw. \quad z_k - z_k^\square \geq 0 \quad (k=1,\ldots,K)$$

im $\mathbb{R}^K$ definierter Kegel heißt Dominanzkegel $D_Z(\mathbf{z}^\square)$ mit dem Scheitel $\mathbf{z}^\square \in Z$, wobei gilt

$$D_Z(\mathbf{z}^\square) = \{\mathbf{z} \in \mathbb{R}^K \mid z_k \geq z_k^\square \quad (k=1,\ldots,K)\}.$$

Definition A9: *Gegeben seien ein lineares vektorielles Entscheidungsmodell (LVEM) mit K linearen Zielfunktionen ($K \geq 2$) sowie eine Alternative (Vektor) $\mathbf{x}^\square \in X \subset \mathbb{R}_+^N$. Ein durch die Halbebenen*

$$\mathbf{c}_k^T \mathbf{x} \geq \mathbf{c}_k^T \mathbf{x}^\square \quad bzw. \quad \mathbf{c}_k^T \mathbf{x} - \mathbf{c}_k^T \mathbf{x}^\square \geq 0 \quad (k=1,\ldots,K)$$

im $\mathbb{R}^N$ definierter Kegel heißt Dominanzkegel $D_X(\mathbf{x}^\square)$ mit dem Scheitel $\mathbf{x}^\square \in X$, wobei gilt

$$D_X(\mathbf{x}^\square) = \{\mathbf{x} \in \mathbb{R}^N \mid \mathbf{c}_k^T \mathbf{x} \geq \mathbf{c}_k^T \mathbf{x}^\square \quad (k=1,\ldots,K)\}.$$

Definition A10: *Gegeben sei eine nichtleere Teilmenge $X \subset \mathbb{R}^N$. Der Durchschnitt aller konvexen Mengen, die X enthalten, heißt konvexe Hülle von X, abgekürzt $\mathcal{H}(X)$.*

Korollar A11: *Es seien* $X = \{\mathbf{x}_i \in \mathbb{R}^N \mid i = 1, \ldots, I\}$ *und* $\alpha = (\alpha_1, \ldots, \alpha_I)^T \in \mathbb{R}_+^I$, *dann ist die Menge aller Konvexkombinationen von* $\mathbf{x}_1, \ldots, \mathbf{x}_I$

$$\mathcal{H}(X) = \left\{ \sum_{i=1}^{I} \mathbf{x}_i \alpha_i \; \middle| \; \mathbf{x}_i \in X \; (i = 1, \ldots, I), \; \alpha \in \mathbb{R}_+^I, \; \sum_{i=1}^{I} \alpha_i = 1 \right\}$$

die konvexe Hülle von X.

Anmerkungen

1 Vgl. u.a. Koopmans 1951, S. 60; Charnes/Cooper 1961, S. 321; Steuer 1986, S. 158.
2 Zu weiteren Einzelheiten und zu Beispielen mit diskreten sowie konvexen Alternativenmengen vgl. Dinkelbach/Kleine 1996, S. 38ff.
3 Zu minimierende Quantitäten werden mit –1 multipliziert.
4 Vgl. u.a. Wendell/Lee 1977, S. 406f; Steuer 1986, S. 158; Dinkelbach/Kleine 1996, S. 43; Miettinen 1999, S. 33; zur Anwendung des Testprogramms in der Data Envelopment Analysis vgl. Kleine 2001.
5 Die im Testprogramm eingeführten nichtnegativen Abweichungsvariablen d_k^+ sind auch aus dem Goal-Programming bekannt, vgl. u.a. Charnes/Cooper 1961, S. 215ff.
6 Vgl. u.a. Kuhn/Tucker 1951, S. 488; Jahn 1985, S. 9.
7 Durch den hier gewählten Ansatz wird das klassische Wirtschaftlichkeitsprinzip der Betriebswirtschaftslehre formalisiert und damit einer exakten Analyse zugänglich gemacht.
8 Vgl. u.a. Kloock 1998, S. 297.
9 Vgl. u.a. Koopmans 1951; Kampkötter 1981, S. 96ff.; Kistner 1993, S. 54ff.; Fandel 1996, S. 35ff.; Schweitzer/Küpper 1997, S. 41ff.; Dinkelbach/Rosenberg 2000, S. 105ff.; Dyckhoff 2000, S. 160ff.
10 Zu den Beispieldaten vgl. Dinkelbach/Rosenberg 2000, Beispiel E, S. 117ff.
11 Vgl. Dinkelbach 1982, Beispiel 3.4, S. 189ff. und zum Überblick vgl. Climaco/Ferreira/Captivo 1997.
12 Zu einer speziellen Variante dieser Definition vgl. Frank 1969, S. 43; Brucker 1972, S. 190; Bouyssou 1999, S. 975 und zur konvexen Hülle vgl. Anhang: Definition A10 und Korollar A11.
13 Vgl. Frank 1969, S. 90f., Dinkelbach/Rosenberg 2000, S. 106ff.; Dyckhoff 2000, S. 81ff.
14 Vgl. u.a. Jahn 1984, S. 204.
15 Vgl. u.a. Gale 1960, S. 308; Schönfeld 1964, S. 48.
16 Vgl. Gal 1995, chap. 6.
17 $KK(x \mid y) :=$ Konvexkombination von x und y.
18 Vgl. u.a. Steuer/Choo 1986.
19 Vgl. Dinkelbach/Kleine 1996, S. 53.
20 Jahn 1985, S. 9f.
21 Vgl. u.a. Gutenberg 1984, S. 341ff.; Tacke 1989, S. 8ff.; Diller 2000, S. 286ff.
22 Ein derartiger Kostenverlauf ist etwa auch dann vorstellbar, wenn zwei Lieferanten den Faktor 1 anbieten: ein Lieferant kann bis zu 485 FE_1 zu 2 GE/FE_1 liefern, ein anderer Lieferant weitere Faktorquantitäten, aber zu 4 GE/FE_1.
23 In diesem speziellen Fall ist die Binärvariable verzichtbar.
24 Zu weiteren Einzelheiten dieser Klassifikation vgl. Dinkelbach/Rosenberg 2000, Abschnitt 1.2.
25 Zu A1–A3 und A10, A11 vgl. u.a. Bertsekas 1999, S. 679, S. 694; Takayama 1974, S. 17f., S. 33 sowie zu A8, A9 vgl. u.a. Steuer 1986, S. 34ff.; Yu 1985, S. 22.

Literatur

Bertsekas, D. P. (1999): Nonlinear Programming, 2nd ed., Belmont, MA: Athena.
Bouyssou, D. (1999): Using DEA as a Tool for MCDM: Some Remarks, in: Journal of the Operational Research Society 50, S. 974–978.
Brucker, P. (1972): Diskrete parametrische Optimierungsprobleme und wesentliche effiziente Punkte, in: Zeitschrift für Operations Research 16, S. 189–197.
Charnes, A., Cooper, W. W. (1961): Management Models and Industrial Applications of Linear Programming, Vol. 1, New York: Wiley.
Climaco, J., Ferreira, C., Captivo, M. E. (1997): Multicriteria Integer Programming: An Overview of the Different Algorithmic Approaches, in: Climaco, J. (Ed.): Multicriteria Analysis, Berlin: Springer, S. 248–258.
Diller, H. (2000): Preispolitik, 3. Aufl., Stuttgart: Kohlhammer.
Dinkelbach, W. (1982): Entscheidungsmodelle, Berlin: deGruyter.
Dinkelbach, W./Kleine, A. (1996): Elemente einer betriebswirtschaftlichen Entscheidungslehre, Berlin: Springer.
Dinkelbach, W./Rosenberg O. (2000): Erfolgs- und umweltorientierte Produktionstheorie, 3. Aufl., Berlin: Springer.
Dyckhoff, H. (2000): Grundzüge der Produktionswirtschaft, 3. Aufl., Berlin: Springer.
Fandel, G. (1996): Produktion I – Produktions- und Kostentheorie, 5. Aufl., Berlin: Springer.
Frank, C. R. jr. (1969): Production Theory and Indivisible Commodities, Princeton, N.J.: Princeton University Press.
Gal, T. (1995): Postoptimal Analyses, Parametric Programming, and Related Topics, 2nd ed., Berlin: deGruyter.
Gale, D. (1960): The Theory of Linear Economic Models, New York: McGraw-Hill.
Gutenberg, E. (1984): Grundlagen der Betriebswirtschaftslehre, Band II, Der Absatz, 17. Aufl., Berlin: Springer.
Jahn, J. (1984): Scalarization in Vector Optimization, in: Mathematical Programming 29, S. 203–218.
Jahn, J. (1985): Some Characterizations of the Optimal Solutions of a Vector Optimization Problem, in: OR Spektrum 7, S. 7–17.
Kall, P. (1984): Lineare Algebra für Ökonomen, Stuttgart: Teubner.
Kampkötter, H. (1981): Einzelwirtschaftliche Ansätze der Produktionstheorie, Königstein/Ts.: Athenäum.
Kistner, K.-P. (1993): Produktions- und Kostentheorie, 2. Aufl., Heidelberg: Physica.
Kleine, A. (2001): Data Envelopment Analysis aus entscheidungstheoretischer Sicht, OR Spektrum, 23, S. 223–242.
Kloock, J. (1998): Produktion, in Vahlens Kompendium der Betriebswirtschaftslehre, Band 1, 4. Aufl., München: Vahlen, S. 275–328.
Koopmans, T. C. (1951): Analysis of Production as an Efficient Combination of Activities, in: Koopmans, T. C. (Ed.): Activity Analysis of Production and Allocation, New York: Wiley, S. 33–97.
Kuhn, H. W., Tucker, A. W. (1951): Nonlinear Programming, in: Neyman, J. (Ed.): Proceedings of the Second Berkeley Symposium on Mathematical Statistics and Probability, Berkeley, Calif.: University of California Press, S. 481–492.
Miettinen, K. (1999): Nonlinear Multiobjective Optimization, Boston: Kluwer.
Schönfeld, K. P. (1964): Effizienz und Dualität in der Aktivitätsanalyse, Berlin: Dissertation.
Schweitzer, M., Küpper, H.-U. (1997): Produktions- und Kostentheorie, 2. Aufl., Wiesbaden: Gabler.
Steuer, R. E. (1986): Multiple Criteria Optimization: Theory, Computation, and Application, New York: Wiley.
Steuer, R. E., Choo, E. (1983): An Interactive Weighted Tschebycheff Procedure for Multiple Objective Programming, Mathematical Programming, 26, S. 326–344.
Tacke, G. (1989): Nichtlineare Preisbildung, Wiesbaden: Gabler.
Takayama, A. (1974): Mathematical Economics, Hinsdale, Ill.: Dryden Press.
Wendell, R. E., Lee, D. N. (1977): Efficiency in Multiple Objective Optimization Problems, in: Mathematical Programming 12, S. 406–414.
Yu, P.-L. (1985): Multiple-Criteria Decision Making, New York: Plenum.

Zusammenfassung

Die klassische betriebswirtschaftliche Produktionstheorie beschäftigt sich mit differenzierbaren Produktionsfunktionen; sie unterstellt somit beliebig teilbare Güter. Eine Vielzahl ökonomischer Güter sind jedoch unteilbar; dies gilt sowohl für Stückgüter als auch für zahlreiche Dienstleistungen.

In diesem Beitrag werden Elemente einer diskreten Produktions- und Kostentheorie – mit unteilbaren Gütern – vorgestellt. Im Mittelpunkt stehen Analysen von effizienten und nichtwesentlich effizienten Produktionen. Zwei Anwendungsbeispiele runden den Text ab: Preisdifferenzierung in diskreten Technologien und Zielkonflikte in umweltorientierten diskreten Technologien.

Summary

Classical production theory in business administration considers differentiable production functions implying arbitrarily divisible goods. However, many goods are indivisible. This does not only hold for commodities existing as physical units, but also to many kinds of services.

Thus, this paper presents a discrete production and cost theory designed for indivisible goods. The core of this consideration are analyses of efficient and yet unsupportedly efficient discrete productions. In order to illustrate the theory we develop two examples: (1) a problem with discrete technologies and a single-dimensional objective with price discrimination; (2) a problem with two-dimensional objectives and environmentally enhanced discrete technologies.

51: Produktionsplanung (JEL M11)
84: Planungsrechnung und Controlling (JEL M43)

Kostencontrolling

Kostenkontrolle in Teams

Von Stephan Lengsfeld und Ulf Schiller*

Überblick

- Dieser Artikel untersucht Methoden der Abweichungsanalyse in dezentralisierten Entscheidungssituationen und unter Unsicherheit.
- Hauptergebnis ist, dass die Methoden der Abweichungsanalyse besser sind als ihr Ruf.
- Auf den ersten Blick überraschend, erweist sich zunächst die differenzierte Methode auf Istbasis als grundsätzlich geeignet, die optimale Allokation zu implementieren. Allerdings ist das bewirkte Gleichgewicht im Allgemeinen nicht eindeutig.
- Mittels der bislang eher empfohlenen differenzierten Methode auf Planbasis lässt sich die optimale Allokation hingegen nur implementieren, wenn die in die Kostenfunktion eingehenden Zufallsvariablen stochastisch unabhängig sind *oder* eine additiv separable Kostenfunktion vorliegt. Dann allerdings ist die differenzierte Methode sehr zuverlässig, denn das bewirkte Gleichgewicht ist eindeutig.
- Auf den ersten Blick überraschend, führt dann auch die oft abgelehnte kumulative Methode zur eindeutigen Implementierbarkeit der optimalen Allokation.
- Unter noch strengeren Voraussetzungen ist schließlich die eindeutige Implementierbarkeit auch bei Anwendung der differenzierten Methode auf Istbasis gegeben. Der Kontrollansatz kann dann sowohl zur Verhaltenssteuerung als auch zur Entscheidungsunterstützung herangezogen werden.

Eingegangen: 22. Dezember 2000

Dr. Stephan Lengsfeld, Abteilung für Unternehmensrechnung und Controlling, Eberhard-Karls-Universität Tübingen, Nauklerstraße 47, 72074 Tübingen. Arbeitsgebiete: Internes und Externes Rechnungswesen. Professor Dr. Ulf Schiller, Leiter der o.g. Abteilung. Arbeitsgebiete; Internes und Externes Rechnungswesen, Informationsökonomik.

© Gabler-Verlag 2001

A. Einleitung

Methodische Aspekte der Kostenkontrolle sind lange Zeit diskutiert und gelehrt worden, ohne dass der ökonomische Zweck der Kontrollrechnung explizit definiert wurde. Es ist vor allem ein Verdienst Josef Kloocks, die ökonomische Interpretationsfähigkeit der mit Hilfe der Kostenkontrolle gewonnenen Informationen in den Mittelpunkt der Diskussion zu stellen.[1] Diesem Anstoß folgend soll auch in unserem Beitrag der Schwerpunkt auf dem ökonomischen Zweck der Kontrollrechnung sowie auf ihre theoretische Fundierung gelegt werden. Dabei soll geklärt werden, in welcher Weise traditionelle Methoden der Abweichungsanalyse[2] geeignet sind, personalführungsorientierte Kontrollinformationen zu gewinnen, also der Aufgabe der Verhaltenssteuerung nachzukommen.

Bei diesem Bemühen streben wir an, gleichzeitig zwei neue Aspekte in die Diskussion einzuführen. Zum einen wurde die Diskussion um Methoden der Abweichungsanalyse bislang in einem deterministischen Rahmen geführt. Somit ist theoretisch nicht unmittelbar klar, wo Abweichungen herrühren sollen. Zwar sind, anders als bei zentralisierter Planung (= entscheidungsorientierte Betrachtung), bei der dezentralen Planung (= verhaltenssteuerungsorientierte Betrachtung) Abweichungen in einem deterministischen Modellrahmen denkbar. Allerdings setzt dies voraus, dass die Entscheidungsträger (die Agenten) dann absichtlich vom Plan der Zentrale (des Prinzipals) abweichen. Dann aber ist unklar, wieso dies durch das Setzen von Anreizen nicht verhindert wird.[3] Somit ist es unser Bemühen, eine Theorie der Kostenkontrolle bei Unsicherheit im Rahmen eines explizit ausformulierten Anreizmodells zu entwickeln.

Wir leiten das auf den ersten Blick überraschende Ergebnis her, dass die differenzierte Methode auf Istbasis in der Lage ist, Anreizkompatibilität zu erzeugen. Problematisch dabei ist jedoch, dass im Allgemeinen multiple Nash-Gleichgewichte existieren, so dass sich die Zentrale bei Anwendung der Istbasis nicht sicher sein kann, dass ihre dezentralen Manager tatsächlich das gewünschte und nicht ein anderes Nash-Gleichgewicht spielen.

Die Hoffnung, sich dieses Problems mit Hilfe der in den Lehrbüchern oft geforderten Planbasis zu entledigen, erweist sich als Trugschluss. Vielmehr ist es im Allgemeinen unmöglich, mit einer zu Teilabweichungen erster Ordnung proportionalen Entlohnung des Agenten auf Planbasis Anreizkompatibilität sicherzustellen. Aus diesem Grund suchen wir nach Spezialfällen, in denen eine modifizierte Entlohnungsformel ebenfalls zur gewünschten optimalen Allokation führt. Diese sind gegeben, wenn gewisse Separabilitätseigenschaften erfüllt sind. Eine Möglichkeit hierfür ist, dass die den einzelnen Entscheidungen anhaftenden stochastischen Störvariablen unabhängig voneinander sind. Häufiger in der etablierten Kostenrechnung in Betracht gezogen wird aber eine andere Variante, nämlich dass die Kostenfunktion in ihren einzelnen Kosteneinflussgrößen separabel ist. So argumentieren Christensen und Demski (1995), dass die gesamte moderne Kostenrechnung auf solchen Separabilitätsprämissen beruht – im Gegensatz zur mikroökonomischen Produktions- und Kostentheorie. Bei stochastischer Unabhängigkeit oder (nur) bei additiver Separabilität erweist sich eine Entlohnung, die auf Teilabweichungen erster Ordnung auf Planbasis aufbaut, als ebenfalls anreizkompatibel.

Sofern eine Entlohnung auf Planbasis nun anwendbar wird, erweist sie sich darüber hinaus derjenigen auf Istbasis als überlegen, da sich die von der Unternehmenszentrale nicht erwünschten Gleichgewichte eliminieren lassen. Damit kann sich die Zentrale nun stets über die Aktionen ihrer Mitarbeiter sicher sein. Als doch reichlich überraschend kann das letzte Ergebnis angesehen werden, nach dem unter denselben Prämissen, wie sie für die differenzierte Methode auf Planbasis erforderlich sind, auch mit Hilfe der kumulativen Methode ein eindeutiges und effizientes Nash-Gleichgewicht erreicht werden kann.

Die Anzahl der bisherigen Beiträge, deren Analyse von einem expliziten Kontrollzweck ausgeht, ist eher klein. In einer ersten Richtung wird die Kostenkontrolle anders als bei uns zum Zweck der Unterstützung von Entscheidungen in einem zentralisierten Kontext betrachtet (Kloock, 1994; Dierkes, 1998; Lengsfeld, 1999). Die durch eine Kostenrechnung zu ermittelnde Größe ist hier das auf eine oder mehrere Einflussgrößen bezogene Kostenänderungspotential. In einer zweiten Richtung wird die Kontrollrechnung zur Steuerung von Entscheidungen in dezentralisierten Unternehmen betrachtet (Baiman und Demski, 1980; Coenen, 1998; Ewert und Wagenhofer, 2000; Budde, 2000). Einen Schwerpunkt des Interesses bildet dabei die Frage, inwieweit durch die Kontrollrechnung das sog. „Controllability-Prinzip" einzuhalten ist, nach dem jeder der dezentralen Entscheidungsträger nur diejenigen Abweichungen zugerechnet bekommen sollte, die durch sein isoliertes Verhalten beeinflussbar sind.

Während die Diskussion um die Unterstützung zentralisierter Entscheidungen direkt auf die Methoden der Abweichungsanalyse Bezug nimmt, ist dies bei der Diskussion um die Verhaltenssteuerung eher nur sporadisch der Fall. Unserer Meinung nach liegt dies auch daran, dass in der dortigen Literatur der zweite Schritt vor dem ersten gemacht wurde. Es wurden nämlich sehr früh im Rahmen von Prinzipal-Agenten-Modellen sehr spezielle Aspekte des Problems betrachtet.[4] Wir wollen daher beide Fragen zunächst in einem einfacheren Modellrahmen betrachten und die Eignung der Abweichungsanalysemethoden für die Verhaltenssteuerung explizit untersuchen.

Der weitere Aufbau dieses Artikels ist wie folgt. Abschnitt B. stellt zunächst die zentralen Annahmen unseres Modells vor. Bevor wir zur Analyse kommen, resümiert Abschnitt C., welche der in der Literatur diskutierten Abweichungsanalysemethoden in unserem Kontext von Interesse sein werden. In Abschnitt D. werden dann die Ergebnisse bezüglich der Verhaltenssteuerung hergeleitet. Einige Schlussbemerkungen folgen in Abschnitt E.

B. Die Modellannahmen

Betrachtet wird ein Unternehmen, das aus einer Zentrale (Prinzipal) und drei dezentralen Managern (Agenten) $i = 1, 2, 3$ besteht.[5] Die Manager haben einander gegenseitig unbeobachtbare Entscheidungen e_i zu treffen. Auch für die Zentrale sind diese Entscheidungen nicht beobachtbar. Sie muss daher mittels einer geeigneten Entlohnungsfunktion w_i Anreize zur von ihr gewünschten Wahl der e_i bieten.

Durch die Entscheidungen der Manager i werden Kosteneinflussgrößen y_i determiniert, die außerdem von einer stochastischen Störvariablen $\tilde{\varepsilon}_i$ abhängen. Auch die Realisationen ε_i der Störvariablen sind für die Zentrale unbeobachtbar. Es gelte:

$$y_i = y_i(e_i, \varepsilon_i) \quad i = 1, 2, 3.$$

Es wird angenommen, dass die Störvariablen ($\tilde{\varepsilon}_1$, $\tilde{\varepsilon}_2$, $\tilde{\varepsilon}_3$) einer gemeinsamen Verteilungsfunktion F mit zugehöriger Dichte f folgen. f sei positiv über einer Menge $\times_{i=1}^{3}]\underline{\varepsilon}_i, \bar{\varepsilon}_i[$ mit der gemeinsamen Dichte $f(\varepsilon) = f(\varepsilon_1, \varepsilon_2, \varepsilon_3)$.

Die Kosteneinflussgrößen determinieren schließlich eine Kostenfunktion des Unternehmens. Sie ist gegeben durch

$$K = K(y_1, y_2, y_3).$$

Hierbei soll K nicht nur pagatorische, sondern auch Opportunitätskosten beinhalten. Es ist somit sinnvoll, nach Optima bezüglich der y_i und letztlich der Entscheidungen e_i zu suchen. Um die folgende Analyse hinreichend allgemein zu halten, fordern wir:

Annahme 1 (A1), Existenz von Optima: *Für jeden Agenten i = 1, 2, 3 sei die Menge seiner zulässigen Entscheidungen e_i abgeschlossen und beschränkt. Die Einflussgrößen y_i seien über dieser Menge stetig. Schließlich seien die Kosten K stetig in y_i.*

Annahme 2 (A2), Eindeutigkeit: *Der Kostenerwartungswert $E_\varepsilon(K(y))$ besitzt ein eindeutiges Minimum über (e_1, e_2, e_3).*

Mit e_i^* werden im Folgenden diejenigen Entscheidungen bezeichnet, die die erwarteten Kosten minimieren. Sie stellen aus Sicht der Zentrale optimale Entscheidungen dar, die als Soll-Entscheidungen bezeichnet werden können. e bezeichnet fortan den Vektor (e_1, e_2, e_3) und sinngemäß $\varepsilon = (\varepsilon_1, \varepsilon_2, \varepsilon_3)$ sowie $y = (y_1, y_2, y_3)$. Im weiteren Verlauf der Analyse wird es ferner nötig sein, Restvektoren von Variablen zu betrachten, nachdem eine Komponente i herausgenommen wurde. Diese werden durch den Index $_{-i}$ gekennzeichnet. Beispielsweise bezeichnen e_{-2} den Vektor (e_1, e_3) und $f_{-i}(\varepsilon_{-i})$ die Randdichtefunktion $\int_{\underline{\varepsilon}_i}^{\bar{\varepsilon}_i} f(\varepsilon)\,d\varepsilon_i$. Schließlich soll z.B. $y_{-i}(e_{-i}, \varepsilon_{-i})$ als Kurzschreibweise für den Vektor $(y_j(e_j, \varepsilon_j), y_k(e_k, \varepsilon_k))$, $i \neq j, k$, definiert werden.

Sämtliche Entscheidungsträger seien risikoneutral. Das Ziel der Zentrale bestehe in der Minimierung der erwarteten Kosten inklusive der Entlohnung für die Agenten, $E_\varepsilon(K(y) + \sum_{i=1}^{3} w_i)$. Das Ziel der Agenten bestehe in der Maximierung ihres erwarteten Lohns, $E_\varepsilon(w_i)$.

Anders als in der etablierten Prinzipal-Agenten-Theorie wird hier kein individueller (Miss)Nutzeneffekt aus der Entscheidung e_i unterstellt. Der Grund für diese Annahme ist, die Ergebnisse vergleichbar zur zentralisierten Planung zu halten, in deren Kontext der Großteil der bisherigen deutschsprachigen Diskussion stattfand.[6] Von Interesse ist nun, mit welcher Entlohnungsformel die drei Agenten Anreize erhalten, jeweils die optimale Ausprägung von e_i zu realisieren. Dabei sollen triviale Entlohnungsformeln aus der Betrachtung ausgeschlossen bleiben.[7] Aufgrund der einfachen Modellstruktur ist es hierfür hinreichend, eine Entlohnung zu unterstellen, die proportional zu einer aus der Abweichungsanalyse stammenden Bemessungsgrundlage BG_i verläuft. Sei α_i ein entsprechender Bonusparameter und β_i ein Fixlohn. Die Entlohnung w_i eines Agenten i = 1, 2, 3 ist damit gegeben durch:

$$w_i = \alpha_i \cdot BG_i + \beta_i.$$

Die Zeitabfolge des Spiels ist Standard in der Prinzipal-Agenten-Literatur. Zunächst schlägt der Prinzipal Entlohnungsverträge w_i vor, die die Agenten entweder akzeptieren oder ablehnen. Anschließend legen die Agenten simultan ihre Entscheidungen e_i fest. Danach erfolgen die Realisationen ε_i der Zufallsvariablen und damit der Einflussgrößen sowie der Kosten. Schließlich erhalten alle Spieler ihre Payoffs.

C. Abweichungsanalysemethoden

In der klassischen Kontrollliteratur werden eine Reihe von Abweichungsanalysemethoden dargestellt, die an dieser Stelle kurz präsentiert werden sollen. Mit ihnen wird jeweils versucht, eine Gesamtabweichung der Kosten, $K^{soll} - K^{ist}$, auf die einzelnen Einflussgrößen y_i aufzuteilen und damit den Agenten i zuzuweisen. Anders als oben dargestellt, ist in der klassischen Literatur stets ein deterministischer Rahmen unterstellt worden. Wir definieren daher als Sollwert der i-ten Einflussgröße den Wert $y_i^* = y_i(e_i^*)$. Der Istwert hingegen wird mit $y_i = y_i(e_i)$ bezeichnet.

Die kumulative Methode: Bei der kumulativen Methode wird zunächst eine Reihenfolge der einzelnen Kosteneinflussgrößen y_i ($i = 1, 2, 3$) festgelegt. Ohne Beschränkung der Allgemeinheit sei diese hier durch die Indizierung gegeben. Man erhält die folgende Aufspaltung einer Gesamtabweichung zwischen den Soll- und den Istkosten (vgl. z.B. Kloock, 1994, S. 628):

$$\begin{aligned}
K(y^*) - K(y) & \\
= K(y^*) - K(y_1, y_2^*, y_3^*) \quad & \text{1. Teilabweichung} \\
+ K(y_1, y_2^*, y_3^*) - K(y_1, y_2, y_3^*) \quad & \text{2. Teilabweichung} \\
+ K(y_1, y_2, y_3^*) - K(y) \quad & \text{3. Teilabweichung.}
\end{aligned}$$

Die den einzelnen Kosteneinflussgrößen zugerechneten Teilabweichungen werden also durch sukzessiven Austausch der Sollgrößen y_i^* gegen die Istgrößen y_i ermittelt. Für das Folgende ist wichtig, dass die aufgespaltenen Terme i.d.R. eine Mischbasis aufweisen. Für die „innere" Teilabweichung 2 wird die in der Reihung vorstehende Einflussgröße 1 mit ihrem Ist- und die nachstehende Einflussgröße 3 mit ihrem Sollwert angesetzt. Die erste Teilabweichung wird hingegen auf Soll- und die dritte auf Istbasis ausgewiesen. Die Festlegung der Reihenfolge bei der Ermittlung der Abweichungen ist damit äquivalent zu einer Festlegung der Basen der einzelnen Teilabweichungen. Es besteht also eine „Relativität" der ermittelten Kostenteilabweichungen zu ihrer Bezugsbasis (vgl. Wilms, 1988; Kloock, 1994; Glaser, 1999). Wie die nachfolgenden Analysen zeigen werden, besitzt diese Relativität entscheidenden Einfluss auf die Möglichkeit der Implementierung der optimalen Allokation.

Die differenzierte Methode: Bei der differenzierten Methode wird zunächst die sogenannte Bezugsbasis festgelegt, die angibt, mit welchen Ausprägungen der anderen Einflussgrößen die Differenz einer betrachteten Einflussgröße gewichtet werden soll. Die einer Einflussgröße zugerechnete Teilabweichung ergibt sich nun als Differenz von Gesamtkosten unter Ansatz der Sollausprägung dieser Einflussgröße und Gesamtkosten unter Ansatz der Istausprägung, wobei die restlichen Einflussgrößen gemäß der gewählten Bezugsbasis eingehen. Mischterme, die sich durch simultane Variation zweier Einflussgrößen ergeben, werden als Abweichungen höherer Ordnung bezeichnet. Die Summe dieser Abweichungen höherer Ordnung erhält man, indem man von der Gesamtabweichung sämtliche Abweichungen erster Ordnung abzieht.[8] Bei Ansatz einer Istbasis besitzt die differenzierte Methode somit folgende Gestalt:

$$
\begin{aligned}
K(y^*) &- K(y) \\
&= K(y_1^*, y_{-1}) - K(y) & &\text{1. Teilabweichung} \\
&+ K(y_2^*, y_{-2}) - K(y) & &\text{2. Teilabweichung} \\
&+ K(y_3^*, y_{-3}) - K(y) & &\text{3. Teilabweichung} \\
&+ K(y^*) + 2K(y) - \sum_{i=1}^{3} K(y_i^*, y_{-i}) & &\text{Summe Abw. höherer Ordnung}.
\end{aligned}
$$

Neben der Istbasis kann die differenzierte Methode auch auf Planbasis durchgeführt werden. Die einzelnen Teilabweichungen ergeben sich dann wie folgt:

$$
\begin{aligned}
K(y^*) &- K(y) \\
&= K(y^*) - K(y_1, y_{-1}^*) & &\text{1. Teilabweichung} \\
&+ K(y^*) - K(y_2, y_{-2}^*) & &\text{2. Teilabweichung} \\
&+ K(y^*) - K(y_3, y_{-3}^*) & &\text{3. Teilabweichung} \\
&- 2K(y^*) - K(y) + \sum_{i=1}^{3} K(y_i, y_{-i}^*) & &\text{Summe Abw. höherer Ordnung}.
\end{aligned}
$$

D. Analyse des Teamproblems

Wir kehren nun zurück zum stochastischen Fall, wie er in Abschnitt B. vorgestellt wurde. Unsere Analyse vollzieht sich in zwei Schritten. Wir betrachten zunächst eine schulmäßige Lösung des (nahezu trivialen) Prinzipal-Agenten-Problems. So erhält man eine Messlatte für die optimalerweise zu wählenden Einflussgrößen e_i. Anschließend wird überprüft, mit welchen Bemessungsgrundlagen BG_i man diese Lösung implementieren kann.

Für den ersten Schritt sei die Entlohnung des Agenten durch eine noch zu determinierende Funktion $w_i(y)$ gegeben. Die Entlohnung ist damit auf alle Informationen gestützt, die dem Prinzipal verfügbar sind. Diese bestehen aus den im Zuge der Kontrolle vorgenommenen Beobachtungen der Werte der Einflussgrößen y.

Das Optimierungsproblem des Prinzipals lautet

$$\min_{w_i(y),e} \int_{\underline{\varepsilon}_1}^{\bar{\varepsilon}_1} \int_{\underline{\varepsilon}_2}^{\bar{\varepsilon}_2} \int_{\underline{\varepsilon}_3}^{\bar{\varepsilon}_3} \left[K(y(e,\varepsilon)) + \sum_{i=1}^{3} w_i(y(e,\varepsilon)) \right] f(\varepsilon) d\varepsilon_3 \, d\varepsilon_2 \, d\varepsilon_1$$

unter den Nebenbedingungen

(1) $\quad e_i \in \arg\max_{e_i} \int_{\underline{\varepsilon}_1}^{\bar{\varepsilon}_1} \int_{\underline{\varepsilon}_2}^{\bar{\varepsilon}_2} \int_{\underline{\varepsilon}_3}^{\bar{\varepsilon}_3} w_i(y(e,\varepsilon)) f(\varepsilon) d\varepsilon_3 \, d\varepsilon_2 \, d\varepsilon_1 \quad i=1,2,3$

(2) $\quad \int_{\underline{\varepsilon}_1}^{\bar{\varepsilon}_1} \int_{\underline{\varepsilon}_2}^{\bar{\varepsilon}_2} \int_{\underline{\varepsilon}_3}^{\bar{\varepsilon}_3} w_i(y(e,\varepsilon)) f(\varepsilon) d\varepsilon_3 \, d\varepsilon_2 \, d\varepsilon_1 \geq \underline{w}_i \quad i=1,2,3.$

Nach der Anreiz-Nebenbedingung (1) muss der Prinzipal bei der Festlegung der Entlohnung beachten, dass in Reaktion hierauf seine Agenten ihre Entscheidungen gemäß den Regeln eines Nash-Gleichgewichts festlegen werden. Jeder Agent i trifft seine eigene Entscheidung e_i so, dass sein erwarteter Lohn maximiert wird, gegeben die gleichgewichtigen Entscheidungen $\hat{e}_{-i}$ der anderen Agenten. Ein solches Nash-Gleichgewicht wird mit $\hat{e} = (\hat{e}_1, \hat{e}_2, \hat{e}_3)$ bezeichnet. Nebenbedingung (2) ist die Partizipationsbedingung. Sie besagt, dass jeder Agent im Gleichgewicht einen erwarteten Lohn erhalten muss, der seinen Reservationslohn $\underline{w}_i$ übersteigt, den er erhalten würde, wenn er nicht für das Unternehmen aktiv würde. Im Optimum ist (2) bindend.

Aufgrund der unterstellten Risikoneutralität der Akteure ist offensichtlich, dass es möglich ist, eine First-Best-Allokation zu implementieren. Hinreichend hierfür ist die folgende Entlohnungsfunktion:

Satz 1 *Die optimale Allokation ist implementierbar durch eine Entlohnungsfunktion der Form*

(3) $\quad w_i(y) = \beta_i - \alpha_i \cdot K(y) \quad i = 1, 2, 3$

mit beliebigem $\alpha_i > 0$ und β_i so, dass (2) bindet.

Beweis: Da die Teilnahmebedingungen im Optimum bindend sind, zahlt der Prinzipal den drei Agenten im Erwartungswert genau ihren Reservationslohn. Für die Wahl der aus Sicht des Prinzipals optimalen Entscheidungen sind diese Fixzahlungen in e somit nicht entscheidungsrelevant und das Problem lässt sich auf die Minimierung der Kostenfunktion reduzieren. Die für den Prinzipal optimalen Entscheidungen sind also gegeben durch

(4) $\quad e^* \in \arg\min_{e_i} \int_{\underline{\varepsilon}_1}^{\bar{\varepsilon}_1} \int_{\underline{\varepsilon}_2}^{\bar{\varepsilon}_2} \int_{\underline{\varepsilon}_3}^{\bar{\varepsilon}_3} K(y) f(\varepsilon) d\varepsilon_3 \, d\varepsilon_2 \, d\varepsilon_1$.

Jeder Agent wählt hingegen seine Entscheidung gemäß (1). Zu zeigen ist, dass e^* unter der Entlohnungsfunktion (3) ein Nash-Gleichgewicht bildet. Sofern die jeweils von i verschiedenen Agenten Entscheidungen $\hat{e}_{-i} = e^*_{-i}$ wählen, folgt für jeden der Agenten i, dass eine gemäß (4) gebildete Entscheidung $\hat{e}_i = e^*_i$ auch ein individuelles Optimum bildet. $\square$

Die Entlohnungsfunktion (3) implementiert im Gleichgewicht eine Allokation, die zu optimalen Entscheidungen e^* führt. Allerdings ist nicht gesagt, dass dieses Gleichgewicht eindeutig ist. Denn selbst unter Annahme A2 kann es im Allgemeinen viele Kombinationen $(\hat{e}_1, \hat{e}_2, \hat{e}_3)$ geben, so dass die dann getroffenen Entscheidungen wechselseitig eine beste Antwort aufeinander bilden. Der Prinzipal kann sich also nicht sicher sein, dass die Agenten wirklich die gewünschten Entscheidungen e^* treffen werden. Dies ist ein Standardergebnis der Prinzipal-Agenten-Literatur (Mookherjee, 1984; Ma, 1988).

Beispiel: Betrachtet wird die Kostenfunktion K, für die neben den kostenminimierenden Entscheidungen

$\quad e^* \in \arg\min_{e_i} E_\varepsilon(K(y))$

einen zweiten Entscheidungsvektor $(\hat{e}_1 \neq e^*_1, \hat{e}_2 \neq e^*_2, \hat{e}_3 \neq e^*_3)$ gibt, so dass gilt:

$\quad \hat{e}_i \in \arg\min_{e_i} E_\varepsilon(K(y | \hat{e}_{-i})) \quad i = 1, 2, 3$.

Eine solche Funktion ist durch ein Polynom vierten oder höheren Grades in y mit $y_i = e_i + \varepsilon_i$ und ε normalverteilt mit $E(\varepsilon_i) = 0$ ($i = 1, 2, 3$) leicht konstruierbar. Sofern die Agenten $-i$ nun $\hat{e}_{-i}$ wählen, hat Agent i unter der obigen Entlohnungsfunktion einen Anreiz, seinerseits $\hat{e}_i$ zu wählen und umgekehrt. Damit existiert neben e^* ein zweites Gleichgewicht $\hat{e}$.

Betrachten wir nun, inwieweit die optimale Allokation durch Abweichungsanalysemethoden implementiert werden kann. Wir zeigen zunächst das überraschende Ergebnis, dass eine Abweichungsanalyse nach der differenzierten Methode auf Istbasis anreizkompatibel ist. Auf den Fall der Stochastik übertragen, lässt sich für eine Einflussgröße i eine Teilabweichung erster Ordnung auf Istbasis schreiben als:

(5) $$\int_{\underline{\varepsilon}_i}^{\bar{\varepsilon}_i} K(y_i(e_i^*, \varepsilon_i), y_{-i}) f_i(\varepsilon_i) d\varepsilon_i - K(y)$$

mit $f_i(\varepsilon_i)$ als Randwahrscheinlichkeitsdichte. Unter Unsicherheit muss also eine Erwartung über die Realisation der Zufallsvariablen im jeweils betrachteten Bereich gebildet werden, gegeben, dass man Sollverhalten e_i^* unterstellt. Wir erhalten das folgende Ergebnis:[9]

Satz 2 *Sofern die Ex-post-Entlohnung eines Agenten i ($i = 1, 2, 3$) proportional zur Teilabweichung erster Ordnung auf Istbasis verläuft, existiert ein Gleichgewicht mit einer First-Best-Allokation.*

Beweis: In einem Nash-Gleichgewicht muss die Strategie jedes Agenten eine optimale Antwort auf das Gleichgewichtsverhalten der jeweils anderen Agenten darstellen. Da alle Agenten symmetrisch modelliert sind, sei ohne Beschränkung der Allgemeinheit das Kalkül des Agenten 1 betrachtet. Sofern die anderen Agenten also $e_{-1} = e_{-1}^*$ wählen, ist die erwartete Entlohnung des Agenten 1 aus einer Ex-ante-Perspektive proportional zu

(6) $$\int_{\underline{\varepsilon}_1}^{\bar{\varepsilon}_1} \int_{\underline{\varepsilon}_2}^{\bar{\varepsilon}_2} \int_{\underline{\varepsilon}_3}^{\bar{\varepsilon}_3} K(y(e^*, \varepsilon)) f_1(\varepsilon_1) f_{-1}(\varepsilon_{-1}) d\varepsilon_3 d\varepsilon_2 d\varepsilon_1$$
$$- \int_{\underline{\varepsilon}_1}^{\bar{\varepsilon}_1} \int_{\underline{\varepsilon}_2}^{\bar{\varepsilon}_2} \int_{\underline{\varepsilon}_3}^{\bar{\varepsilon}_3} K(y_1(e_1, \varepsilon_1), y_{-1}(e_{-1}^*, \varepsilon_{-1})) f(\varepsilon) d\varepsilon_3 d\varepsilon_2 d\varepsilon_1 .$$

Die erste Zeile bildet eine Konstante und ist damit für die Entscheidung des Agenten irrelevant. Der Kostenerwartungswert in der zweiten Zeile hingegen wird durch e_1^* minimiert, so dass der Lohn des Agenten dadurch maximiert wird. Die Symmetrie zwischen den Agenten impliziert dann, dass e^* ein Nash-Gleichgewicht bildet. □

Satz 2 mag zunächst etwas überraschend sein. Bisher herrschte die Meinung vor, zur Verhaltenssteuerung sei eher die Planbasis und nicht die Istbasis geeignet (vgl. Kloock (1994), S. 636; Coenen (1998); Ewert und Wagenhofer (2000), S. 354; Schiller (2000), S. 59–62). Begründet wird dies mit einem informellen Argument, nämlich, dass es einen Agenten demotivieren würde, wenn ihm per Istbasis die „Verfehlungen" der anderen Mitglieder des Teams angelastet würden. Wir sehen durch die formale Analyse, dass dieses

Argument unvollständig ist. Zum einen kann die Istbasis die Agenten auch übermotivieren, nämlich wenn sie auf ein Gleichgewicht koordiniert wären, das mit einem zu harten Arbeitseinsatz einhergeht. Zweitens sehen wir, dass durch diese Tatsache die kostenminimierenden Entscheidungen nicht ausgeschlossen sind. Vielmehr bilden sie *eines* der Nash-Gleichgewichte.

In der anglo-amerikanischen Literatur mündete die Intuition des obigen „Demotivations-Arguments" im so genannten Controllability-Prinzip (vgl. z.B. Magee (1986), S. 318–319), nach dem jeder Agent nur für das verantwortlich gemacht werden sollte, was er selbst beeinflussen kann. Dies lässt sich sehr einfach als Forderung nach einer Entlohnung auf Planbasis interpretieren. Zwar sind die Grenzen des Controllability-Prinzips in der modelltheoretischen Forschung bereits länger bekannt (vgl. Baiman und Demski (1980); Antle und Demski (1988)). Eine Entlohnung nach Teilabweichungen auf Istbasis wurde dennoch bisher nicht gefordert.

Diese Zurückhaltung hat ihre Berechtigung. Es wurde bereits bei der obigen allgemeinen Lösung des Prinzipal-Agenten-Problems erkannt, dass es mehrere Nash-Gleichgewichte im Teilspiel der Agenten geben kann. So ist im Allgemeinen auch hier das Gleichgewicht nicht eindeutig. Damit kann sich die Zentrale nicht sicher sein, ob ihre Manager wirklich das gewünschte und nicht ein anderes Gleichgewicht spielen.

Kommen wir nun zur Suche nach einer Entlohnungsregel, die die von der Zentrale unerwünschten Gleichgewichte eliminiert. In einem deterministischen Kontext ist eine Entlohnung nach Teilabweichungen erster Ordnung auf Planbasis hierfür hervorragend geeignet. Im stochastischen Kontext ist dies hingegen im Allgemeinen nicht der Fall. Der Grund liegt in der Tatsache, dass Zufallseinflüsse in den einzelnen Bereichen stochastisch unabhängig sein müssen, damit es *nicht* vorteilhaft ist, die Realisationen von Signalen aus fremden Bereichen in die Entlohnung eines Agenten aufzunehmen (Holmström (1979); Baiman und Demski (1980); Kim (1995); Budde (2000)). Diesen Zusammenhang fixieren wir im folgenden Satz:

Satz 3 *Im Allgemeinen ist es unmöglich, den Agenten mit einer Entlohnung auf Planbasis Anreize zu den optimalen Entscheidungen e^* zu bieten.*

Beweis: Ohne Beschränkung der Allgemeinheit wird wieder Agent 1 betrachtet. Im stochastischen Fall sind für die Teilabweichung erster Ordnung zwei Formulierungen denkbar. Wir zeigen, dass beide nicht zum gewünschten Ergebnis führen. Man kann die Teilabweichungen auf Basis unbedingter Erwartungswerte formulieren.[10]

Die Teilabweichung erster Ordnung lautet dann:

$$
(7) \quad \begin{aligned} & \int_{\varepsilon_1}^{\bar{\varepsilon}_1} \int_{\varepsilon_2}^{\bar{\varepsilon}_2} \int_{\varepsilon_3}^{\bar{\varepsilon}_3} K(y(e^*,\varepsilon)) f(\varepsilon)\, d\varepsilon_3\, d\varepsilon_2\, d\varepsilon_1 \\ & - \int_{\varepsilon_2}^{\bar{\varepsilon}_2} \int_{\varepsilon_3}^{\bar{\varepsilon}_3} K(y_1(e_1,\varepsilon_1), y_{-1}(e^*_{-1},\varepsilon_{-1})) f_{-1}(\varepsilon_{-1})\, d\varepsilon_3\, d\varepsilon_2 \end{aligned}
$$

mit $f_{-1}(\varepsilon_{-1})$ als Randwahrscheinlichkeitsdichte. Sofern die Ex-post-Entlohnung von Agent 1 gemäß (7) gesetzt wird, minimiert der Agent ex ante

(8)
$$\int_{\varepsilon_1}^{\bar{\varepsilon}_1} \int_{\varepsilon_2}^{\bar{\varepsilon}_2} \int_{\varepsilon_3}^{\bar{\varepsilon}_3} K(y(e^*, \varepsilon)) f(\varepsilon) \, d\varepsilon_3 \, d\varepsilon_2 \, d\varepsilon_1$$
$$- \int_{\varepsilon_1}^{\bar{\varepsilon}_1} \int_{\varepsilon_2}^{\bar{\varepsilon}_2} \int_{\varepsilon_3}^{\bar{\varepsilon}_3} K(y_1(e_1, \varepsilon_1), y_{-1}(e_{-1}^*, \varepsilon_{-1})) f_1(\varepsilon_1) f_{-1}(\varepsilon_{-1}) \, d\varepsilon_3 \, d\varepsilon_2 \, d\varepsilon_1,$$

da diese erwartete Kostendifferenz mit negativem Vorzeichen in seine Lohnfunktion eingeht. Weil der erste der Summanden eine Konstante bildet, ist nur der zweite für Agent 1 relevant. Weil im Allgemeinen $f(\varepsilon) \neq f_1(\varepsilon_1) f_{-1}(\varepsilon_{-1})$ und die Kostenfunktion K nicht additiv separabel in den einzelnen y_i ist, stimmt dieser Term nicht mit (6) überein. Somit ist e_1^* im Allgemeinen keine optimale Wahl für Agent 1. □

Offensichtlich sind für unser Problem Kreuzeffekte zwischen den Realisationen der Kosteneinflussgrößen y wichtig. Sie sind aus Sicht des Prinzipals informativ über die (direkt unbeobachtbaren) Entscheidungen der Agenten. Die Beweisführung legt überdies nahe, dass eine Entlohnung auf Planbasis sich entweder bei stochastischer Unabhängigkeit oder bei Vorliegen einer additiv separablen Kostenfunktion als geeignet erweist. Letzteres wollen wir präziser definieren:

Definition 1 *Die Kostenfunktion K heißt additiv separabel, wenn gilt:*

$$K(y(e, \varepsilon)) = \sum_{i=1}^{3} y_i(e_i, \varepsilon_i).$$

Korollar 1 *Gelten (A1) und (A2). Sofern (a) die Zufallsvariablen $\tilde{\varepsilon}$ stochastisch unabhängig sind oder (b) die Kostenfunktion additiv separabel ist, erweist sich eine Entlohnung proportional zu Teilabweichungen auf Planbasis als geeignet, die optimale Allokation zu implementieren. Diese ist eindeutig.*

Beweis: Ohne Beschränkung der Allgemeinheit sei Agent 1 betrachtet. (a) Stochastische Unabhängigkeit: Agent 1 maximiert seine erwartete Entlohnung genau dann, wenn er den Erwartungswert des zweiten Summanden von (7) minimiert. Falls stochastische Unabhängigkeit vorliegt, gilt $f(\varepsilon) = \prod_{i=1}^{3} f_i(\varepsilon_i)$ und damit insbesondere $f(\varepsilon) = f_1(\varepsilon_1) f_{-1}(\varepsilon_{-1})$.[11] Somit stellt die zweite Zeile von (8) den korrekten Erwartungswert dar. Damit wählt der Agent mit e_1^* die optimale Lösung. (b) Bei additiver Separabilität erhält man für (8):

(9)
$$\sum_{i=1}^{3} \int_{\varepsilon_i}^{\bar{\varepsilon}_i} y_i(e_i^*, \varepsilon_i) f_i(\varepsilon_i) \, d\varepsilon_i$$
$$- \left[\int_{\varepsilon_1}^{\bar{\varepsilon}_1} y_1(e_1, \varepsilon_1) f_1(\varepsilon_1) \, d\varepsilon_1 + \sum_{i=2}^{3} \int_{\varepsilon_i}^{\bar{\varepsilon}_i} y_i(e_i^*, \varepsilon_i) f_i(\varepsilon_i) \, d\varepsilon_i \right].$$

Offensichtlich entspricht nun das Entscheidungskalkül von Agent 1 wieder dem des Prinzipals, so dass e_1^* eine optimale Aktion darstellt. Wegen (A2) ist diese eindeutig. □

Wir halten Korollar 1 für ein wesentliches Ergebnis. Es stellt nämlich Anforderungen an die Einteilung der Kostenstellen eines Unternehmens. Diese sollten so separiert werden, dass entweder stochastische Unabhängigkeit bezüglich der Zufallsgrößen oder Separabilität bezüglich der Kostenfunktion herrscht. Evaluiert man dann die Agenten aufgrund der differenzierten Methode auf Planbasis, ist die resultierende Allokation optimal und multiple Gleichgewichte sind ausgeschlossen.

Allerdings ist die additive Separabilität bei mehrstufigen innerbetrieblichen Lieferbeziehungen oft ausgeschlossen. Dann bleibt die Annahme der stochastischen Unabhängigkeit als unabdingbare Voraussetzung für eine optimale Allokation mit Hilfe der Planbasis. Diese Unabhängigkeit wird gemäß den Standardannahmen, die in der empirischen Forschung üblicherweise getroffen werden, in der Regel als gegeben angesehen. Gleichwohl sollte sensibel mit dieser Annahme umgegangen und eventuell eine Umorganisation der Kostenstellenbildung vorgenommen werden, um dieser Voraussetzung für eine sinnvolle Anwendung von planbasisbezogenen Abweichungen gerecht zu werden. Aus Sicht der Theorie ist eine Warnung an die Praxis mit dem Ergebnis von Korollar 1 verbunden. Bei vorliegenden Nichtseparabilitäten führt eine künstliche und willkürliche Untergliederung in mehrere Kostenstellen zwangsläufig zu Fehlanzeigen und Fehlentscheidungen.

Die bisherigen Ausführungen haben geklärt, unter welchen Voraussetzungen die herrschende Lehrmeinung gestützt werden kann, nach der eine Entlohnung auf *Planbasis* zur eindeutigen Verhaltenssteuerung geeignet ist. Nun wollen wir zeigen, dass auch die *Istbasis* zur eindeutigen Implementierung der optimalen Allokation führen kann. Wie das folgende Korollar zeigt, müssen hierzu aber noch strengere Anforderungen an die Eigenschaften der zu Grunde liegenden Kostenfunktion gestellt werden.

Definition 2 *Die Kostenfunktion K heißt multiplikativ separabel, wenn gilt:*

$$K(y(e,\varepsilon)) = \prod_{i=1}^{3} y_i(e_i, \varepsilon_i).$$

Korollar 2 *Gelten (A1) und (A2). Bei vorliegender* stochastischer Unabhängigkeit *und* multiplikativer oder additiver Separabilität *der Kostenfunktion wird auch mit Hilfe der Istbasis das Gleichgewicht* e^* *implementiert und ist eindeutig.*

Beweis: Ohne Beschränkung der Allgemeinheit sei wiederum Agent 1 betrachtet. Das Entscheidungskalkül von Agent 1 ergibt sich durch Ex-ante-Erwartungswertbildung über (5), da sich sein Lohn proportional zu dieser Abweichung verhält. Wendet man die im Korollar geforderten stochastischen und funktionalen (hier die multiplikative) Separabilitätseigenschaften an, so lässt sich der Term wie folgt auflösen:

(10)
$$\begin{aligned}
&\int_{\varepsilon_1}^{\bar{\varepsilon}_1}\int_{\varepsilon_2}^{\bar{\varepsilon}_2}\int_{\varepsilon_3}^{\bar{\varepsilon}_3} K(y_1(e_1^*,\varepsilon_1), y_{-1}(e_{-1},\varepsilon_{-1})) \prod_{i=1}^{3} f_i(\varepsilon_i)\, d\varepsilon_3\, d\varepsilon_2\, d\varepsilon_1 \\
&\quad - \int_{\varepsilon_1}^{\bar{\varepsilon}_1}\int_{\varepsilon_2}^{\bar{\varepsilon}_2}\int_{\varepsilon_3}^{\bar{\varepsilon}_3} K(y(e,\varepsilon))\, f(\varepsilon)\, d\varepsilon_3\, d\varepsilon_2\, d\varepsilon_1 \\
&= \int_{\varepsilon_1}^{\bar{\varepsilon}_1} y_1(e_1^*,\varepsilon_1) \int_{\varepsilon_2}^{\bar{\varepsilon}_2}\int_{\varepsilon_3}^{\bar{\varepsilon}_3} \prod_{i=2}^{3} y_i(e_i,\varepsilon_i)\, f_i(\varepsilon_i)\, d\varepsilon_3\, d\varepsilon_2\, f_1(\varepsilon_1)\, d\varepsilon_1 \\
&\quad - \int_{\varepsilon_1}^{\bar{\varepsilon}_1} y_1(e_1,\varepsilon_1) \int_{\varepsilon_2}^{\bar{\varepsilon}_2}\int_{\varepsilon_3}^{\bar{\varepsilon}_3} \prod_{i=2}^{3} y_i(e_i,\varepsilon_i)\, f_i(\varepsilon_i)\, d\varepsilon_3\, d\varepsilon_2\, f_1(\varepsilon_1)\, d\varepsilon_1.
\end{aligned}$$

Der Erwartungswert über $\tilde{\varepsilon}_2$ und $\tilde{\varepsilon}_3$ stellt eine Konstante für die Erwartungswertbildung bezüglich $\tilde{\varepsilon}_1$ dar. Folglich ist die Aktion e_1^* unabhängig von den Aktionen der Agenten 2 und 3. Im Falle additiver Separabilität wird die Unabhängigkeit der Optimalität von e_1^* noch offensichtlicher, da der Erwartungswert bezüglich $\tilde{\varepsilon}_2$ und $\tilde{\varepsilon}_3$ additiv abgespalten werden kann (vgl. Beweis zu Korollar 1). Somit stellt e_1^* die optimale Aktionswahl von Agent 1 dar. Nach Annahme (A2) ist e_1^* einziger Minimierer, so dass die Aktionswahl eindeutig ist. □

Die strengen Anforderungen, die in Korollar 2 an die praktischen Gegebenheiten gestellt werden, schränken den Anwendungsbereich der Istbasis zunächst stark ein. Sofern diese Anforderungen erfüllt sind, besitzt eine Abweichungsanalyse auf Istbasis jedoch den Vorteil, dass die ausgewiesenen Teilabweichungen eine Doppelfunktion besitzen. Neben der hier nachgewiesenen Eignung zur Verhaltenssteuerung können Abweichungen auf Istbasis auch zur Entscheidungsunterstützung herangezogen werden, falls die realisierte Störgröße ausregelbar, d.h. durch Prozesseingriffe zu beseitigen ist. Abweichungen auf Istbasis stellen dann gleichzeitig Kostenänderungspotentiale dar (vgl. z.B. Kloock (1994); Dierkes (1998); Lengsfeld (1999)). Dagegen rechtfertigen die vergleichsweise schwachen Anforderungen aus Korollar 2 das zumeist nur intuitiv begründete Postulat in den Lehrbüchern, nach dem zur Personalführung Teilabweichungen einzusetzen sind, die auf Planbasis ermittelt werden. Sofern stochastische Unabhängigkeit der Störgrößen vorliegt, hat der Prinzipal mit diesen ein sehr zuverlässiges Steuerungsinstrument in den Händen. Er kann sich so sehr sicher sein, dass seine Agenten tatsächlich den gewünschten Einsatz in eindeutiger Weise erbringen. Die Wahl von e_i^* ($i = 1, 2, 3$) ist nun jeweils eine dominante Strategie. Damit ist das Gleichgewicht eindeutig.

Wir schließen die Diskussion des Falls der simultanen Festlegung der Entscheidungen e_i mit einer Betrachtung der kumulativen Methode im Fall von vorliegender Separabilität. Bekanntlich (vgl. Abschnitt C.) liegt hier eine Mischbasis vor. Wir zeigen nun, dass es mittels der kumulativen Methode ebenfalls möglich ist, Anreize zur Wahl der optimalen Entscheidungen e_i^* zu geben. Die Intuition ist nach dem Obigen simpel. Der erste Agent erhält eine Kompensation auf Planbasis. Der zweite Agent wird auf Mischbasis entlohnt. Für die Einflussgröße des Agenten 1 wird die Ist- und für die des Agenten 3 die Planbasis angesetzt. Agent 2 steuert also selber eine Aktion in Höhe von e_2^* bei, falls Agent 1 e_1^* wählt. Dies ist aber der Fall. Somit wählt Agent 2 e_2^*. Agent 3 schließlich erhält eine Entlohnung auf Istbasis. Da aber seine beiden „Vorgänger" e_{-3}^* setzen, steuert auch er die optimale Aktion, e_3^*, bei.[12] Wir halten auch dieses Ergebnis in einem Satz fest:

Satz 4 *Gelten (A1) und (A2). Sofern stochastische Unabhängigkeit vorliegt oder die Kostenfunktion additiv separabel ist, bewirkt die Anwendung der kumulativen Methode, dass die Agenten eindeutig die Entscheidungen e^* wählen.*

Beweis: Im Falle der additiv separablen Kostenfunktion ist der Beweis trivial, da auch bei Anwendung der kumulativen Methode der Agent i nur gemäß der Realisation von ε_i beurteilt wird. Der interessante Fall der stochastischen Unabhängigkeit wird nachfolgend mit einem Induktionsargument für eine beliebige Anzahl an Agenten bewiesen. Unter der Annahme, dass die kumulative Methode wie in Kapitel C. aufgebaut ist, wird der erste Agent anhand einer Teilabweichung auf Planbasis beurteilt. In die Teilabweichung eines beliebigen Agenten i fließen die Ist-Aktionen e_k sämtlicher Agenten ein, deren Teilabweichungen vor ihm ausgewiesen werden (mit $k = 1, \ldots, i - 1$). Dagegen werden für ihm nachgelagerte Agenten deren Soll-Aktionen e_l^* angesetzt (mit $l = i + 1, \ldots, n$):[13]

$$
\begin{aligned}
(11) \quad & \int_{\varepsilon_i}^{\varepsilon_i} \ldots \int_{\varepsilon_n}^{\varepsilon_n} K(y_1, \ldots, y_{i-1}, y_i(e_i^*, \varepsilon_i), \ldots, y_n(e_n^*, \varepsilon_n)) \, f_{i,\ldots,n}(\varepsilon_i, \ldots, \varepsilon_n) d\varepsilon_n \ldots d\varepsilon_i \\
& - \int_{\varepsilon_{i+1}}^{\varepsilon_{i+1}} \ldots \int_{\varepsilon_n}^{\varepsilon_n} K(y_1, \ldots, y_{i-1}, y_i(e_i, \varepsilon_i), y_{i+1}(e_{i+1}^*, \varepsilon_{i+1}), \ldots, y_n(e_n^*, \varepsilon_n)) \\
& \quad f_{i+1,\ldots,n}(\varepsilon_{i+1}, \ldots, \varepsilon_n) d\varepsilon_n \ldots d\varepsilon_{i+1} .
\end{aligned}
$$

Gemäß den Ausführungen im Beweis zu Korollar 1 besitzt der erste Agent, der auf Planbasis beurteilt wird, bei stochastischer oder funktionaler Separabilität eine dominante Strategie. Er wählt die auch aus Sicht des Prinzipals optimale Aktion e_1^*. Damit liegt die Verankerung für eine Induktion vor. Für den nun folgenden Induktionsschritt sei angenommen, dass sämtliche i-1 Agenten, deren Teilabweichung derjenigen des Agenten i vorgelagert sind, als Aktion $e_k = e_k^*$ wählen (mit $k = 1, \ldots, i - 1$). Die Aktionen aller dem Agenten i nachgelagerten Agenten l (mit $l = i + 1, \ldots, n$) gehen ohnehin mit ihren Sollausprägungen in die Teilabweichung von Agent i ein. Somit sieht sich dieser de facto der Beurteilung gemäß einer Planbasis gegenüber. Unter Annahme von stochastischer oder funktionaler Separabilität folgt nun wiederum, dass die Wahl $e_i = e_i^*$ für Agent i eine dominante Strategie darstellt. □

Die kumulative Methode erfährt somit eine gewisse Bestätigung. Diese Bestätigung fundiert jedoch nicht auf den üblicherweise angeführten Argumenten. In diesen wird behauptet, dass lediglich die zuerst (bzw. zuletzt) ausgewiesene Teilabweichung relevant sei oder dass die zeitliche Realisation der Einflussgrößen maßgeblich für die Notwendigkeit einer reihenfolgeabhängigen Zuordnung von Teilabweichungen höherer Ordnung ist. Insbesondere Letzteres ist in der bisherigen Analyse nicht angenommen worden, da ein simultanes Spiel der Agenten betrachtet wurde. Die Bestätigung fußt allein auf dem hier ausgearbeiteten spieltheoretisch fundierten Analyserahmen. Bei vollständiger Rationalität der Akteure ist die kumulative Methode also gleich gut geeignet wie die differenzierte Methode auf Planbasis. Sie ist damit letzterer also nicht über-, aber auch nicht unterlegen.

E. Zusammenfassung und Ausblick

In diesem Beitrag wurde die Eignung von Abweichungsanalysemethoden zur Verhaltenssteuerung bei dezentralen Entscheidungen analysiert. Diskutiert wurden die differenzierte und die kumulative Abweichungsanalysemethode in einem Modell mit einem risikoneutralen Prinzipal sowie mehreren risikoneutralen Agenten und simultanen Entscheidungen.

Die in der Literatur vorherrschende Meinung, nach der Abweichungen auf Planbasis zur Verhaltenssteuerung geeignet sind, bestätigt sich eindrucksvoll, da optimale Entscheidungen so eindeutig bewirkt werden können. Gleichwohl ist diese Eignung geknüpft an die Forderung nach stochastischer Unabhängigkeit der Störgrößen. Ist diese (oder eine additiv separable Kostenfunktion) nicht gegeben, so führen planbasisbezogene Bemessungsgrundlagen unweigerlich zu Fehlentscheidungen und Fehlallokationen.

Dagegen ergibt sich bei Anwendung von istbasisbezogenen Teilabweichungen auch bei stochastisch abhängigen Störgrößen die optimale Allokation als ein Nash-Gleichgewicht für die Agenten. Dieses ist jedoch im Allgemeinen nicht eindeutig, so dass sich der Prinzipal nicht sicher sein kann, ob die aus seiner Sicht optimalen Entscheidungen tatsächlich getroffen werden. Unter strengeren Anforderungen, stochastische Unabhängigkeit und multiplikative bzw. additive Separabilität der Kostenfunktion, kann jedoch auch bei Anwendung der Istbasis ein eindeutiges Nash-Gleichgewicht implementiert werden. Die unter der Istbasis ausgewiesenen Teilabweichungen besitzen den Vorteil, dass sie sowohl zur Verhaltenssteuerung als auch zur Entscheidungsunterstützung verwendet werden können. Denn sie sind zugleich als Kostenänderungspotentiale interpretierbar, falls die Störgrößen durch Prozesseingriffe ausgeregelt werden können.

Unter denselben Annahmen wie für die differenzierte Methode auf Planbasis lässt sich überraschender Weise auch zeigen, dass die kumulative Methode gleichermaßen im Stande ist, die optimale Allokation zu implementieren.

Um umfassendere Aussagen bezüglich der Eignung von Abweichungsanalysemethoden zur Personalführung treffen zu können, ist in künftigen Untersuchungen der Analyserahmen auf sequentielle und mehrperiodige Situationen zu erweitern und mit einer analog modellierten Sicht einer zentralisierten Entscheidungssituation zu vergleichen.

Anmerkungen

* Dieser Artikel ist unserem akademischen Lehrer, Herrn Professor Dr. Dr. h.c. Dr. h.c. Josef Kloock, zu seinem 65. Geburtstag gewidmet. Wir danken Professor Dr. Ralf Diedrich für seine Hinweise zu einer früheren Fassung, besonders aber Dr. Jörg Budde für eine ausführliche und hilfreiche Diskussion.

1 Vgl. Kloock und Bommes (1982) sowie insbesondere Kloock (1994).
2 Vgl. Kloock und Bommes (1982) sowie Ewert und Wagenhofer (2000), Kapitel 7, für umfassende Überblicke.
3 Interne Anreizsysteme sind unter dem Schlagwort der „Performance Messung" derzeit eines der Hauptthemen des modernen Controllings.
4 Vgl. Schiller (2000), Kapitel 3, für einen Überblick.
5 Alle Ergebnisse lassen sich auch für $n > 3$ Agenten herleiten.
6 Da sich in unserer Modellformulierung First-Best-Ergebnisse einstellen werden, ist diese Annahme nicht wesentlich. In diesem Fall lässt sich eine eventuelle Missnutzenfunktion in die Kostenfunktion K einbeziehen.
7 Wenn mit e_i kein individueller Nutzeneffekt verbunden ist, wird der Agent bei einem Fixlohn indifferent, welche Entscheidung er treffen sollte. Insofern besteht eine gewisse Rechtfertigung anzunehmen, dass er sich dann in wie auch immer gewünschter Weise verhält.
8 Nachfolgend wird ein Blockausweis der Abweichungen höherer Ordnung vorgenommen. Sollen sie getrennt ausgewiesen werden, so vergrößert sich der Aufwand erheblich, wobei die grundsätzliche Vorgehensweise identisch bleibt. Allgemein lassen sich Teilabweichungen erster und höherer Ordnung mittels einer Taylorreihe ermitteln, vgl. hierzu Richter und Neubert (1980), Kloock und Schiller (1996), Lengsfeld (1999).
9 Das Ergebnis ist eine direkte Erweiterung desjenigen Holmströms (1982). In seinem klassischen Aufsatz forderte er als Lösung für das Teamproblem, den Agenten die korrekten *partiellen* Anreize zu geben, gegeben ein gleichgewichtiges Verhalten der übrigen Agenten.
10 Ein Ansatz, bei dem die Teilabweichung erster Ordnung auf Basis eines bedingten Erwartungswerts formuliert wird, scheidet aus. Dies scheitert daran, dass es ex ante unmöglich ist, die Bedingung auf Basis eines bestimmten ε_1 zu formulieren. Eine Diskussion des Problems wird interessierten Personen gern von den Verfassern zugesandt.

11 Vgl. sinngemäß Sydsæter, Strøm und Berck (1999), S. 183.
12 Der durch die kumulative Methode bewirkte Mechanismus erinnert stark an den Cremer-Riordan-Mechanismus zur Erzeugung eindeutiger wahrheitsgemäßer Berichtsgleichgewichte im öffentlichen Gutsproblem. Vgl. Cremer und Riordan (1985). Dabei folgt das Entscheidungskalkül jedes Agenten der Ermittlung eines Nash-Gleichgewichts mittels iterativer Eliminierung strikt dominierter Strategien.
13 Bei einem umgekehrten Aufbau der kumulativen Methode kehrt sich lediglich die Reihenfolge um, in der die Induktion anzusetzen ist.

Literatur

Antle, R. und Demski, J. S. (1988): The controllability principle in responsibility accounting, in: Accounting Review, 63. Jg., S. 700–718.
Baiman, S. und Demski, J. S. (1980), Variance analysis procedures as motivational devices, in: Management Science, 26. Jg., S. 840–848.
Budde, J. (2000): Effizienzvergleiche betrieblicher Informationssysteme, Wiesbaden.
Christensen, J. und Demski, J. (1995): The classic foundations of modern costing, in: Management Accounting Research, 6. Jg., S. 13–23.
Coenen, M. (1998): Kostenkontrollmanagement und Verhaltenssteuerung, Wiesbaden.
Crémer, J. und Riordan, M. (1985): A sequential solution to the public goods problem, in: Econometrica, 53. Jg., S. 77–84.
Dierkes, S. (1998): Planung und Kontrolle von Prozeßkosten, Wiesbaden.
Ewert, R. und Wagenhofer, A. (2000): Interne Unternehmensrechnung, 4. A., Heidelberg.
Glaser, H. (1999): Zur Relativität von Kostenabweichungen, in: Betriebswirtschaftliche Forschung und Praxis, 51. Jg., S. 21–32.
Holmström, B. (1979): Moral hazard and observability, in: Bell Journal of Economics, 10. Jg., S. 74–91.
Holmström, B. (1982): Moral hazard in teams, in: Bell Journal of Economics, 13. Jg., S. 324–340.
Kim, S. (1995): Efficiency of an information system in an Agency model, in: Econometrica, 63. Jg., S. 89–102.
Kloock, J. (1994): Neuere Entwicklungen des Kostenkontrollmanagements, in: K. Dellmann und K. Franz (Hrsg.), Neuere Entwicklungen im Kostenmanagement, Bern, S. 607–644.
Kloock, J. und Bommes, W. (1982): Methoden der Kostenabweichungsanalyse, in: Kostenrechnungspraxis (KRP), 26. Jg., S. 225–237.
Kloock, J. und Schiller, U. (1996): Cost budgeting and cost control with marginal costing, Betriebswirtschaftlicher Diskussionsbeitrag 96/4, Martin-Luther-Universität Halle-Wittenberg.
Lengsfeld, S. (1999): Kostenkontrolle und Kostenänderungspotentiale, Wiesbaden.
Ma, A. (1988): Unique implementation of incentive contracts with many agents, in: Review of Economic Studies, 55. Jg., S. 555–571.
Mookherjee, D. (1984): Optimal incentive schemes with many agents, in: Review of Economic Studies, 51. Jg., S. 433–446.
Richter, D. und Neubert, J. (1980): Die Taylor-Reihe als allgemeine Methode zur Behandlung der Abweichungsaufspaltung und ihre Nutzung in der betrieblichen Analysetätigkeit, in: Methoden zur Verbesserung von Leitung und Planung in der Bergbauindustrie D 129, Freiberger Forschungshefte.
Schiller, U. (2000): Informationsorientiertes Controlling in dezentralisierten Unternehmen, Stuttgart.
Sysæter, K., Strøm, A. und Berck, P. (1999): Economists' Mathematical Manual, 3. A., Berlin, Heidelberg.
Wilms, S. (1988): Abweichungsanalysemethoden der Kostenkontrolle, Bergisch-Gladbach.

Zusammenfassung

Dieser Beitrag untersucht traditionelle Methoden der Kostenkontrolle in einem Team, bei dem ein gemeinsamer Arbeitseinsatz über die Realisation der Kosten entscheidet. Auf den ersten Blick überraschend ist, dass das Anreizproblem gelöst wird, wenn jeder Agent mittels der Kostenabweichung erster Ordnung evaluiert wird und diese jeweils auf Basis der Istniveaus der Kosteneinflussgrößen anderer Agenten ermittelt wird. Leider ist das resultierende Gleichgewicht aber nicht eindeutig. Üblicherweise wird angenommen, dass das gleiche Vorgehen auf Planbasis das Anreizproblem eindeutig löst. Wir zeigen, das dies falsch ist, so lange die Störvariablen bezüglich der einzelnen Kosteneinflussgrößen nicht stochastisch unabhängig sind oder die Kostenfunktion additiv separabel ist. Zum Schluss zeigen wir, dass die kumulative Methode unter denselben Bedingungen zum gewünschten Input an Arbeitseinsatz führt.

Summary

This paper investigates traditional methods of cost control where joint effort of a team decides about the realization of costs. Surprisingly at first sight, evaluating each team member by the first-order cost variance solves the incentive problem, provided each variance is computed around the realized levels of those cost-influencing variables that other agents control respectively. Alas, the resulting equilibrium is not unique. Oral tradition tells that uniqueness can be achieved by taking the first-order variances around the budgeted levels. We show that this does not solve the problem unless the agents' noise terms are stochastically independent or the cost-influencing variables under their control are additively separable. Finally, we show that under the same conditions the cumulative method leads to the desired input levels of effort as well.

50: *Produktions- und Kostentheorie (JEL O20)*
84: *Planungsrechnung und Controlling (JEL M43)*

Investitionscontrolling

Zur Investitionsgrößenbestimmung an der Schnittstelle von langfristiger und kurzfristiger Sicht

Von Hermann Sabel und Christoph Weiser*

Überblick

- Integration von Investitionsrechnung und kalkulatorischer Erfolgsrechnung kann nach Auffassung von Kloock nur gelingen, wenn die Schnittstellen von der kurz- und langfristigen Betrachtung nicht mehrperiodig, sondern dynamisch gesehen werden.

- Das Problem der Bestimmung der Investitionsgröße ist sowohl unter Erfahrungskurvenaspekten wie unter Principal-Agenten-Ansätzen der Bestimmung des Investitionsvolumens zwischen Zentrale und Investmentcenter behandelt worden.

- Die Principal-Agenten-Ansätze gehen von einer Investitionsfunktion aus, nach der die Cash Flows in einer abnehmend zunehmenden Funktion von der Investitionshöhe abhängen bei jeweils gegebenem Planungshorizont, und übersehen dabei, daß die Cash Flows nicht nur von der Investitionshöhe abhängen, sondern auch von dem Marktpotential und der Geschwindigkeit der Erschließung desselben, dem dann auch die Gesamtkapazität entsprechen muß.

- Unternehmen entscheiden die Investitionsgröße nach unterschiedlichen Kriterien, wie Gewinn, Kapitalwert, EVA, und haben unterschiedliche zeitliche Interpretationen des Planungshorizonts als Myopiker, Mehrperiodiker, Dynamiker oder Unvollständige.

- Der Beitrag gilt der Frage, welche Wirkungen die verschiedenen Kriterien und verschiedenen Sichten auf die optimale Bestimmung der Investitionsgröße haben, wenn jeweils nach den Kriterien und verschiedenen Annahmen über Preise, Kapazitäten, Abschreibungen und Läger optimale Entscheidungen abgeleitet werden. Er führt auf der Grundlage von modellgestützten Simulationsanalysen zu Ergebnissen, die die Firmen veranlassen sollten, anders zu planen, und bestätigt die Auffassung von Kloock, daß nur die dynamische Betrachtung das erlaubt.

Eingegangen: 22. Dezember 2000

Professor Dr. Hermann Sabel, Abteilung BWL III – Marketing – des Instituts für Gesellschafts- und Wirtschaftswissenschaften der Rheinischen Friedrich-Wilhelms-Universität Bonn, Adenauerallee 24–42, 53113 Bonn.
Professor Dr. Christoph Weiser, Wirtschaftswissenschaftliche Fakultät der Martin-Luther-Universität Halle-Wittenberg, Große Steinstraße 73, 06108 Halle (Saale).

© Gabler-Verlag 2001

Hermann Sabel und Christoph Weiser

A. Einführung

Wer, wie der zu Ehrende, sich immer bemüht hat, durch richtiges Rechnen den Wert des Unternehmens zu steigern, von dem kann erwartet werden, daß er sich mit den zentralen Fragen der Erfolgsdeterminanten des Unternehmens in verschiedener Weise beschäftigt und von verschiedener Seite aus genähert hat.

In einer Gesamtschau hat er vor kurzem die „Integration von Investitionsrechnung und kalkulatorischer Erfolgsrechnung" als das aktuelle Problem des Controlling apostrophiert und dabei aufgezeigt, daß an acht Schnittstellen eine Integration mehr oder weniger noch der Erfüllung harrt.

Wenn Beiträge zu den Schnittstellen entstanden sind, so hat der zu Ehrende selbst in verschiedener Weise Beiträge geleistet, unter anderem auch bei der Bestimmung der Dimension des Unternehmens durch die Festlegung der Kapazität desselben unter statischen und dynamischen Aspekten. Er schloß die Arbeit damit, „daß alle Beiträge zu diesen Fragen nicht den Nachweis bringen werden, daß die Dimensionierungsfrage nicht nicht gestellt werden braucht und, wenn sie gestellt, keine interessanten Ergebnisse liefern wird, vielmehr ‚zu erwarten ist', daß jede weitere Lösung zu einer differenzierteren und damit besseren Beantwortung der Dimensionierungsfrage führen wird."[1]

Wenn auch nicht er selbst, so doch seine Schüler haben diese Frage dann in das Anreizproblem hineingetragen und zu klären versucht, wie bei der Steuerung dezentraler Investitionsentscheidungen bei asymmetrischer Information und Zielkonflikten zwischen der Zentrale und Investmentzentren bei nutzungsabhängigem und nutzungsunabhägigem Verschleiß des Anlagevermögens optimale Anreize gesetzt werden können, um die Investment Center-Leiter zu einer Investitionsgröße zu veranlassen, die auch der der Zentrale in ihrem Anspruch, den Shareholder Value über die Verzinsung des Unternehmenswertes mit den Weighted Average Cost of Capital (WACC) zu erreichen, entspricht.[2]

Ohne auf die Details dieser Diskussion im einzelnen eingehen zu können, ist dem zu Ehrenden aber beizupflichten, daß noch längst nicht alle Fragen der Investitionsgrößenbestimmung an der Schnittstelle zwischen kurz- und langfristiger Sicht geklärt und gelöst sind. Der folgende Beitrag versucht beides.

Dazu werden zunächst rudimentär die Ansätze des Anreizproblems charakterisiert, und dann wird in einem Stufenprozeß der Veränderung der Annahmen das Problem der Investitionsgröße differenziert formuliert und es werden Lösungen angeboten.

B. Bisherige Ansätze

Ausgegangen sei von dem Integrationsansatz der beiden Rechnungen durch den zu Ehrenden, der, obwohl er sich bewußt ist, daß es nicht nur acht einzelne Schnittstellen gibt, sondern darüber hinaus das Problem der integralen Lösung aller acht, trotzdem für eine hier relevante Schnittstelle, nämlich die der periodenübergreifenden Problematik von kurzer und langer Sicht, den bisherigen Stand wie folgt zusammengefaßt hat: „Kalkulatorische Erfolgsrechnungen sind einperiodig ausgerichtet und vernachlässigen somit mögliche inter- bzw. mehrperiodige Wirkungen ihrer Planungsvariablen. Um solche Wirkungen, z.B. durch entsprechende Opportunitätskostenansätze, investitionszielkonform zu erfassen, muß die vorgelagerte Investitionsrechnung nicht nur mehrperiodig, sondern auch als dynamisches Modell aufgestellt werden, das die zeitlich bedingten Periodenabhängigkeiten explizit mitabbildet. Die Anwendung der Kapitalwertmethode allein als mehrperiodiges Modell erfüllt diese Voraussetzung einer modellierten Dynamik zeitlicher Prozeßabläufe nicht. Infolgedessen lassen sich die periodenübergreifenden Schnittstellenprobleme für das in diesem Beitrag aufgestellte erweiterte Kapitalwertmodell nur unzureichend lösen".[3]

Aus diesem Text heraus wird deutlich, was für alle späteren Ausführungen gilt: Daß der Ansatz von Kapitalwerten zwar eine mehrperiodige Betrachtung ist, aber keine, die die zeitlichen Interdependenzen, das, was der zu Ehrende Schnittstellen nennt, zu erfassen erlaubt. Zum zweiten erwähnt er, daß unter Umständen Opportunitätskostenansätze das Problem lösen könnten.

Zwei weitere Schnittstellen sieht Kloock in risikobedingten und informationsbedingten Divergenzen, wobei er die risikobedingten Schnittstellen als Behandlung des externen Risikos betrachtet, während er die informationsbedingten Schnittstellen auf der Seite der internen Anreizproblematik sieht und damit im Risiko in der Organisation.

Von einer ganz anderen Seite her hat sich der zu Ehrende mit der Dimensionierung des Unternehmens beschäftigt und gefragt, wie sich ausgehend von dem Referenzmodell des Cournot-Falles Kapazitäten unter Berücksichtigung von Lern- und Erfahrungskurveneffekten verstehen lassen und nicht-triviale „Ergebnisse über optimale Entwicklungen der Unternehmungen unter den Parametern Kapazität und Produktion als Folge von Economies und Savings der Erfahrungskurve"[4] abgeleitet.

Das informationsbedingte Schnittstellenproblem hat er wie folgt formuliert: „Organisatorische Informationsasymmetrien treten stets bei der Delegation von Entscheidungen an einzelne Beauftragte bzw. Abteilungen und bei der Suche nach geeigneten Erfolgsgrößen als Bemessungsgrundlagen für zusätzliche Leistungsanreize auf. Die hieraus resultierenden zahlreichen Verhaltens- und Lenkungsprobleme sind in den beiden letzten Jahrzehnten mit Hilfe von Principal-Agent-Modellen schon vielfach untersucht worden."[5]

Die Beschäftigung mit den Problemen hat zwei Wurzeln. Auf der einen Seite steht die Einführung eines neuen Beurteilungskonzeptes von Unternehmen von Stern und Stewart mit dem markenartikelgeschützten Namen EVA.[6] Auf der anderen Seite steht der Aufsatz von Rogerson[7], in dem der Autor die Frage behandelt, warum Firmen eigentlich intern alles nach dem Operating Income behandeln und daraus die Frage ableitet, welches die optimale Allokation in einer Principal-Agenten-Situation ist, die eine einfache und ganz besondere Struktur hat, indem die Zentrale nichts und der Investment Center-Manager alles weiß, um abzuleiten, daß das Residual Income die optimale Steuerung darstellt, wobei deutlich wird, daß dieses Residual Income exakt EVA entspricht.

In dem Aufsatz hat Rogerson auch eine Grundannahme angelegt, die in allen späteren Beiträgen ohne nähere Diskussion ebenfalls als Ausgangspunkt gewählt wird, daß nämlich die Cash-Flows in einer abnehmend zunehmenden Funktion von der Investitionshöhe abhängen bei jeweils gegebenem Planungshorizont.[8] Die darauf aufbauenden Beiträge haben jeweils spezifische Verfeinerungen und Vertiefungen erreicht.[9]

Ersetzt man die nicht näher plausibilisierte Cash Flow Funktion in Abhängigkeit vom Investitionsvolumen durch eine Marktbetrachtung in Form der Einführung einer statischen Preis-Absatzfunktion, so zeigen Dierkes und Hanrath, daß auch dann das Steuern über EVA unter den Annahmen der Prinzipal-Agent-Theorie, daß die Zentrale nichts und der Investment-Manager alles weiß, anreizgerecht ist.[10] Ohne auf die Details der Ableitung einzugehen, haben allerdings Dierkes und Hanrath zum Nachweis der Anreizkompatibilität von EVA, da sie ja von Kosten und Erlösen ausgehen, eine Neuinterpretation des Lücke-Theorems[11] vornehmen müssen und gezeigt, daß zur Einbeziehung der Verzinsung des gebundenen Kapitals der Vorperiode „der Residualgewinn in dieser Problemstellung als Bemessungsgrundlage einer linearen Belohnungsfunktion nur eingeschränkt geeignet ist."[12] Sie ändern deshalb den Ansatz von Lücke in eine „verzehrsorientierte Zinskostenermittlung", in der die „Zinskosten für einen Vermögensgegenstand ... entsprechend seines Verzehrs unter Berücksichtigung von Zinseszinsen auf die Perioden zu verrechnen"[13] sind.

Mit dem Marktbezug und mit der Uminterpretation des Lücke-Ansatzes liefern sie auch eine Basis für die folgenden Überlegungen, die der Bestimmung der Investitionshöhe an der Schnittstelle von langfristiger und kurzfristiger Sicht gilt.

C. Zum Gegenstand der Untersuchung

Will man die interdependenten Fragen klären, ob einerseits der Gewinn, der Kapitalwert oder EVA die richtigen Meßgrößen sind und wie andererseits das Problem zwischen kurz- und langfristiger Sicht, zwischen Zentrale und Investment Center gesehen werden kann, so steht man vor dem Hintergrund der referierten Literatur in bezug auf die erste Frage weniger vor einer Problemsituation als vor dem Hintergrund der zweiten. Die Problematik besteht in zwei Aspekten. Der erste besteht darin, daß die grundlegende Investitionsfunktion zwar möglicherweise dem Say'schen Theorem folgt, unter dem Aspekt moderner Märkte aber vollkommen die Tatsache außer Acht läßt, daß die Cash Flows nicht nur von der Investitionshöhe abhängen, sondern von dem Marktpotential und der Geschwindigkeit der Erschließung desselben, und daß durch die Politik des Unternehmens diese Investitionsgröße bestimmt wird.

Der zweite Aspekt hängt damit zusammen, daß die, wenn auch mehrperiodigen, so doch im Kern statischen Ansätze gerade das nicht einzufangen erlauben, was die Marktbetrachtung impliziert, nämlich die Berücksichtigung von Verlaufsphänomenen von Erlösen über den Produktlebenszyklus und der Kosten über die Erfahrungskurve und, wenn man beide Größen zahlungsmäßig betrachtet, die neben der Investitionssumme weiteren konstituierenden Komponenten der Cash Flows. Unter Berücksichtigung dieses Marktbezuges und der Dynamik werden im folgenden anhand von Fällen die Schnittstellenprobleme zwischen lang- und kurzfristiger Sicht in einer anderen Weise gesehen, indem die Ausgangspunkte von Rogerson ernst genommen werden und deren Wirkung aufgezeigt wird, was es bedeutet, wenn zunächst ein Investment Center-Manager nach dem operativen Ergebnis gesteuert wird. Das ist zu vergleichen mit einer Investitionsstrategie, die die wichtigsten Größen des Marktes als variabel betrachtet, nämlich das Potential des Marktes und die Intensität seiner Ausschöpfung wie auch die Art der Ausschöpfung der geschaffenen Produktionskapazität durch die in den Rechengrößen sich wieder auswirkenden Alternativen der Abschreibungspolitik. Auch hier hat Rogerson gezeigt, daß verschiedene Abschreibungsregeln entscheidenden Einfluß auf die Gestaltung der Ergebnisgrößen haben.[14]

Deshalb werden im folgenden sowohl nutzungsabhängige Abschreibungen als auch Zeitabschreibungen berücksichtigt und es werden unterschiedliche Kapazitätskonzepte danach unterschieden, ob die Firma in der Lage ist, die Gesamtkapazität jeweils periodisch atmend anzupassen oder ob sie die Periodenkapazität nach dem Bedarf der Periode, die den größten Absatz fordert, oder nach dem durchschnittlichen Absatz orientiert, und ob sie im letzteren Falle zum Ausgleich der Nachfrageverläufe bei Festlegung der Produktionsstruktur kompensierende Lagerstrategien einführt.

Diese Fragen könnten auf der Grundlage eines generellen Modells zu beantworten versucht werden. Wegen der Komplexität der Zusammenhänge gibt es aber bisher keinen Ansatz, insbesondere keinen kontrolltheoretischen, der in der Lage wäre, die Vielfalt der Zusammenhänge zu einer optimalen Gesamtlösung zu führen. Deshalb werden, um die Auswirkungen der verschiedenen Sichten und Kriterien nachweisen zu können, Simulationen durchgeführt, mit denen zwar nur lokale Optima bestimmbar sind, für die aber unter der Annahme plausibler Ausgangsdaten bei Interpretation der Ergebnisse vorsichtig Schlüsse auf generelle Aussagen hin gemacht werden können. Ein Resümée und die Diskussion offener Fragen wird den Beitrag abschließen.

D. Zum Aufbau der Untersuchung

Um einerseits den Einfluß statischer, mehrperiodiger und dynamischer Betrachtung sowie der zugrundeliegenden Abschreibungs-, Kapazitäts- und Lagervarianten zu erfassen und andererseits die Wirkungen unterschiedlicher Entscheidungskriterien wie Gewinn, Kapitalwert oder EVA einzufangen, werden auf dem gleichen Set von Annahmen Optimierungen unter den jeweiligen Betrachtungen und Kriterien durchgeführt und die Ergebnisse interpretiert.

Die verschiedenen Betrachtungsebenen unterscheiden sich hinsichtlich der jeweils unterstellten Nachfrage- und Kostenverläufe sowie hinsichtlich der zugrundeliegenden Abschreibungsformen, den daraus abgeleiteten Perioden- und Gesamtkapazitätsannahmen und dem Einbeziehen oder Nicht-Einbeziehen der Möglichkeit der Lagerhaltung. Dabei ist von den folgenden grundlegenden Vorstellungen auszugehen, die im weiteren durch spezielle numerische Annahmen noch näher spezifiziert werden.

I. Die Nachfrage

In Bezug auf den Preiseinfluß wird in den statischen Fällen von einer linearen Preis-Absatzfunktion der Form

(1) $\quad x_t = \bar{x} - h \cdot p_t$

ausgegangen, mit

x_t = Nachfrage in Periode t
$\bar{x}$ = Periodenbezogenes Marktvolumen
h = Preisreaktionsparameter
p_t = Preis in Periode t.

In dynamischen Analysen wird unterstellt, daß sich die Nachfrage entlang eines Diffusionsprozesses nach Bass in diskreter Form entwickelt mit einem linearen Preiseinfluß auf das Gesamtmarktvolumen:

(2) $\quad q_t = \left(a + \dfrac{b}{\bar{Q}} \cdot Q_{t-1}\right) \cdot (\bar{Q} - h \cdot p_t - Q_{t-1}),$

wobei

q_t = Nachfrage in Periode t
a = Innovationsparameter nach Bass
b = Imitationsparameter nach Bass
$\bar{Q}$ = Betrachtungszeitraumbezogenes Gesamtmarktpotential
Q_{t-1} = bis t−1 kumuliert nachgefragte Menge, $Q_{t-1} = \sum_{\tau=1}^{t-1} q_\tau$, $Q_0 = 0$
h = Preisreaktionsparameter
p_t = Preis in Periode t

Aufgrund der Linearität des Preiseinflusses zeigt sich für jede Periode eine Preisobergrenze, die verhindert, daß die Nachfrage in einer Periode negativ wird:

(3) $\quad \bar{p} = \dfrac{\bar{x} - x_t}{h} \quad \text{bzw.} \quad \bar{p} = \dfrac{\bar{Q} - Q_{t-1}}{h}.$

II. Die Kosten

In Bezug auf die variablen Stückkosten wird im dynamischen Fall angenommen, daß sie sich entlang einer Lernkurve in Abhängigkeit von der kumulierten Menge entwickeln, wobei die Bezugsgröße einer Periode sich zusammensetzt aus der kumulierten Menge der Vorperiode und der Hälfte der in der betrachteten Periode produzierten Menge, um die Periodeneffekte der diskreten Betrachtung zu korrigieren. Es gilt:

(4) $\quad k_{v,t} = k_{v,1} \cdot \left(Q_{t-1} + \dfrac{q_t}{2}\right)^{-\ell},$

mit

$k_{v,t}$ = variable Stückkosten in Periode t
$k_{v,1}$ = variable Stückkosten der ersten Einheit
ℓ = Lernparameter.

In den untersuchten statischen Fällen bleiben die variablen Stückkosten über den gesamten Betrachtungszeitraum T hinweg konstant und entsprechen dem Durchschnitt der sich aus dem Referenzfall über den Planungshorizont ergebenden optimalen Kostenentwicklung der dynamischen Rechnung.

Fallen produzierte und nachgefragte Menge auseinander und wird in der Optimierung ein Ausgleich über Lagerhaltung betrachtet, so werden in jeder Periode Lagerhaltungskosten angesetzt, die die Verzinsung des durchschnittlich gebundenen Kapitals, berechnet mit den variablen Herstellkosten der Periode, berücksichtigen:

(5) $\quad K_{s,t} = i \cdot k_{v,t} \cdot (0{,}5 \cdot S_t)$,

mit

$K_{s,t}$ = Lagerhaltungskosten in der Periode t
i = Diskontierungszinssatz
S_t = Lagerhaltung in Periode t
$\quad S_t = S_{t-1} + xp_t - xa_t$ bzw.
$\quad S_t = S_{t-1} + qp_t - qa_t$
$\quad xp_t, qp_t$ – Produktionsmengen in Periode t
$\quad xa_t, qa_t$ – Absatzmengen in Periode t

Hinzu kommen konstante Fixkosten K_F.

III. Anfangsinvestitionsauszahlungen, Kapazität und Abschreibungen

Unterstellt man, daß eine Anlage eine technisch gegebene maximale Gesamtkapazität X^0 aufweist, zum Beginn des Betrachtungszeitraumes den Betrag I^0 kostet und je Einheit des herzustellenden Produktes r Einheiten der Anlagenkapazität benötigt werden, so errechnet sich die Anfangsinvestitionsauszahlung bei Ausrichtung an der Gesamtnachfrage über den Betrachtungszeitraum nach:

(6) $\quad I = \dfrac{r \cdot X_T}{X^0} \cdot I^0 \quad$ bzw. $\quad I = \dfrac{r \cdot Q_T}{X^0} \cdot I^0$,

wobei $X_T = \sum_{\tau=1}^{T} x_\tau$.

Eine Ausnahme bildet die Ausrichtung der Gesamtkapazität im dynamischen Fall an der Nachfrage derjenigen Periode, in der sie im Gesamtplanungszeitraum maximal ist:

(7) $\quad I = \dfrac{r \cdot \max\{q_1, \ldots, q_T\} \cdot T}{X^0} \cdot I^0$.

Die so bestimmte Gesamtkapazität kann nun in Form konstanter Periodenkapazitäten oder in Verbindung mit dem Beanspruchungskoeffizienten r unter Berücksichtigung der jeweiligen Periodennachfrage flexibel eingesetzt werden. Entsprechend ergeben sich aus diesen Vorgehensweisen entweder Abschreibungen AB_t in linearer oder nutzungsabhängiger Form:

(8) $\quad AB_t = \dfrac{1}{T} \quad$ bzw. $\quad AB_t = \dfrac{I^0}{X^0} \cdot r \cdot x_t \quad$ oder $\quad AB_t = \dfrac{I^0}{X^0} \cdot r \cdot q_t$.

IV. Der Optimierungsansatz

Unter Einbeziehung aller Gesichtspunkte kann die Bestimmung der optimalen Preisstrategie nun unter drei verschiedenen Zielsetzungen durchgeführt werden:[15]

Gewinn:

(9) $\quad \max\limits_{p_t} \sum\limits_{t=1}^{T} \left[(p_t - k_{v,t}) \cdot q_t - AB_t - K_{S,t} - K_F \right] \cdot (1+i)^{-t}$

Kapitalwert:

(10) $\quad \max\limits_{p_t} -I + \sum\limits_{t=1}^{T} \left[(p_t - k_{v,t}) \cdot q_t - K_{S,t} - K_F \right] \cdot (1+i)^{-t}$

Economic Value Added:

(a) bei starrer Kapazität

(11) $\quad \max\limits_{p_t} \sum\limits_{t=1}^{T} \left[(p_t - k_{v,t}) \cdot q_t - AB_t - K_{S,t} - i \cdot \left(I - \sum_{\tau=1}^{t-1} AB_\tau \right) - K_F \right] \cdot (1+i)^{-t}$

(b) bei flexibler Kapazität[16]

(12) $\quad \max\limits_{p_t} \sum\limits_{t=1}^{T} \left[(p_t - k_{v,t}) \cdot q_t - K_{S,t} - (1+i)^t \cdot \left(\frac{I^0}{X^0} \cdot r \cdot q_t \right) - K_F \right] \cdot (1+i)^{-t}$

Innerhalb der jeweiligen Zielkriterien können Kombinationen der oben beschriebenen Nachfrage- und Kostenverläufe, der zugrundegelegten Abschreibungsmethode und der dadurch implizierten Periodenkapazität als starr oder flexibel mit Ergänzung um die Möglichkeit der Lagerhaltung und den daraus resultierenden Kosten erstellt werden und aus diesen Kombinationen unterschiedliche Typen von Entscheidungsträgern betrachtet werden, die jeweils spezifische Interpretationen der Zeitsicht darstellen.

V. Die Typen

Grundlegende Voraussetzung ist, daß alle betrachteten Typen über den gesamten Betrachtungszeitraum T hinweg ihre Planung vollziehen. Eine vollständige Betrachtung aller Entscheidungsgrundlagen führt zu einer zu großen Anzahl von Kombinationsmöglichkeiten, so daß für die folgenden Untersuchung eine Konzentration auf ausgewählte Fälle stattfindet.

- Die Myopiker
  Sie legen ihrer Entscheidung eine über den gesamten Betrachtungszeitraum identische statische Preis-Absatz-Funktion und konstante variable Stückkosten $k_{v,t} = k_v$ zugrunde, maximieren den nicht diskontierten Gewinn der ersten Periode unter der Annahme, daß deren Zustände und Ergebnisse für alle Perioden gelten und schließen aus dem Ergeb-

nis auf die benötigten Kapazitäten und Anfangsinvestitionsauszahlungen, wobei sie sich in der Optimierung nur dadurch unterscheiden können, ob sie in die Ermittlung des optimalen Preises nutzungsabhängige Abschreibungen einbeziehen oder nicht.

- Die Mehrperiodiker
  Sie legen ihren Entscheidungen eine statische Preis-Absatz-Funktion und konstante variable Stückkosten zugrunde, maximieren entweder die Summe der diskontierten Cash Flows oder die Summe der diskontierten Residualgewinne, wobei sich letztere darin unterscheiden, ob sie die Abschreibungen linear vornehmen und über die Perioden konstant ansetzen, was dann zu weiteren Unterscheidungen hinsichtlich der Möglichkeiten der Lagerhaltung führen kann, oder nutzungsabhängig in jeder Periode verrechnen, was Lagerhaltung nicht sinnvoll erscheinen läßt, und damit starre oder flexible Kapazitätsnutzung erlauben. Die Anfangsinvestitionsauszahlungen berechnen sich simultan nach der optimalen kumulierten Nachfragemenge zum Ende des Betrachtungszeitraumes.

- Die Dynamiker
  Sie unterscheiden sich von den Mehrperiodikern durch die Berücksichtigung dynamischer Nachfrage- und Kostenverläufe in Form von Produktlebenszyklen und Lernkurven. Die Verhaltensunterscheidungen hinsichtlich Zielkriterium, Abschreibungsverläufen und Periodenkapazitäten finden bei ihnen die gleiche Einteilung, die optimale Anfangsinvestitionsauszahlung ergibt sich auch hier aus der simultanen Optimierung nach der optimalen kumulierten Nachfragemenge zum Ende des Betrachtungszeitraumes.

- Die Unvollständigen
  Sie unterstellen dynamische Nachfrage- und Kostenverläufe, legen ihren Berechnungen aber den Gewinn als Zielkriterium zugrunde ohne Berücksichtigung der Verzinsung des gebundenen Kapitals und differenzieren sich nach der Art der Kapazitätsberechnung und der optimalen Bestimmung der Investitionsanfangsauszahlung.

Tab. 1 gibt einen Überblick über die in den Analysen erfassten Typen und den ihnen jeweils zugrunde gelegten Optimierungsansatz.

Der Periodenkapazitätsmaximierer optimiert in einem ersten Schritt entsprechend dem Vorgehen des dynamischen Kapitalwerters, wählt aber dann das Investitionsvolumen nach der auf diese Weise festgestellten maximalen Periodennachfrage und führt unter dieser Kapazität eine neuerliche Optimierung durch.

VI. Die numerische Optimierung

Für die Simulationen werden folgende Parameterwerte angenommen, die mit Plausibilitäten hinterlegt werden können, etwa im Falle der Parameter des Bass-Prozesses als Durchschnitt von empirischen Verläufen langfristiger Konsumgüter[17], im Marktpotential Schätzung des Weltbedarfs, im Lernparameter eine Durchschnittsgröße des Lernens, im Zinssatz den heutigen WACC-Satz und im übrigen plausible Größen.

Zur Durchführung der Optimierung dient das Gradientenverfahren, die Lösungen wurden errechnet mit Hilfe des Zusatzmodules Solver in der Tabellenkalkulation MS-Excel.

Tab. 1: Die Entscheidungstypen und ihr Optimierungsansatz

Entscheidungstypen	Funktionen	Sichten	Ziel	Optimierungsansatz	Investitionsauszahlung
1. Die Myopiker					
1.1 ohne Abschreibung	S	–	G	$(p-k_v)\cdot(\bar{x}-h\cdot p)-K_F$ u.d.N.: $p\geq 0,\ x\geq 0$	$I^*=\left(\dfrac{r\cdot \dot{x}}{X^0}\right)\cdot I^0\cdot T$
1.2 mit Abschreibung	S	N/K	G	$\left(p-k_v-\dfrac{I^0}{X^0}\cdot r\right)\cdot(\bar{x}-h\cdot p)-K_F$ u.d.N.: $p\geq 0,\ x\geq 0$	$I^*=\left(\dfrac{r\cdot \dot{x}}{X^0}\right)\cdot I^0\cdot T$
2. Die Mehrperiodiker					
2.1 Die Kapitalwerter	S	N/V	KW	$-I+\sum_{t=1}^{T}[(p_t-k_v)\cdot x_t-K_F]\cdot(1+i)^{-t}$ u.d.N.: $p_t\geq 0,\ x_t\geq 0$	$I^*=\dfrac{r\cdot X_T^*}{X^0}\cdot I^0$
2.2 Die EVA-isten					
2.2.1 Die starren EVA-isten					
2.2.1.1 ohne Lagerhaltung	S	L/K	EVA	$\sum_{t=1}^{T}\left[(p_t-k_v)\cdot x_t-\dfrac{I}{T}-i\cdot\left(I-\dfrac{I}{T}\cdot(t-1)\right)-K_F\right]\cdot(1+i)^{-t}$ u.d.N.: $p_t\geq 0,\ x_t\geq 0,\ x_t\leq \dfrac{I\cdot X^0}{I^0\cdot r\cdot T}$	$I^*=\dfrac{r\cdot X_T^*}{X^0}\cdot I^0$
2.2.1.2 mit Lagerhaltung	S	L/K	EVA	$\sum_{t=1}^{T}\left[p_t\cdot xa_t-k_v\cdot xp_t-\dfrac{I}{T}-i\cdot\left(I-\dfrac{I}{T}(t-1)\right)-K_{S,t}-K_F\right]\cdot(1+i)^{-t}$ u.d.N.: $p_t\geq 0,\ x_t\geq 0,\ S_t\geq 0,\ S_T=0$	$I^*=\dfrac{r\cdot X_T^*}{X^0}\cdot I^0$
2.2.2 Die flexiblen EVA-isten	S	N/V	EVA	$\sum_{t=1}^{T}\left[(p_t-k_v)\cdot x_t-(1+i)^t\cdot\left(\dfrac{I^0}{X^0}\cdot r\cdot x_t\right)-K_F\right]\cdot(1+i)^{-t}$ u.d.N.: $p_t\geq 0,\ x_t\geq 0$	$I^*=\dfrac{r\cdot X_T^*}{X^0}\cdot I^0$
3. Die Dynamiker					
3.1 Die dynamischen Kapitalwerter	D	N/V	KW	$-I+\sum_{t=1}^{T}[(p_t-k_{v,t})\cdot q_t-K_F]\cdot(1+i)^{-t}$ u.d.N.: $p_t\geq 0,\ q_t\geq 0$	$I^*=\dfrac{r\cdot Q_T^*}{X^0}\cdot I^0$

Tab. 1: Fortsetzung

Entscheidungstypen	Funktionen	Sichten	Ziel	Optimierungsansatz	Investitionsauszahlung
3.2 Die dynamischen EVA-isten					
3.2.1 Die starren dynamischen EVA-isten					
3.2.1.1 ohne Lagerhaltung	D	L/K	EVA	$\sum_{t=1}^{T}\left[(p_t - k_{v,t}) \cdot q_t - \frac{I}{T} - i \cdot \left(I - \frac{I}{T} \cdot (t-1)\right) - K_F\right] \cdot (1+i)^{-t}$ u.d.N.: $p_t \geq 0$, $q_t \geq 0$, $q_t \leq \frac{I \cdot X^0}{I^0 \cdot r \cdot T}$	$I^* = \frac{r \cdot Q_T^*}{X^0} \cdot I^0$
3.2.1.2 mit Lagerhaltung	D	L/K	EVA	$\sum_{t=1}^{T}\left[p_t \cdot qa_t - k_{v,t} \cdot qp_t - \frac{I}{T} - i \cdot \left(I - \frac{I}{T} \cdot (t-1)\right) - K_{S,t} - K_F\right] \cdot (1+i)^{-t}$ u.d.N.: $p_t \geq 0$, $q_t \geq 0$, $S_t \geq 0$, $S_T = 0$	$I^* = \frac{r \cdot Q_T^*}{X^0} \cdot I^0$
3.2.2 Die flexiblen dynamischen EVA-isten	D	N/V	EVA	$\sum_{t=1}^{T}\left[(p_t - k_{v,t}) \cdot q_t - (1+i)^t \cdot \left(\frac{I^0}{X^0} \cdot r \cdot q_t\right) - K_F\right] \cdot (1+i)^{-t}$ u.d.N.: $p_t \geq 0$, $q_t \geq 0$	$I^* = \frac{r \cdot Q_T^*}{X^0} \cdot I^0$
4. Die Unvollständigen					
4.1 Die Periodenkapazitätsmaximierer	D	L/K	G	$\sum_{t=1}^{T}\left[(p_t - k_{v,t}) \cdot q_t - \frac{I}{T} - K_F\right] \cdot (1+i)^{-t}$ u.d.N.: $p_t \geq 0$, $q_t \geq 0$, $q_t \leq \frac{I \cdot X^0}{I^0 \cdot r \cdot T}$	$I^* = \frac{r \cdot \max\{q_1^*,...,q_T^*\} \cdot T}{X^0}$
4.2 Die Zeitabschreiber					
4.2.1 ohne Lagerhaltung	D	L/K	G	$\sum_{t=1}^{T}\left[(p_t - k_{v,t}) \cdot q_t - \frac{I}{T} - K_F\right] \cdot (1+i)^{-t}$ u.d.N.: $p_t \geq 0$, $q_t \geq 0$, $q_t \leq \frac{I \cdot X^0}{I^0 \cdot r \cdot T}$	$I^* = \frac{r \cdot Q_T^*}{X^0} \cdot I^0$
4.2.2 mit Lagerhaltung	D	L/K	G	$\sum_{t=1}^{T}\left[p_t \cdot qa_t - k_{v,t} \cdot qp_t - \frac{I}{T} - K_{S,t} - K_F\right] \cdot (1+i)^{-t}$ u.d.N.: $p_t \geq 0$, $q_t \geq 0$, $S_t \geq 0$, $S_T = 0$	$I^* = \frac{r \cdot Q_T^*}{X^0} \cdot I^0$

S – statische, D – dynamische Nachfrage- und Kostenfunktionen; L – lineare, N – nutzungsabhängige Abschreibungen; K – konstante, V – variable Periodenkapazität; G – Gewinn, KW – Kapitalwert, EVA – Economic Value Added.

Tab. 2: Parameterwerte zur numerischen Optimierung

Nachfrage (dynamisch)		Variable Stückkosten	
Innovationsparameter a	0,0223	Lernparameter ℓ	0,2345
Imitationsparameter b	0,4285	Kosten der 1. Einheit $k_{v,1}$	6.000,00
Marktpotential $\overline{Q}$	500 Mio.	Konstante variable Stückkosten k_v*	95,59
Preisreaktionsparameter h	1.625.000	**Investition**	
Nachfrage (statisch)		Kosten einer Anlage I^0	10 Mio. GE
Periodenpotential $\overline{x}$	25 Mio.	Gesamtkapazität einer Anlage X^0	5 Mio.
Preisreaktion h	50.000	Kosten je Kapazitätseinheit	2,00
Fixkosten je Periode K_F	450 Mio.	Produktionskoeffizient r	2
Zinssatz i	15%	**Planungszeitraum T**	20

* Die konstanten variablen Stückkosten ergeben sich als Durchschnitt der variablen Stückkosten aus dem optimalen Ergebnis des Referenzfalles des dynamischen Kapitalwerts (3.1).

E. Zu den Ergebnissen der Untersuchung

I. Ohne Korrekturmöglichkeiten

Die nachfolgende Tab. 3 gibt einen Überblick über die erhaltenen Ergebnisse hinsichtlich der optimalen Anfangsinvestitionsauszahlungen, der im Verlauf des Betrachtungszeitraumes erreichten kumulierten Nachfragen und die Ausprägung des dem jeweiligen Entscheidungstyps unterlegten Zielkriteriums. Die Abb. 1 bis Abb. 4 geben die aus der Optimierung erhaltenen optimalen Preisstrategien und die resultierenden Periodennachfragen wieder.

Tab. 3: Optimierungsergebnisse

Typ	Kumulierte Nachfrage	Anfangsinvestitionsauszahlung	Zielwert
Die Myopiker*			
1.1	202.205.623	808.822.489,42	9.726.465.806,89
1.2	200.205.619	800.822.477,21	9.727.717.678,26
Die Mehrperiodiker			
2.1	190.424.818	761.699.271,85	9.194.339.456,91
2.2.1.1	195.815.160	783.260.638,44	9.183.558.654,55
2.2.1.2	195.815.159	783.260.637,94	9.183.558.654,55
2.2.2	190.424.818	761.699.272,06	9.194.339.456,91
Die Dynamiker			
3.1	189.899.292	759.597.166,06	38.590.828,46
3.2.1.1	129.240.036	516.960.144,70	-343.974.205,25
3.2.1.2	143.346.800	573.387.199,28	-272.024.622,21
3.2.2	189.899.291	759.597.164,86	38.590.828,46
Die Unvollständigen			
4.1	205.071.785	965.322.010,00	-124.343.273,07
4.2.1	129.240.036	516.960.144,34	-343.974.205,30
4.2.2	143.140.883	572.563.532,98	-271.286.706,01

* Zur Vergleichbarkeit der Ergebnisse sind als Zielwerte der Myopiker die Summe der diskontierten Periodengewinne angegeben; der Optimierung lagen die undiskontierten Periodengewinne zugrunde.

Abb. 1: Die optimalen Preisverläufe der Myopiker

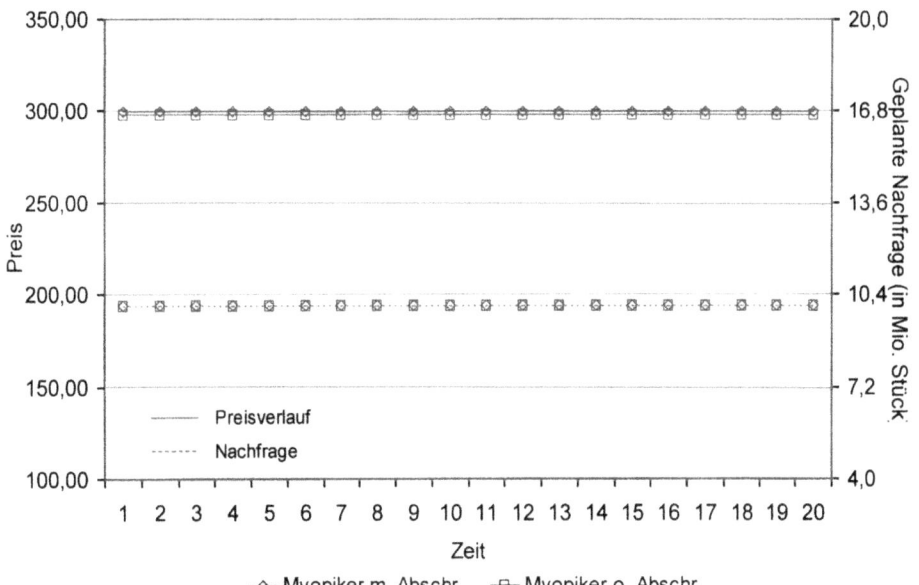

Abb. 2: Die optimalen Preisverläufe der Mehrperiodiker

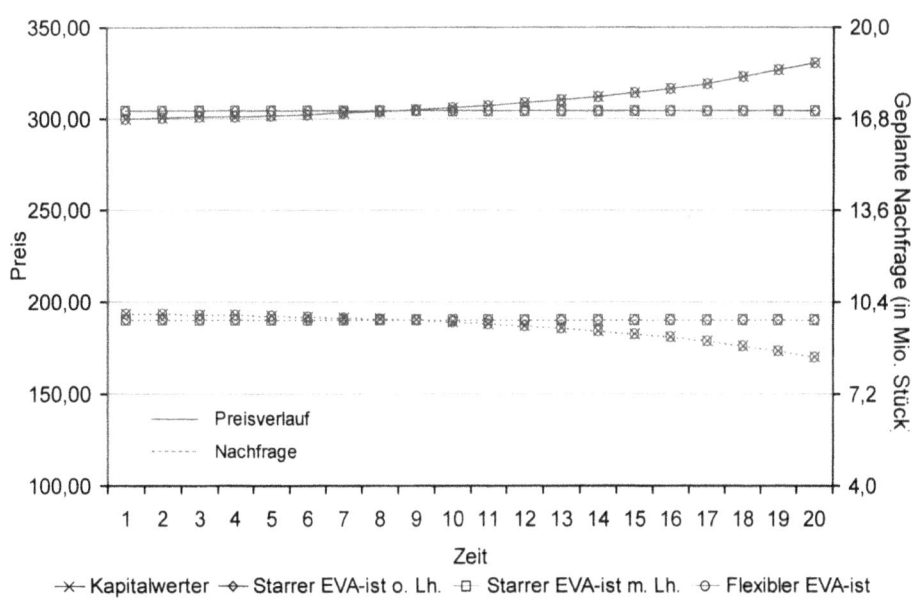

Abb. 3: Die optimalen Preisverläufe der Dynamiker

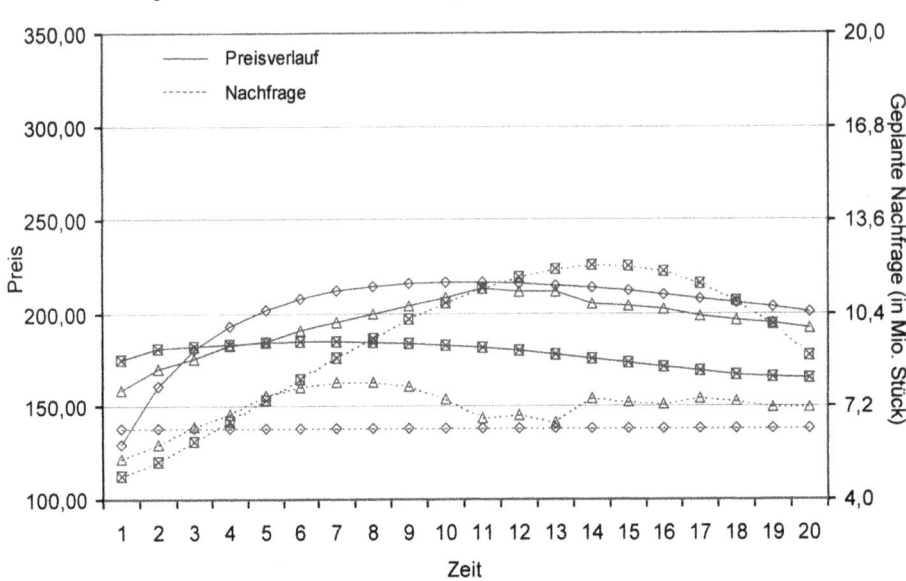

Abb. 4: Die optimalen Preisverläufe der Unvollständigen

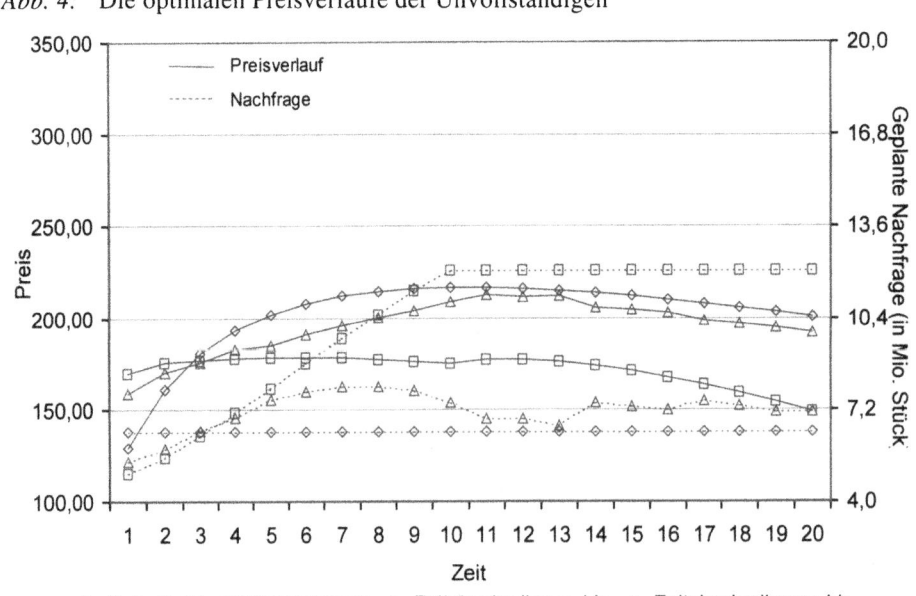

Investitionscontrolling

Bei aller Vorsicht in der Interpretation numerischer Optimierungsergebnisse unter Berücksichtigung des Erreichens lokaler oder globaler Optima zeigt sich doch einiges Signifikantes. Die myopischen und mehrperiodigen Fälle führen ohne Ausnahme zu signifikant höheren Preisen und zu signifikant höheren Zielwertausprägungen. Umgekehrt zeigen sich, bis auf die Ausnahme der starren EVA-isten und der Zeitabschreiber, worauf noch einzugehen ist, kaum Unterschiede in der kumulierten Nachfrage zum Ende des Betrachtungszeitraumes, was aber darauf zurückzuführen ist, daß in den Fällen der Annahme statischer Preis-Absatzfunktionen implizite auch angenommen wird, die in den einzelnen Perioden geplanten Mengen wären auch zu diesen Preisen absetzbar.

Unterstellt man hingegen, daß die dynamische Nachfragefunktion in Form des Produktlebenszyklus das reale Nachfrageverhalten wiedergibt, worauf eine große Zahl empirischer Untersuchungen insbesondere bei der Einführung neuer Produkte hindeutet[18], so führt dies zu hohen Absätzen erst in späteren Perioden, die zwar in der Gesamtheit des Betrachtungszeitraumes zu gleichen kumulierten Nachfragen führen, die Erlöse allerdings einer stärkeren Diskontierung unterziehen, was sich in der Ausprägung der Zielwerte niederschlägt, die im Vergleich der Myopiker und Mehrperiodiker mit den Dynamikern enorme Unterschiede aufweisen. Unter Beachtung einer statischen Preis-Absatzfunktion bei Vernachlässigung dynamischer Effekte kann dies zur Annahme von Investitionsprojekten führen, die sich nicht rechnen.

Eine Ausnahme hinsichtlich der Preisstrategien wie der Nachfrageverläufe stellen die starren EVA-isten und die Zeitabschreiber dar. Ihre erreichte kumulierte Nachfragemenge liegt signifikant tiefer als die der anderen Entscheidungstypen, in beiden Fällen zeigt sich ein Preisverlauf der sehr tiefen Anfangspreise, die im Zeitverlauf zuerst steigen, dann fallen als optimal. Dieses Verhalten ist zurückzuführen auf die vorgenommene starre Verteilung der Investitionsauszahlungen, die zu konstanten Periodenkapazitäten führen, die auszulasten sind. Die Kosten der Lagerhaltung führen zu geringfügigen Verschiebungen zwischen den Perioden und können das Ergebnis zwar verbessern, die Ausprägung der Zielwerte bleibt allerdings für alle vier Fälle äußerst negativ. Investitionsprojekte, die sich bei der Möglichkeit flexibler Anpassung an die Umwelt noch rechnen, laufen somit bei starren Periodenkapazitäten Gefahr, abgelehnt zu werden.

Bei Einbeziehung der Anfangsinvestitionsauszahlung und der simultanen Optimierung von Preisverläufen und Kapazitätserstellung zeigt es sich somit rein rechnerisch als eher unbedeutend, ob der Optimierung Kapitalwert-Größen, Gewinne oder Economic Value Added zugrunde liegen, wie ein Vergleich der Kapitalwerte mit den Zeitabschreibern und den EVA-isten in den jeweiligen Fallunterscheidungen aufzeigt.

Wie bedeutsam die Einbeziehung der Anfangsinvestitionsauszahlungen gerade bei Gültigkeit dynamischer Verläufe ist, zeigt ein Vergleich der Planungen dynamischer Kapitalwerter, wenn sie den Kapazitätsaufbau berücksichtigen oder nicht. Dazu wird eine weitere Optimierung des Falles 3.1 vorgenommen, der als Entscheidungskriterium lediglich die Summe der diskontierten Cash Flows der Perioden $t = 1, ..., T$ unterliegt, die Auszahlungen in Periode $t = 0$ jedoch nicht einbezieht und damit den von Spremann[19] und Kalish[20] hergeleiteten optimalen Preisstrategien bei Gültigkeit von Diffusionsprozessen und Erfahrungskurve entspricht.

Ein Vergleich der Preisstrategien (vgl. Abb. 5) zeigt einen deutlich niedrigeren Preisverlauf für den Kapitalwerter ohne Berücksichtigung der Anfangsinvestition, was auch zu

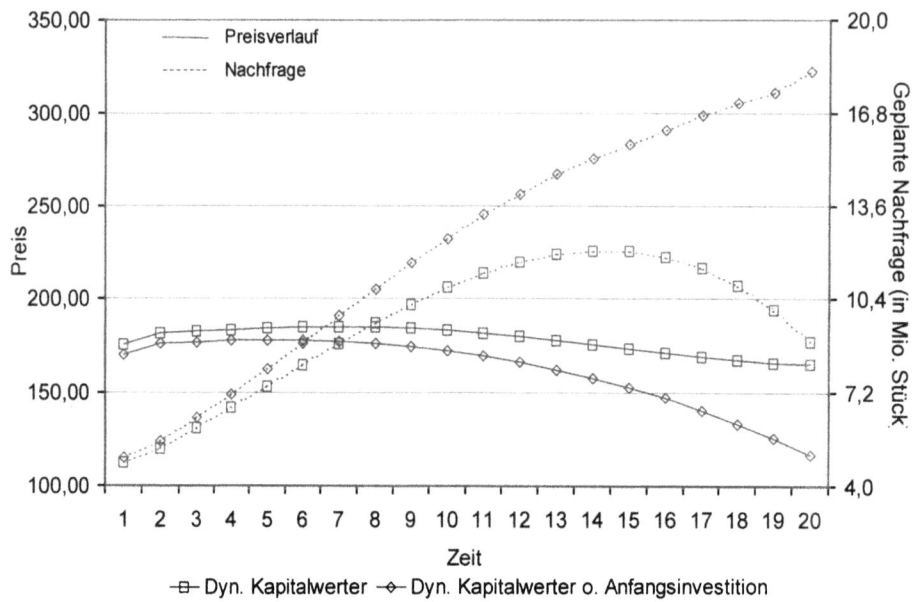

Abb. 5: Die Preisstrategien im Kapitalwertervergleich

einer deutlich höheren kumulierten Nachfrage zum Ende des Planungszeitraumes führt (Q_T = 244.234.208). Diese über niedrigere Preise verbesserte Ausnutzung des Marktpotentials läßt jedoch auch den Kapitalwert negativ werden (KW = –74.666.197,98), so daß das Projekt insgesamt sich nicht mehr rechnet, obwohl es bei geringerem Kapazitätsaufbau zu Beginn durchaus zu einer Steigerung des Unternehmenswertes beiträgt.

II. Mit Korrekturmöglichkeiten

Berücksichtigt man, daß die erhaltenen Ergebnisse die Planung eines Investitionsprojektes beinhalten und unterstellt man gleichzeitig, daß die für den dynamischen Kapitalwerter (Fall 3.1) unterstellte Umwelt die wahre sei, so bietet sich zumindest im Ansatz die Möglichkeit, Antworten auf die Frage zu gewinnen, wie sich die Planungen der übrigen Entscheider auswirken, wenn sie nach Ingangsetzung des Projektes auf die Realität treffen. Dabei sind zwei mögliche Vorgehensweisen vorstellbar:

- Die unter Planungsbedingungen erhaltene Preisstrategie wird auch bei Treffen auf die realen Zustände beibehalten, was sich darin äußert, daß die ermittelten Preise in die Diffusionsfunktion eingesetzt werden. Daraus lassen sich, soweit die Preise nicht aufgrund des linearen Einflusses auf das Marktpotential zu negativen Periodennachfragen führen, die für die jeweilige Preisstrategie tatsächliche kumulierte Nachfrage, die dafür notwendigen Investitionsauszahlungen und die tatsächlich erhaltene Summe der Barwerte der Cash Flows berechnen, denen die notwendigen und tatsächlichen Anfangsinvesti-

Investitionscontrolling

tionsauszahlungen gegenübergestellt werden können, um die so erhaltenen Kapitalwerte zu vergleichen.

Diese Vorgehensweise ist insbesondere für die Myopiker und die Mehrperiodiker interessant, da im Falle der Dynamiker und der Unvollständigen aufgrund ihrer Planungsgrundlagen sich keine Unterschiede ergeben können.

- Die unter Planungsbedingungen erhaltene Preisstrategie wird bei Treffen auf die realen Zustände angepasst. Die Mehrperiodiker werden die Strategie ihrer dynamischen Pendants übernehmen, können jedoch den getätigten Kapazitätsaufbau nicht mehr revidieren, so daß von der Summe der Barwerte der Zielkriterien der Dynamiker die Anfangsinvestitionsauszahlungen der Mehrperiodiker abzuziehen sind.

Die Myopiker wandeln sich zu „Laufend Myopikern", erkennen anhand der real nach dem Produktlebenszyklus eintretenden Nachfrage ihre statische Fehleinschätzung und korrigieren in jeder Periode das Marktpotential wie den Preisreaktionsparameter mit Hilfe der in der Vorperiode real erreichten Nachfrage:

(13) $\quad x_t = \bar{p} \cdot \dfrac{q_{t-1}}{\bar{p} - p_{t-1}}$

(14) $\quad h_t = \dfrac{q_{t-1}}{\bar{p} - p_{t-1}}$

mit der Nachfragefunktion:

(15) $\quad x_t = (\bar{p} - p_t) \cdot \dfrac{q_{t-1}}{\bar{p} - p_{t-1}},$

mit $\bar{p}$ als aus der Marktforschung erhobene konstante Preisobergrenze.

Die reale Nachfrage wird demnach berechnet durch das Mitlaufen des „wahren" Modells. Hieraus ergibt sich dann auch die Summe der diskontierten „wahren" Cash Flows, von der die von den Myopikern tatsächlich durchgeführten Investitionsauszahlungen abgezogen werden.

Der Übergang des Myopikers zum „Laufend Myopiker" bringt keine Verbesserung der Ergebnisse, was nicht verwundert, wenn man den optimalen Preis

(16) $\quad p^* = \dfrac{\bar{p} + k_v}{2}$

herleitet und erkennt, daß dieser unabhängig von der Nachfrage sich als konstant über den Betrachtungszeitraum erweist. Es stellt sich heraus, daß der Myopiker eine mehr als 30-fach größere Investition durchführt, als es erforderlich ist, was zu enormen Überkapazitäten führt und Verluste, in welchem Kriterium auch immer gemessen, induziert.

Für die Fälle 2.1 und 2.2.2 führt das Einsetzen der hergeleiteten Preisstrategie zu negativen Nachfrageverläufen, so daß keine weiteren Erkenntnisse gewonnen werden können, außer der, daß die gewählten Strategien in der Realität scheitern. In den übrigen Fällen zeigt sich eine erhebliche Verbesserung der Kapitalwerte, wenn man in die tatsächlich erreichten Cash Flows statt der durchgeführten Anfangsinvestitionen („Erreichter Kapitalwert") die notwendigen Investitionsauszahlungen einsetzt („Möglicher Kapitalwert"), auch wenn die Ergebnisse immer noch stark negative Werte annehmen. Es zeigt sich für

Tab. 4: Vergleich der Ergebnisse bei Beibehaltung und Änderung der ermittelten Preisstrategie

Typ	Geplante Nachfrage	Erreichte Nachfrage	Durchgeführte Investition	Notwendige Investition	Geplante Zielgröße	Erreichte Cash Flows	Erreichter Kapitalwert	Möglicher Kapitalwert
				Bei Beibehaltung der Preisstrategie				
Myopiker								
1.1	202.205.623	6.396.995	808.822.489,42	25.587.980,65	9.726.465.806,89	-2.674.337.909,29	-3.483.160.398,71	-2.699.925.889,94
1.2	200.205.619	5.011.875	800.822.477,21	20.047.500,40	9.727.717.678,26	-2.723.214.952,96	-3.524.037.430,17	-2.743.262.453,36
Mehrperiodiker								
2.1	190.424.818	-*	761.699.271,85	-*	9.194.339.456,91	-*	-*	-*
2.2.1.1	195.815.160	2.137.593	783.260.638,44	8.550.371,78	9.183.558.654,55	-2.811.438.139,94	-3.594.698.778,38	-2.819.988.511,72
2.2.1.2	195.815.159	2.137.593	783.260.637,94	8.550.371,47	9.183.558.654,55	-9.871.745.277,69	-10.655.005.915,63	-9.880.295.649,16
2.2.2	190.424.818	-*	761.699.272,06	-*	9.194.339.456,91	-*	-*	-*
Dynamiker								
3.1		189.899.292	759.597.166,06		38.590.828,46	798.187.994,52	38.590.828,46	
3.2.2		189.899.291	759.597.164,86		38.590.828,46	798.187.993,31	38.590.828,46	
				Bei Anpassung der Preisstrategie				
Myopiker								
Laufend Myop.	202.205.623	6.396.995	808.822.489,42	25.587.980,65	9.726.465.806,89	-2.674.337.909,29	-3.483.160.398,71	-2.699.925.889,94
Mehrperiodiker								
2.1	190.424.818	189.899.292	761.699.271,85	759.597.166,06	9.194.339.456,91	798.187.994,52	36.488.722,67	38.590.828,46
2.2.1.1	195.815.160	129.240.036	783.260.638,44	516.960.144,70	9.183.558.654,55	172.985.939,46	-610.274.698,98	-343.974.205,25
2.2.1.2	195.815.159	143.346.800	783.260.637,94	573.387.577,07	9.183.558.654,55	301.362.577,07	-481.898.060,87	-272.024.622,28
2.2.2	190.424.818	189.899.291	761.699.272,06	759.597.164,86	9.194.339.456,91	798.187.993,31	36.488.721,25	38.590.828,46

* Durch Einsetzen der ermittelten Preisstrategie in die realen Funktionen wird die Nachfrage negativ. Die Werte können nicht ermittelt werden.

alle Mehrperiodiker, daß auch sie zu große Kapazitäten im Vergleich zu den Dynamikern aufbauen und die hohen Kapitalwerte nur in der Vorstellung entstehen.

Unter der Annahme, daß die Strategie angepaßt wird, wenn sich zeigt, daß die Realität den Planungsvoraussetzungen nicht entspricht, findet für die Mehrperiodiker ein Übergang zu den Preisstrategien der Dynamiker statt. Dies führt in den Fällen der starren EVA-isten (Fälle 2.2.1.1 und 2.2.1.2) zu einer signifikant niedrigeren kumulierten Nachfrage zum Ende des Betrachtungszeitraumes und einer daraus folgenden stark reduzierten notwendigen anfänglichen Investitionsauszahlung, die deutlich die Unterschiede in den Ergebnissen bei Berücksichtigung des dynamischen Verhaltens der Märkte und der Kosten offenbart.

Bei Unterstellung einer flexiblen Anpassung des Unternehmens, ausgedrückt in nutzungsabhängigen Abschreibungen oder Optimierung der Cash Flows, weisen die Ergebnisse bei Anpassung der Strategie auf den dynamischen Fall keine bemerkenswert großen Unterschiede mehr auf. Die Fähigkeit des Unternehmens, die geschaffenen Kapazitäten je nach Gegebenheit zu nutzen, erlaubt es ihm, sich veränderten Situationen schnell anzupassen und die getätigte Investition auch bei Treffen auf die Realität bestmöglich zu nutzen. Dabei ist es irrelevant, ob der Optimierung Cash Flows oder Residualgewinne unter Korrektur durch aufgezinste nutzungsabhängige Abschreibungen einer Periode zugrunde liegen.

F. Zusammenfassung und Ausblick

Bei aller Vorsicht der Interpretation numerischer Optimierungen lassen sich doch zwei grundlegende Aussagen treffen. Es zeigt sich zum Ersten, daß die dynamische Betrachtung notwendig ist, um Fehlinvestitionen mit der Folge von Überkapazitäten zu verhindern. Das vom zu Ehrenden geforderte Überkommen der intertemporalen Schnittstellen zwischen den Perioden ist insofern für eine effektive und effiziente Planung unabdingbar.

Ein Vergleich zwischen den Ergebnissen der dynamischen Kapitalwerter und der flexiblen EVA-isten zeigt in diesem Zusammenhang, daß das Lücke-Theorem in der Erweiterung von Dierkes und Hanrath auch dynamisch gilt, indem es mit ihm gelingt, die operative Planung unter Gesichtspunkten ihrer Einschränkung durch und ihrer Wirkung auf die strategische Planung zu gestalten.

Zum Zweiten machen die Ergebnisse deutlich, daß auch eine flexible Anpassung aller Sichten notwendig ist. Allein durch die Möglichkeit, sich jederzeit an die real eintretenden Umweltzustände anpassen zu können, können Investitionsprojekte als vorteilhaft bewertet werden, die in einer starren Sicht zur Ablehnung führen würden.

Inwiefern hierin auch eine volkswirtschaftliche Aufgabe zu sehen ist, bedarf zusätzlicher Untersuchungen, insbesondere im Hinblick auf die Anpassungen der Jahres- oder Lebensarbeitszeit. Daß eine solche Anpassung in den Anlagenkapazitäten bereits möglich ist, zeigen die Mini- oder Mikroaggregate, die in beliebig kleiner Weise aufgestockt oder abgebaut werden können, was nicht für den Faktor Arbeit gilt, dessen Opportunität daher zu berechnen ist.

Auch Softwareinvestitionen können hier eine Rolle spielen. Werden doch heute die Anfangsinvestitionen in ihrem Ausgabebetrag dadurch erheblich reduziert, daß die Planungen virtuell durchgeführt werden und Investitionssummenreduktionen bis zu 30% bewirken.[21]

Was auch eine Aufgabe bleiben wird, ist, einen allgemeinen kontrolltheoretischen Ansatz zu lösen, in dem die Spezialfälle alle enthalten sind, und das Konkurrenzproblem des Aufbaus von Kapazitäten zu betrachten.

Anmerkungen

* Die Autoren danken Frau Dr. Stephanie Hanrath und Frau Dipl. Wirtsch.-Math. Angela Ulrich für intensive Diskussionen.
1 Sabel, H.; Kloock, J.: Statische und dynamische Dimensionierungen – Konsequenzen aus der Erfahrungskurve, in: Bühner, R.; Haase, K. D.; Wilhelm, J. (Hrsg.): Dimensionierung des Unternehmens, Stuttgart 1995, S. 377-403, hier S. 401.
2 Dierkes, St.; Hanrath, St.: Steuerung dezentraler Investitionsentscheidungen bei nutzungsabhängigem und nutzungsunabhängigem Verschleiß des Anlagevermögens, Diskussionsbeitrag Nr. 19 der Wirtschaftswissenschaftlichen Fakultät der Universität Leipzig, Leipzig 2000, S. 8/9.
3 Dierkes, St.; Kloock, J.: Integration von Investitionsrechnung und kalkulatorischer Erfolgsrechnung, in: Kostenrechnungspraxis – Sonderheft 3/99, S. 119-132, hier S. 124.
4 Sabel, H.; Kloock, J.: Statische und dynamische Dimensionierungen, a.a.O., S. 400.
5 Dierkes, St.; Kloock, J.: Integration von Investitionsrechnung..., a.a.O., S. 124.
6 Stewart, B. G.: The Quest for Value. A Guide for Senior Managers, New York 1990; Stewart, B. G.: EVA: Fact and Fantasy, in: Journal of Applied Corporate Finance, Vol. 7 (1994), S. 71-84.
7 Rogerson, W. P.: Intertemporal Cost Allocation and Managerial Investment Incentives: A Theory Explaining the Use of Economic Value Added as a Performance Measure, in: Journal of Political Economy, Vol. 105, No. 4 (1997), S. 770-795.
8 Rogerson, W. P.: Intertemporal Cost Allocation and Managerial Investment Incentives..., a.a.O., S. 776.
9 Vgl. z.B. Reichelstein, St.: Investment Decision and Managerial Performance Evaluation, in: Review of Accounting Studies, Vol. 2 (1997), S. 157-180; Pfaff, D.: Wertorientierte Unternehmenssteuerung, Investitionsentscheidungen und Anreizprobleme, in: Betriebswirtschaftliche Forschung und Praxis Nr. 5 (1998), S. 491-516; Baldenius, T.; Fuhrmann, G.; Reichelstein, St.: Zurück zu EVA, in: Betriebswirtschaftliche Forschung und Praxis Nr. 1 (1999), S. 53-69; Pfeiffer, Th.: Good and bad News for the Implementation of Shareholder-Value Concepts in Decentralized Organizations, in: Schmalenbach Business Review, 52. Jg., Nr. 1 (2000), S. 68-91.
10 Dierkes, St.; Hanrath, St.: Steuerung dezentraler Investitionsentscheidungen..., a.a.O.
11 Vgl. Lücke, W.: Investitionsrechnung auf der Grundlage von Ausgaben oder Kosten?, in: Zeitschrift für handelswissenschaftliche Forschung, 7. Jg. (1955), S. 310-324; Kloock, J.: Mehrperiodige Investitionsrechnungen auf der Basis kalkulatorischer und handelsrechtlicher Erfolgsrechnung, in: Zeitschrift für betriebswirtschaftliche Forschung, 33. Jg. (1981), S. 873-890; Kloock, J.: Betriebliches Rechnungswesen, 2., überarbeitete Aufl., Lohmar/Köln 1997, S. 67ff.
12 Dierkes, St.; Hanrath, St.: Steuerung dezentraler Investitionsentscheidungen..., a.a.O., S. 8/9.
13 Dierkes, St.; Hanrath, St.: Steuerung dezentraler Investitionsentscheidungen..., a.a.O., S. 9.
14 Vgl. Rogerson, W. P.: Intertemporal Cost Allocation and Managerial Investment Incentives..., a.a.O., S. 785ff.
15 In statischen Untersuchungen sind an Stelle der Periodenmengen q_t die Periodenmengen x_t einzusetzen.
16 Vgl. Dierkes, St.; Hanrath, St.: Steuerung dezentraler Investitionsentscheidungen..., a.a.O., S. 9.
17 Vgl. Sabel, H.; Weiser, Ch.: Dynamik im Marketing, 3. Aufl., Wiesbaden 2000, S. 253.
18 Vgl. z.B. Bass, F. M.: A New Product Growth for Model Consumer Durables, in: Management Science, Vol. 15., No. 5 (January 1969), S. 215-227; Nevers, J. V.: Extensions of A New Product Growth Model, in: Sloan Management Review, Vol. 13, No. 2 (Winter 1972), S. 77-91; Bass, F. M.: The Relationsship between Diffusion Rates, Experience Curves and Demand Elasticities for Consumer Durable Technological Innovations, in: Journal of Business, Vol. 53, No. 3, Pt. 2 (July 1980), S. S51-S67.

19 Vgl. Spremann, K.: Optimale Preispolitik bei dynamischen deterministischen Absatzmodellen, in: Zeitschrift für Nationalökonomie, 35. Jg. (1975), S. 63–76.
20 Vgl. Kalish, S.: Monopolist Pricing with Dynamic Demand and Production Costs, in: Marketing Science, Vol. 2, No. 2 (Spring 1983), S. 135–159.
21 Vgl. o.V.: Anlangen-Engineering entscheidet über Qualität und Kosten, in: Frankfurter Allgemeine Zeitung, Nr. 240 vom 16. Oktober 2000, S. 26.

Literatur

Baldenius, T.; Fuhrmann, G.; Reichelstein, St.: Zurück zu EVA, in: Betriebswirtschaftliche Forschung und Praxis, Nr. 1 (1999), S. 53–69.
Bass, F. M.: A New Product Growth for Model Consumer Durables, in: Management Science, Vol. 15, No. 5 (January 1969), S. 215–227.
Bass, F. M.: The Relationsship between Diffusion Rates, Experience Curves and Demand Elasticities for Consumer Durable Technological Innovations, in: Journal of Business, Vol. 53, No. 3, Pt. 2 (July 1980), S. S51–S67.
Dierkes, St.; Kloock, J.: Integration von Investitionsrechnung und kalkulatorischer Erfolgsrechnung, in: Kostenrechnungspraxis – Sonderheft 3 (1999), S. 119–132.
Dierkes, St.; Hanrath, St.: Steuerung dezentraler Investitionsentscheidungen bei nutzungsabhängigem und nutzungsunabhängigem Verschleiß des Anlagevermögens, Diskussionsbeitrag Nr. 19 der Wirtschaftswissenschaftlichen Fakultät der Universität Leipzig, Leipzig 2000.
Kalish, S.: Monopolist Pricing with Dynamic Demand and Production Costs, in: Marketing Science, Vol. 2, No. 2 (Spring 1983), S. 135–159.
Kloock, J.: Mehrperiodige Investitionsrechnungen auf der Basis kalkulatorischer und handelsrechtlicher Erfolgsrechnung, in: Zeitschrift für betriebswirtschaftliche Forschung, 33. Jg. (1981), S. 873–890.
Kloock, J.: Betriebliches Rechnungswesen, 2., überarbeitete Aufl., Lohmar/Köln 1997.
Lücke, W.: Investitionsrechnung auf der Grundlage von Ausgaben oder Kosten?, in: Zeitschrift für handelswissenschaftliche Forschung, 7. Jg. (1955), S. 310–324.
Nevers, J. V.: Extensions of A New Product Growth Model, in: Sloan Management Review, Vol. 13, No. 2 (Winter 1972), S. 77–91.
o.V.: Anlangen-Engineering entscheidet über Qualität und Kosten, in: Frankfurter Allgemeine Zeitung, Nr. 240 vom 16. Oktober 2000, S. 26.
Pfaff, D.: Wertorientierte Unternehmenssteuerung, Investitionsentscheidungen und Anreizprobleme, in: Betriebswirtschaftliche Forschung und Praxis, Nr. 5 (1998), S. 491–516.
Pfeiffer, Th.: Good and bad News for the Implementation of Shareholder-Value Concepts in Decentralized Organizations, in: Schmalenbach Business Review, 52. Jg., Nr. 1 (2000), S. 68–91.
Reichelstein, St.: Investment Decision and Managerial Performance Evaluation, in: Review of Accounting Studies, Vol. 2 (1997), S. 157–180.
Rogerson, W. P.: Intertemporal Cost Allocation and Managerial Investment Incentives: A Theory Explaining the Use of Economic Value Added as a Performance Measure, in: Journal of Political Economy, Vol. 105, No. 4 (1997), S. 770–795.
Sabel, H.; Kloock, J.: Statische und dynamische Dimensionierungen – Konsequenzen aus der Erfahrungskurve, in: Bühner, R.; Haase, K. D.; Wilhelm, J. (Hrsg.): Dimensionierung des Unternehmens, Stuttgart 1995, S. 377–403.
Sabel, H.; Weiser, Ch.: Dynamik im Marketing, 3. Aufl., Wiesbaden 2000.
Spremann, K.: Optimale Preispolitik bei dynamischen deterministischen Absatzmodellen, in: Zeitschrift für Nationaläkonomie, 35. Jg. (1975), S. 63–76.
Stewart, B. G.: The Quest for Value. A Guide for Senior Managers, New York 1990; Stewart, B. G.: EVA: Fact and Fantasy, in: Journal of Applied Corporate Finance, Vol. 7 (1994), S. 71–84.

Hermann Sabel und Christoph Weiser

Zusammenfassung

Für die nicht die Investitionsgrößenbestimmung dynamisch betrachtenden Entscheider zeigt sich, daß Fehlinvestitionen mit der Folge von Überkapazitäten geschaffen werden. Sind sie einmal etabliert, helfen auch Anpassungen der Auslastung der Kapazitäten nicht viel.

In der dynamischen Betrachtung zeigt sich die Möglichkeit einer effektiven und effizienten Planung, die das Überkommen der intertemporalen Schnittstellen erlaubt.

Die richtige dynamische Betrachtung macht allerdings auch deutlich, daß flexible Anpassung Voraussetzung ist, weil sich nur bei variabler Kapazitätsnutzung die Vorteile ergeben. Für Maschinen gibt es eine solche Flexibilität schon in den Mini- oder Mikroaggregaten, sie fehlt aber in den Zeitanpassungsmöglichkeiten der Arbeit.

Summary

In this paper we consider decision makers who decide about investments without a concept of dynamic demand and cost functions. We demonstrate how misincentives arise which lead to overcapacities. In such a situation even adjustments in the usage of capacity are of no use.

By taking dynamic changes into account the possibility of a more effective and efficient planning becomes evident, which allows for overcoming intertemporal cuts.

Moreover, the correct dynamic view demonstrates, that one important condition is the flexible adjustment of capacity. In these cases significant advantages of dynamic planning can be shown. Such a flexibility can be realized by investing in mini or micro units for machine capacities. However, flexibility is missing for the time adjustment of labor.

73: Investitionsplanung (JEL M73)
84: Planungsrechnung und Controlling (JEL M43)

Geschäftsbereichs-Controlling
Zur institutionenökonomischen Erweiterung des Lücke-Theorems

Von Dieter Pfaff, Thomas Pfeiffer und Alexis H. Kunz

Überblick

- In der Unternehmenspraxis werden zunehmend Residualgewinne verwendet. Charme erlangt diese Lösung insbesondere durch die von Preinreich (1938) und Lücke (1955) unter bestimmten Bedingungen gezeigte Kompatibilität des Residualgewinnes mit dem Kapitalwertkriterium. Im vorliegenden Beitrag wird untersucht, unter welchen Informationsbedingungen diese Kompatibilität zum Anreizinstrument der wertorientierten Unternehmenssteuerung ausgebaut werden kann.

- Werden keinerlei Zukunftsinformation in das Anreizsystem einbezogen, ist nur eine Steuerung auf Basis linearer Verträge mit konstanten Anreizkoeffizienten möglich. Ergänzend zum Lücke-Theorem wird herausgearbeitet, wie auch ohne Einhaltung des pagatorischen Prinzips eine Steuerung unabhängig von der gewählten Abschreibung möglich ist („Irrelevanz" der Abschreibungspolitik).

- Werden hingegen bestimmte Zukunftsinformationen genutzt, zeigt sich, dass eine Steuerung auf Basis beliebiger, monoton steigender und differenzierbarer Entlohnungsfunktionen erzielt werden kann. Allerdings wird in diesem Fall die Abschreibungspolitik relevant.

Eingegangen: 14. Juli 2000

Univ.-Professor Dr. Dieter Pfaff, Direktor am Institut für Rechnungswesen und Controlling (IRC), Plattenstr. 14, CH-8032 Zürich, e-mail: pfaff@irc.unizh.ch.
Dr. Thomas Pfeiffer, Assistent am IRC.
Professor Alexis H. Kunz, Fachhochschule Aargau, Fachbereich Wirtschaft, Martinsberg, 5401 Baden.
Forschungsschwerpunkte: Unternehmensrechnung und Controlling bei asymmetrischer Information, Performancemessung und Anreizsysteme.

© Gabler-Verlag 2001

Dieter Pfaff, Thomas Pfeiffer und Alexis H. Kunz

A. Problemstellung

Die Steuerung dezentraler Verantwortungsbereiche ist ein Thema, das Wissenschaft und Praxis seit vielen Jahrzehnten intensiv beschäftigt. Dabei wurden immer wieder auch Kennzahlen zur periodischen Erfolgsbeurteilung von Unternehmen bzw. ihrer Teileinheiten diskutiert. Hierzu zählen vor allem Renditekennzahlen (wie Return on Investment oder Cash Flow Return on Investment) und Periodengrößen (wie Betriebsergebnis vor Zinsen oder Residualgewinn). Besonders der Residualgewinn als Differenz von betrieblichem Ergebnis und Zinsen auf das jeweils gebundene Kapital wurde von der Wissenschaft stets stark präferiert.[1] Darüber hinaus ist der Residualgewinn ein in der Praxis bekanntes Konzept, auch wenn seine Popularität zumindest in der Vergangenheit geringer als der ROI oder der Periodengewinn (vor Zinsen) zu sein schien.[2] General Motors ab den zwanziger und General Electric ab den fünfziger Jahren verwendeten bereits Formen dieses Ansatzes.[3] In jüngster Zeit haben Residualgewinnkonzepte durch das von Stern Stewart & Co. propagierte Beratungsprodukt EVA™ eine bedeutende Renaissance erfahren.[4] Weiterhin wird das Konzept durch den Forschungsansatz von Ohlson und Feltham gestärkt, die darauf ihre Modelle zum Zusammenhang zwischen Unternehmenswert und Rechnungsweseninformationen aufbauen.[5]

Der Hauptgrund, der für eine Anwendung von Residualgewinnen spricht, ist seine Kompatibilität mit dem Kapitalwertkriterium.[6] Wie Preinreich (1938), Lücke (1955), Kloock (1981) und andere Autoren im Rahmen klassischer Ansätze gezeigt haben[7], ist der Barwert der Residualgewinne genau gleich dem Kapitalwert auf Basis von Ein- und Auszahlungen. Die für diese Äquivalenz notwendigen Annahmen sind:

1. Das *pagatorische Prinzip* (Kongruenzprinzip) muss strikt eingehalten werden, d.h. über die gesamte Laufzeit eines Unternehmens, seiner Teilbereiche oder der durchgeführten Projekte hinweg muss die Summe der Einzahlungsüberschüsse gleich der Summe der Periodengewinne sein. Betrachtet man z.B. eine einzelne Investition, so müssen die Abschreibungen zwingend auf Basis der (tatsächlichen) Anschaffungskosten vorgenommen werden. Die Wahl des Abschreibungsverfahrens spielt hingegen keine Rolle, solange der Restbuchwert der letzten Periode gleich dem Liquidationserlös der Investition ist.
2. Auf das in jeder Periode gebundene Kapital müssen (kalkulatorische) Zinsen (interne Kapitalkosten) verrechnet werden. Das *gesamte* gebundene Kapital ergibt sich als Summe der bis zum Betrachtungszeitpunkt noch nicht erfolgswirksam gewordenen Zahlungsüberschüsse.
3. Der zur Berechnung der internen Kapitalkosten angewandte Zinssatz muss mit dem der Kapitalwertermittlung übereinstimmen.
4. Alle Zahlungsüberschüsse sind sicher oder entsprechen zumindest Sicherheitsäquivalenten.

Liegen diese Bedingungen vor, so wird aus der Implementierung von Residualgewinnen zur periodischen Erfolgsbeurteilung auf die Anreizkompatibilität dezentraler Verantwortungsbereiche geschlossen. Dabei wurde bislang allerdings der Frage kaum Aufmerksamkeit geschenkt, welche Vertrags- oder Anreizstrukturen notwendig sind, damit der Manager tatsächlich einen Anreiz hat, Investitionen nur in der Höhe durchzuführen, deren Kapitalwert (aus Sicht der delegierenden Instanz) maximal ist. Mit anderen Worten: Obwohl es bei der Frage einer dezentralen Performancemessung um die Steuerung des Verhaltens dezentraler Entscheidungsträger geht, ist in der Vergangenheit die Frage der Zielharmonisierung in der traditionellen Literatur in einer organisationslosen Welt diskutiert worden.

Erst mit der Analyse des Problems des *ungeduldigen Managers* wurde die Aufmerksamkeit auf Residualgewinne bei asymmetrischer Informationsverteilung gelenkt.[8] Interessenkonflikte ergeben sich hierbei daraus, dass ein für Investitionen zuständiger Manager zukünftige Zahlungen mit einem der Unternehmensleitung unbekannten, höheren Zinssatz diskontiert. Die Gretchenfrage wertorientierter Unternehmenssteuerung ist daher, wie ein Performancemaß ausgestaltet sein muss, um Zielkongruenz zwischen Manager und Instanz zu erreichen: Der Manager soll trotz stärkerer Gegenwartspräferenzen einen Anreiz haben, alle Investitionen nur in der Höhe zu tätigen, welche zu dem aus Sicht der Instanz maximalen Kapitalwert führen. Gezeigt wird u.a., dass die optimale Investitionsentscheidung durch geschickte Periodisierung der Investitionsauszahlung und Verrechnung kalkulatorischer Zinsen auf das gebundene Kapital implementiert werden kann. Aber auch im Rahmen dieser Literatur wird nicht die Frage erörtert, welche *allgemeinen Zusammenhänge* zwischen der gewählten Bemessungsgrundlage, der Vertragsstruktur (d.h. der zu wählenden Entlohnungsfunktionen) sowie der Informationsstruktur bestehen, wenn – wie in der traditionellen Literatur – von Zeitpräferenzproblemen abstrahiert wird. Dies soll im vorliegenden Beitrag nachgeholt werden. Dabei werden Gemeinsamkeiten und Unterschiede zur verwandten Literatur nach Darstellung der Prämissen im Rahmen der Modellanalyse diskutiert. Im einzelnen stehen folgende Fragen im Vordergrund:

1. Unter welchen Vertragsstrukturen kann die Identität von Kapitalwert und Barwert der Residualgewinne tatsächlich zum Instrument der wertorientierten Unternehmenssteuerung ausgebaut werden? Welche Bedingungen müssen dabei für die Anreizkoeffizienten der einzelnen Perioden gelten?
2. Gibt es andere Residualgewinne, welche beispielsweise auf die Voraussetzung des pagatorischen Prinzips oder die des einheitlich verwendeten Zinssatzes verzichten, aber dennoch eine zielkongruente Steuerung ermöglichen?
3. Welche Informationen sind bei der Steuerung über die Residualgewinne notwendig und wie hängen Informationsstand und Freiheitsgrad grundsätzlich zusammen?

Der Beantwortung dieses Fragenkomplexes dient der folgende Aufbau. Abschnitt B. behandelt die allgemeine Modellstruktur. Diese wird in Abschnitt C. auf die oben konkretisierten Fragen hin analysiert. Abschnitt I. untersucht zunächst den Fall, dass der Instanz bei der Konstruktion der Anreizmechanismen keinerlei Projektinformationen zur Verfügung stehen. Demgegenüber thematisiert Abschnitt II. den Fall, in welchem die Instanz gewisse Zukunftsinformationen über das Projekt in das Anreizschema integrieren kann. In beiden Abschnitten wird mit Hilfe von Endnoten herausgestellt, inwieweit die hier abgeleiteten Sätze sich von der verwandten Literatur unterscheiden. Abschnitt D. fasst die wichtigsten Erkenntnisse des Beitrags zusammen.

B. Modellannahmen

Eine dezentral aufgebaute Unternehmung, bestehend aus einer Instanz und einem nachgeordneten Manager (Leiter eines Investment Centers), habe unter Sicherheit über ein Investitionsprojekt mit einer Laufzeit von T Perioden zu entscheiden. Das Projekt generiere einen Zahlungsstrom von

$$(-b, c_1(b), ..., c_T(b)),$$

wobei $b \geq 0$ $(b \in B)$ die Anfangsauszahlung im Zeitpunkt $t = 0$ und $c_t(b)$ $(t = 1, ..., T)$ die periodische Zahlung im Zeitpunkt t bezeichne. Das Investitionsprojekt stamme aus der Menge aller der Unternehmung zur Verfügung stehenden Projekte P und werde zufällig von einer neutralen Umwelt gezogen. Aus Spezialisierungsgründen sei das Projekt nur der Bereichsleitung bekannt, nicht aber der Instanz.

Ihr Ziel sei es, das Investitionsvolumen b so festzulegen, dass der Kapitalwert bzw. in einer Verallgemeinerung nach Kloock (1981) der erweiterte Kapitalwert des Investitionsprojekts maximiert werde. Dabei handelt es sich in der Tradition des Lücke-Theorems um die isolierte Analyse einer Einzelinvestitionsentscheidung. Von einer Festlegung mehrerer sich überlappender Investitionsprojekte sowie von Investitionsauswahlentscheidungen wird abstrahiert. Allerdings wird in dieser Modellanalyse berücksichtigt, dass die Zentrale bei ihrer Investitionsentscheidung bereits die Möglichkeit anderer (höherer) Wiederbeschaffungspreise bedenken möge.[9] Hätte die Instanz vollkommene Information über alle entscheidungsrelevanten Parameter, würde sie das Investitionsvolumen mit den Abzinsungsfaktoren $p_t = \dfrac{1}{(1+r_1)(1+r_2)\cdot ... \cdot (1+r_t)}$, den Kalkulationszinssätzen $(r_1, ..., r_t)$ und einem exogen gegebenen Korrekturfaktor ϱ so festlegen $(\varrho > 0)$, dass der *erweiterte Kapitalwert* maximiert wird[10]

$$\max \left\{ KW(b) = \sum_{t=1}^{T} p_t c_t(b) - \varrho b \,\middle|\, b \in B \right\}.$$

Der Korrekturfaktor ermöglicht es der Zentrale, bei der Investitionsentscheidung andere (höhere) Wiederbeschaffungspreise in ihrem Kalkül zu berücksichtigen. Setzt man $\varrho = 1$, so werden die Anschaffungsauszahlungen als Kalkulationsbasis verwendet.

Aufgrund fachspezifischer Spezialisierungsvorteile bestehe zwischen Instanz und Manager eine asymmetrische Informationsverteilung bezüglich der mit dem Projekt verbundenen Zahlungsströme. Während der Manager die Information über die intertemporale Zahlungsfunktion $c_t(b)$ bereits *ex ante*, also vor erfolgter Investitionsentscheidung mit Sicherheit besitzt, könne die Instanz die Investitionsaus- und -einzahlungen (b und $c_t(b)$) erst *ex post*, d.h. nach erfolgter Investition beobachten. Die Instanz kennt also nur die realisierten Zahlungen, nicht aber die dem Projekt zugrundeliegenden Zahlungsfunktionen. Diese Informationsasymmetrie bezüglich der Rentabilität des Projekts zwingt sie dazu, die Investitionsentscheidung an den Manager zu delegieren.

Die Problematik wertorientierter Unternehmenssteuerung besteht im vorliegenden Fall darin, den Manager über einen geeigneten Anreizkontrakt zur Wahl des optimalen Investitionsvolumens zu motivieren. Im Rahmen des Anreizkontraktes erhält der Manager in

Geschäftsbereichs-Controlling

jedem Zeitpunkt t eine Entlohnung $s_t(\Pi_t(b))$ in Abhängigkeit der Bemessungsgrundlage $\Pi_t(b)$. Dabei sollen bessere Ergebnisse der Teilbereichsleitung keine schlechteren Entlohnungskonsequenzen nach sich ziehen. Technisch gesehen betrachten wir die Klasse aller monoton steigenden und differenzierbaren Entlohnungsfunktionen.

Der Manager sei ausschließlich monetär motiviert und maximiere den Barwert der Entlohnung $W^\Pi(b)$ mit den *individuellen* Abzinsungsfaktoren $q_t = \dfrac{1}{(1+\bar{r}_1)(1+\bar{r}_2)\cdot\ldots\cdot(1+\bar{r}_t)}$ ($t=0,\ldots,T$)

$$\max\left\{W^\Pi(b) = \sum_{t=0}^{T} q_t\, s_t(\Pi_t(b))\,\Big|\, b \in B\right\}.$$

Um eine wertorientierte Unternehmensführung zu gewährleisten, muss die Instanz geeignete Steuerungsinstrumente konzipieren, welche über die situationsspezifische Variation der Bemessungsgrundlage $\Pi_t(b)$ eine zielkonsistente Feinsteuerung des Managers erlauben. Dazu verfüge die Instanz über ein Rechnungswesensystem, welches die mit dem Projekt verbundenen Zahlungsgrößen b und $c_t(b)$ zeitpunktbezogen (ex post) erfasst. Aufgrund von Umperiodisierungen der Zahlungen können Periodenerfolgsgrößen in Form von Abschreibungen $d_t b$ und Buchwerten B_t abgebildet werden ($t=1,\ldots,T$)

$$B_0 = \gamma b,\ B_t := B_{t-1} - d_t b = \left(\gamma - \sum_{i=1}^{t} d_i\right) b\ (B_{-1} := 0,\ \gamma > 0,\ d_0 := 0,\ d_t > 0).$$

Dazu wird angenommen, dass der Buchwert wie folgt bestimmt wird: Im Investitionszeitpunkt entspricht der Buchwert dem γ-fachen Anteil der tatsächlich realisierten Investitionsauszahlung ($B_0 = \gamma b$). Wird beispielsweise $\gamma = 1$ gesetzt, so werden exakt die Investitionsauszahlungen aktiviert. Um aber auch Abschreibungen auf einen höheren oder niedrigeren Wiederbeschaffungswert abbilden zu können, sei auch $\gamma > 1$ und $\gamma < 1$ zugelassen. Werden die Parameter ϱ und γ gleichgesetzt ($\varrho = \gamma$), so wird bei der Periodisierung genau die von der Zentrale gewünschte Kalkulationsbasis (die Anschaffungsauszahlung b oder der Wiederbeschaffungswert ϱb) aktiviert. Es ist aber auch der Fall denkbar, dass beide Wertansätze voneinander abweichen ($\varrho \neq \gamma$).[11]

In der Folge werden dann vom Buchwert die jeweiligen Abschreibungen $d_t b$ subtrahiert. Schreibt man das Projekt vollständig ab ($\sum_{t=1}^{T} d_t b = \gamma b$), so weist der Buchwert im Endbetrachtungszeitpunkt einen Wert von Null auf ($B_T = 0$). Wird weiterhin genau die Auszahlung oder der Wiederbeschaffungswert aktiviert ($B_0 = \varrho b$) und entspricht die Summe der Abschreibungen genau diesem Betrag ($\sum_{t=1}^{T} d_t b = \varrho b$), so wollen wir im vorliegenden Modell von der Erfüllung des (im Falle von $\varrho \neq 1$) um *Wiederbeschaffungswerte erweiterten pagatorischen Prinzips* sprechen.[12]

Als Bemessungsgrundlage werden wir uns im folgenden auf Residualgewinne beschränken:[13]

$$\Pi_t(b) := c_t(b) - d_t b - r_{ct} B_{t-1}\ (\Pi_0(b) := 0,\ r_{ct} \in \mathfrak{R},\ t=1,\ldots,T).$$

Der Residualgewinn setzt sich aus dem Gewinn $c_t(b) - d_t b$ abzüglich Zinsen auf das gebundene Kapital $r_{ct} B_{t-1}$ zusammen, wobei die internen Kapitalkostensätze („hurdle rates") r_{ct} zur internen Feinsteuerung situationsadäquat angepasst werden können.

Zur weiteren Analyse sollen Anreizsysteme $S := (s, \Pi(b))$, bestehend aus Entlohnungsfunktionen und Residualgewinnen als Bemessungsgrundlage, derart konstruiert werden, dass diese Zielkonsistenz zwischen der Unternehmensleitung und dem Bereichsmanager ermöglichen. Formal sagen wir, ein *Anreizsystem* $S := (s, \Pi(b))$ ermöglicht *Zielkonsistenz* genau dann, wenn gilt:

$$\left\{ b \in B \,\middle|\, \max KW(b) \right\} = \left\{ b \in B \,\middle|\, \max W^{\Pi}(b) \right\}.$$

Ausgerüstet mit dieser Definition und den gewählten Annahmen sollen im folgenden Abschnitt die in der Einleitung aufgeworfenen Fragen diskutiert werden. Dabei wird zunächst in Abschnitt I. der Fall untersucht, in dem die Instanz keine Informationen bezüglich des Investitionsprojektes besitzt. Darauf aufbauend wird in Abschnitt II. analysiert, inwieweit die Instanz zukünftige Projektinformationen bei der Konstruktion zielkonsistenter Anreizsysteme nutzen kann.

C. Analyse zielkonsistenter Anreizsysteme

Es sei (zunächst) davon ausgegangen, dass beide Parteien, Instanz und nachgeordneter Manager, dieselben Diskontierungsfaktoren besitzen ($p_t = q_t$ ($t = 0, ..., T$)). Das Problem des ungeduldigen Managers sei also vorerst ausgeklammert. Weiterhin wollen wir die Anreizverträge nur auf ihre Zielkonsistenz im Sinne der obigen Definition überprüfen. Die Frage, ob es aus Sicht der Instanz eventuell vorteilhafter wäre, eine andere als die First-Best-Investition durchzusetzen, wird hier nicht adressiert.

I. Nicht auf Zukunftsinformationen basierende Anreizsysteme

Die Instanz verfüge zunächst im Entscheidungszeitpunkt mit Ausnahme der beobachtbaren Investitionsauszahlung über keinerlei Projektinformationen. Sie kenne weder die aus dem Projekt resultierenden, zukünftigen Cash-flows im einzelnen noch deren Struktur. Weiterhin sei angenommen, dass die Investitionsprojekte $(-b, c_1(b), ..., c_T(b))$ allgemeiner Natur sein können, also keinerlei Regularitätsbedingungen (wie etwa der Prämisse degressiv steigender Cash-flow-Funktionen) unterliegen müssen. Für Anreizsysteme, welche auf Residualgewinnen basieren, kann der folgende Satz hergeleitet werden (Beweis über die Autoren erhältlich):[14]

Satz 1 *Die Menge aller zielkonsistenten, auf Residualgewinnen basierenden Anreizsysteme $S := (s, \Pi(b))$ ist im vorliegenden Fall eineindeutig durch folgende Klasse von Anreizsystemen charakterisiert: Die Verträge müssen zwingend aus der Klasse der linearen Funktionen*

$$s_t(\Pi_t) := k\Pi_t + l_t \quad (k > 0, \; l_t \in \Re, \; t = 1, ..., T)$$

sein, und für die Koeffizienten der Residualgewinne

$$\Pi_t := c_t(b) - d_t b - r_{ct} B_{t-1} \quad (t = 1, ..., T)$$

Geschäftsbereichs-Controlling

muss als Zielkonsistenzbedingung eine barwerterhaltende Periodisierung

$$\sum_{t=1}^{T} p_t [d_t b + r_{ct} B_{t-1}] = \varrho b$$

zwingend eingehalten werden.

Für die Beantwortung der in der Einleitung aufgeworfenen Fragen folgt daraus:

Die Klasse der Anreizsysteme ist auf *lineare*, im Zeitablauf nur bedingt variierbare Entlohnungsfunktionen (mit l_t als Fixum) beschränkt. Die Anreizkoeffizienten (Prämiensätze) $k_t := k$ *müssen* für alle $t = 1, ..., T$ konstant sein.[13] Dies hat unmittelbar Konsequenzen. Nimmt man z.B. an, dass zur Steuerung (hier ausgeblendeter) operativer Anreizprobleme nichtlineare Entlohnungen oder unterschiedlich hohe k_t notwendig werden, ergibt sich ein Zielkonflikt zwischen der optimalen Steuerung der Investitionsentscheidung und der Lösung der operativen Entscheidungen. Die Instanz verfügt somit über keinerlei Freiheitsgrade, welche zur Lösung anderer Anreiz- oder Steuerungsentscheidungen genutzt werden könnten. Da es sich bei Satz 1 um eine *eineindeutige* Charakterisierung handelt, können auch keine anderen auf Residualgewinnen basierenden Anreizsysteme mit größeren Freiheitsgraden bezüglich der Wahl der Anreizkoeffizienten konstruiert werden.[16] Weiterhin verlangt Satz 1 die Einhaltung der *Zielkonsistenzbedingung*: Die Umperiodisierung muss so vorgenommen werden, dass die Summe der diskontierten Abschreibungen und kalkulatorischen Zinsen auf das gebundene Kapital mit der Investitionsauszahlung b bzw. mit dem Wiederbeschaffungswert ϱb übereinstimmt. Wir bezeichnen diese Bedingung nachfolgend als *barwerterhaltende Periodisierung*.[17] Wie beim Lücke-Theorem ist auch für Satz 1 zwingend, dass der Bereichsleiter über den gesamten Verlauf des Investitionsprojektes hinweg für die Periodenerfolge verantwortlich bleibt, da ansonsten offensichtliche dysfunktionale Effekte auftreten.

Ob bei dieser barwerterhaltenden Periodisierung auf die Einhaltung des erweiterten pagatorischen Prinzips oder die einheitliche Verwendung des Kalkulationszinssatzes der Instanz verzichtet werden kann, soll im folgenden näher untersucht werden. Gemäß der Zielkonsistenzbedingung kommen als *Steuerungsparameter* grundsätzlich (i) *Abschreibungen* und (ii) *interne Kapitalkostensätze* in Frage. Wie in der Literatur immer wieder gezeigt wurde, besteht eine zentrale Eigenschaft des Lücke-Theorems gerade darin, dass die Identität von Kapitalwert und Barwert der Residualgewinne unabhängig von der Ermittlung der Periodengewinne und damit der Abschreibungen möglich ist. Allerdings müssen dabei die internen Kapitalkostensätze entsprechend $r_{ct} := r_t$ gesetzt werden.[18] Wir bezeichnen im folgenden diese Performancemaße als erweiterte *pagatorische Residualgewinne* oder als erweiterte Residualgewinne nach Lücke und Kloock:

$$\Pi_t^{RIL} := c_t(b) - d_t b - r_t B_{t-1} \quad (B_0 := \varrho b, \ B_T := 0, \ t = 1, ..., T).$$

Besonders dann, wenn die Kapitalkosten der Instanz über die Zeit hinweg konstant sind ($r_t := r$), erscheint es jedoch möglich, die internen T Kapitalkostensätze r_{ct} derart variieren zu können, dass auch Bemessungsgrundlagen unabhängig von der Abschreibungsregel und der Einhaltung des pagatorischen Prinzips eine Zielkonsistenz ermöglichen. Satz 2 zeigt jedoch (Beweis über die Autoren erhältlich):[19]

Satz 2 *Betrachtet man als Bemessungsgrundlagen reine Residualgrößen, so gilt:*

(i) *Dann und nur dann, wenn $B_T = 0$ gilt, können zielkonsistente Residualgewinne unabhängig von der gewählten Abschreibungsregel konstruiert werden. Die internen Kapitalkostensätze sind dann eineindeutig bestimmt durch*

$$r_{c1} = \frac{\varrho(1+r_1) - \gamma}{\gamma}, \quad r_{ct} = r_t \quad (t = 2, ..., T).$$

(ii) *Insbesondere im Fall $\varrho = \gamma$ und $B_T := 0$ ist die Klasse dieser Residualgewinne eindeutig durch die Klasse der pagatorischen Residualgewinne gegeben.*

Sollen also zielkonsistente Residualgewinne *unabhängig* von den gewählten Abschreibungen und für jede Abschreibungsbasis konstruiert werden, muss die Summe der Abschreibungen $\sum_{t=1}^{T} d_t b$ und die Höhe des Anfangsbuchwertes $B_0 = \gamma b$ identisch sein, so dass der Endbuchwert genau den Wert Null hat $(B_T = (\gamma - \sum_{t=1}^{T} d_t) b = 0)$.[20] Bei einem derartigen Vorgehen müssen die internen Kapitalkostensätze ab der zweiten Periode den Kapitalkostensätzen der Instanz entsprechen. Im Zeitpunkt $t = 1$ hingegen muss die „hurdle rate" so gesetzt werden, dass der mit dieser Rate aufgezinste Buchwert $B_0 = \gamma b$ diskontiert mit dem Kapitalkostensatz der Instanz $1/(1 + r_1)$ wiederum dem Investitionsbetrag des erweiterten Kapitalwerts entspricht (für $b > 0$)

$$\frac{1 + r_{c1}}{1 + r_1} \gamma b = \varrho b \quad \leftrightarrow \quad r_{c1} = \frac{\varrho(1+r_1) - \gamma}{\gamma}.$$

Wird die Investitionsauszahlung genau in ihrer vollen Höhe aktiviert, so ergibt sich der bereits von Lücke (1955) formulierte Zusammenhang.[21] Da dieser Fall eine eindeutige Charakterisierung darstellt, gibt es – unter den in Abschnitt B. formulierten Annahmen – keine andere Möglichkeit, zielkonsistente Residualgewinne *unabhängig* von der gewählten Abschreibungspolitik zu konstruieren. Werden bei der Bildung des erweiterten Kapitalwerts und bei der Festlegung des Anfangsbuchwertes von denselben Wiederbeschaffungswerten ausgegangen ($\varrho = \gamma$), so ergibt sich der bereits von Kloock (1981) formulierte Zusammenhang, dass auch in diesem Fall eine zielkonsistente Steuerung unabhängig von der gewählten Abschreibungspolitik möglich ist ($r_{c1} = (\varrho(1 + r_1) - \gamma)/\gamma = r_1$), sofern die hurdle rates entsprechend den Kapitalkosten der Zentrale festgelegt werden. Allerdings zeigen beide Arbeiten *nicht*, ob es nicht noch andere Möglichkeiten solch einer Steuerung gibt. Werden die Buchwerte entsprechend $B_t := B_{t-1} - d_t b$ gebildet, so ist nur die in Satz 2 dargestellte Art der Konstruktion zielkonsistenter Residualgrößen – unabhängig von der Abschreibungspolitik – möglich. Damit schränkt die Konstruktion der Buchwerte die Steuerungsmöglichkeiten ein.[22]

Allerdings zeigt sich auch, dass die im Lücke-Theorem angewandten *pagatorischen* Residualgewinne nicht die einzige Möglichkeit darstellen, *unabhängig* von den Periodenabschreibungen Zielkonsistenz zwischen Manager und Instanz zu erzielen. Nur wenn jedoch die Bedingungen von Satz 2 eingehalten werden, kann die Investitionsauszahlung (oder der Wiederbeschaffungswert) im Mehrperiodenfall *beliebig* auf die Perioden der Nutzung verteilt werden. Dieser Freiheitsgrad kann vorteilhaft sein, wenn die Wahl des Abschreibungsverfahrens nicht in der Kontrolle der Instanz liegt oder zumindest nicht frei gestaltbar ist. Die von der Instanz dafür benötigten Informationen beschränken sich in jedem Zeitpunkt auf jeweils beobachtbare Größen. So erübrigt sich die genaue Abschätzung der Nutzungsdauer im Investitionszeitpunkt, da die Wahl der Abschreibungen nur den Bedingungen von Satz 2 genügen müssen. Sie kann die Wahl des Abschreibungsverfahrens dem Manager überlassen. Erforderlich ist jedoch, dass die Abschreibung in der letzten Periode so bemessen wird, dass $B_T = 0$ gilt.

Schließlich gibt es auch Residualgewinnklassen, welche zwar die Bedingungen von Satz 2 verletzen, aber dennoch Zielkonsistenz zwischen Instanz und Manager herbeiführen können. Voraussetzung ist, dass die Instanz die *Periodenabschreibungen im einzelnen* kennt und die hurdle rate r_{ct} daraus so ableitet, dass die Zielkonsistenzbedingung erfüllt ist. Der dem Manager in Rechnung gestellte Zinssatz für das gebundene Kapital wird dann auch in den Perioden $t = 2, ..., T$ regelmäßig vom Zinssatz der Instanz abweichen.

II. Auf Zukunftsinformationen basierende Anreizsysteme

Unterstellt man, dass die Instanz bestimmte Zukunftsinformationen über das realisierte Investitionsprojekt besitzt, so ergeben sich grundsätzlich größere Freiräume bei der Gestaltung der Entlohnungsfunktion und damit zur Lösung (hier allerdings nicht betrachteter) operativer Steuerungsprobleme. Dies sei im folgenden für eine spezielle Klasse von Investitionsprojekten gezeigt. In Anlehnung an Rogerson (1997) und Reichelstein (1997) werden unelastische Investitionsprojekte betrachtet, deren Zahlungsstruktur wie folgt charakterisiert werden kann:[23]

$$c_t(b) := \theta_t c(b), \quad (\theta_t \in \Re_{++}, \ b \in B, \ t = 1, ..., T).$$

Der Parameter θ_t bezeichnet dabei einen zeitpunktbezogenen exogen gegebenen und allgemein bekannten Wachstumsparameter, der vom Investitionsvolumen vollkommen unelastisch ist. Diese Zahlungsstruktur tritt beispielsweise dann auf, wenn die Zahlungsüberschüsse von Investitionsprojekten konstante Skalenerträge aufweisen.

Wichtig ist die Annahme, dass die Instanz die gesamte Wachstumsstruktur $(\theta_1, ..., \theta_T)$ kennt und bei der Konstruktion der Residualgewinne verwenden kann. Für Anreizsysteme, welche auf Residualgewinnen basieren, kann dann der folgende Satz formuliert werden (Beweis über die Autoren erhältlich):[24]

Satz 3 *Ist die intertemporale Verknüpfung der Zahlungsfunktion durch $c_t(b) := \theta_t c(b)$ charakterisiert, so ist die Menge aller zielkonsistenten, auf Residualgewinnen basierenden Anreizsysteme $S := (s, \Pi(b))$ im vorliegenden Fall eineindeutig durch folgende Klasse von Anreizsystemen gekennzeichnet: Die Verträge $s_t(\Pi_t)$ können beliebig aus der Klasse der monoton steigenden und differenzierbaren Funktionen gewählt werden. Allerdings muss für die Koeffizienten der Residualgewinngrößen*

$$\Pi_t := c_t(b) - d_t b - r_{ct} B_{t-1} \quad (t = 1, ..., T)$$

zwingend folgende Zielkonsistenzbedingung

$$d_t b + r_{ct} B_{t-1} = \frac{\theta_t}{\sum_{i=1}^{T} p_i \theta_i} \varrho b \quad (t = 1, ..., T)$$

eingehalten werden.

Werden die Residualgewinne gemäß der in Satz 3 erarbeiteten eineindeutigen Charakterisierung konstruiert, dann erfolgt wiederum eine barwerterhaltende Periodisierung

$$\sum_{t=1}^{T} p_t [d_t b + r_{ct} B_{t-1}] = \sum_{t=1}^{T} p_t \frac{\theta_t \varrho b}{\sum_{i=1}^{T} p_i \theta_i} = \varrho b.$$

Ausserdem muss zusätzlich gelten, dass die Summe der Belastung aus Abschreibungen und kalkulatorischen Zinsen im Verhältnis zu den erzielten Cash-flows verteilt wird:[25]

$$\frac{d_{t+1} b + r_{ct+1} B_t}{d_t b + r_{ct} B_{t-1}} = \frac{\theta_{t+1}}{\theta_t} \quad (t = 1, \ldots, T-1).$$

Dies entspricht einer Art *Tragfähigkeitsprinzip*, bei dem die Perioden der Nutzung mit den gesamten Investitionskosten (Abschreibung *plus* Zinsen) proportional zu den (operativen) Cash-flows belastet werden (*matching principle*). Das Gesamtinvestitionsproblem wird damit (in Form der notwendigen Bedingung für das optimale Investitionsvolumen) für jede einzelne Periode perfekt rekonstruiert, so dass der Manager selbst bei isolierter Betrachtung einzelner Perioden stets denselben Anreiz hat, das optimale Investitionsvolumen zu realisieren. Weil somit sowohl die zeitliche Gestaltung der Anreizkoeffizienten als auch die Diskontierungsfaktoren des Managers ihren Einfluss auf die Investitionsentscheidung verlieren, ergeben sich bei der Steuerung zusätzliche Freiräume:

1. Die Instanz ist in der Wahl des Prämiensatzes grundsätzlich frei. Es ist nurmehr notwendig, dass die Prämie *monoton in der Bemessungsgrundlage* steigt.[26] Damit können auch nichtlineare Anreizsysteme Verwendung finden. Weiterhin können die Anreizkoeffizienten in den einzelnen Perioden unabhängig voneinander gewählt werden. Dadurch wird es möglich, hier nicht betrachtete operative Anreizprobleme gezielt zu steuern, ohne negative Rückwirkungen auf die Lösung des Investitionsproblems befürchten zu müssen.

2. Das Ergebnis ist ebenfalls robust in dem Sinne, dass es für beliebige Zeitpräferenzen gilt, welche die Instanz nicht einmal kennen muss. Somit kann das in jüngerer Zeit zunehmend diskutierte und populär gewordene *Problem des ungeduldigen Managers* gelöst werden. Dieses besteht darin, dass der Bereichsleiter zukünftige Zahlungen mit einem höheren, der Instanz unbekannten Kalkulationszinssatz diskontiert oder der Bereichsleiter zu einem der Zentrale nicht zwingend bekannten Zeitpunkt vorzeitig das Unternehmen verlässt. Mit dem oben beschriebenen Abschreibungsverfahren kann man trotz unterschiedlicher Zeitpräferenzen von Instanz und Manager ($p_t \neq q_t$) Zielkonsistenz erreichen. Voraussetzung ist allerdings, dass die Instanz bei Investitionsprojekten mit unelastischer Wachstumsstruktur den intertemporalen Wachstumsverlauf der Zahlungsströme (nicht aber deren absolute Höhe) kennt. Verändert sich dagegen das Verhältnis der zukünftigen Cash-flows in Abhängigkeit des Investitionsvolumens b (Klasse allgemeiner (elastischer) Investitionsprojekte), sind zur Lösung des Problems des ungeduldigen Managers auch Informationen[27] über die absolute Höhe der zukünftigen Zahlungsüberschüsse notwendig.[28] Allerdings könnte dann die Instanz die Investitionsentscheidung auch gleich selbst treffen.

Wird anstelle von einzelnen Investitionsprojekten das Problem von Investitionsauswahlentscheidungen getroffen, so ist unter den Bedingungen von Satz 3 keine Zielkonsistenz mehr zwingend zu erreichen. Wie ein Beispiel in Pfaff (1999, S. 67 f.) zeigt, kann die zielkongruente Steuerung des Managers auf Basis von Residualgewinnen misslingen, wenn die zur Auswahl stehenden Investitionsprojekte nicht dieselbe zeitliche Verteilung der Cash-flows aufweisen. Nur wenn die Cash-flow-Struktur identisch ist, lässt sich das oben beschriebene Abschreibungsverfahren auch für Auswahlprobleme verallgemeinern. Für derartige eingeschränkte Auswahlprobleme, Volumenentscheidungen einzelner unelastischer Investitionsprojekte sowie für Ja-Nein-Entscheidungen bleibt festzuhalten, dass die Instanz mit einer Verbesserung ihres Informationsstandes zusätzliche Freiräume bei der Gestaltung des Anreizsystems zur Steuerung des Managers erhält. Dabei ermöglicht *genau* die Klasse der Residualgewinne, welche das Problem des ungeduldigen Managers löst, die maximale Anzahl Freiheitsgrade.[29] Allerdings muss dieser größere Freiraum dadurch erkauft werden (vgl. Satz 2), dass eine Steuerung *unabhängig* von der gewählten Abschreibungspolitik *nicht* mehr möglich ist. Bei der Konstruktion von Residualgewinnen gemäß Satz 3 müssen demgegenüber beide Instrumente simultan aufeinander abgestimmt werden.[30] Satz 4 bestätigt diese Überlegung (Beweis über die Autoren erhältlich).[31]

Satz 4 *Betrachtet man als Bemessungsgrundlagen Residualgrößen, so können keine zielkonsistenten Residualgewinne gemäss Satz 3 unabhängig von der gewählten Abschreibungsregel konstruiert werden. Für jede beliebig vorgegebene Abschreibungsregel mit $B_0, ..., B_{T-1} \neq 0$ können zielkonsistente Residualgewinne gemäß Satz 3 mit Hilfe der internen Kapitalkostensätze eineindeutig*

$$r_{ct} := \left(\frac{\theta_t}{\sum_{i=1}^{T} p_i \theta_i} \varrho - d_t \right) \left(\frac{1}{\gamma - \sum_{i=1}^{t-1} d_i} \right) \quad (t = 1, ..., T)$$

bestimmt werden.

D. Zusammenfassung

Das Lücke-Theorem als Identität von zahlungsorientiertem Kapitalwert und Barwert von Residualgewinnen ist in der Vergangenheit weitgehend – mit Ausnahme des Problems ungeduldiger Manager – in einer Welt ohne Anreizprobleme diskutiert worden. Damit wurden Fragen bezüglich des Zusammenhangs zwischen Gestaltungsvarianten der Residualgewinne (z.B. Gültigkeit des pagatorischen Prinzips), alternativen Vertragsstrukturen (Entlohnungssystemen) sowie unterschiedlichen Informationsständen nicht diskutiert. Die dazu im vorliegenden Beitrag durchgeführte Analyse basiert auf der Annahme, dass ein Manager im Auftrag der Instanz eine mehrperiodige Investitionsentscheidung zu treffen hat. Während der Manager die mit dem Projekt verbundenen Zahlungsströme in Abhängigkeit des Investitionsvolumens bereits im Entscheidungszeitpunkt kennt, ist die Instanz nur in der Lage, die tatsächlich realisierten Zahlungen zu beobachten. Erkenntnisziel ist die Beantwortung der Frage, unter welchen Bedingungen ein auf Residualgewinnen gemäß Lücke-Theorem basierender *Anreizvertrag* Zielkonsistenz herstellen kann und welche Zusammenhänge zwischen zentralen Prämissen des Lücke-Theorems, dem Informationsstand der Instanz sowie den Freiheitsgraden bei der Gestaltung des Anreizsystems bestehen. Im einzelnen kann gezeigt werden:

1. Die Klasse aller zielkonsistenten, auf Residualgewinnen basierenden Anreizsysteme ist zwingend auf *lineare Anreizfunktionen* beschränkt, wobei die Anreizkoeffizienten im Zeitablauf *konstant* sein müssen. Damit verfügt die Instanz über keinerlei Freiheitsgrade, welche zur Lösung anderer Anreiz- oder Steuerungsprobleme genutzt werden könnten.
2. Damit Zielkonsistenz zwischen Instanz und Manager hergestellt werden kann, muss der anfängliche Investitionsbetrag so „umperiodisiert" werden, dass die Summe der diskontierten Abschreibungen und kalkulatorischen Zinsen auf das gebundene Kapital mit der Investitionsauszahlung bzw. im Fall eines Ansatzes des Wiederbeschaffungswerts mit diesem übereinstimmt.
3. Das pagatorische Prinzip erfüllt beim Lücke-Theorem, aber auch bei seiner institutionenökonomischen Einbettung eine zentrale Rolle. Insbesondere dann, wenn das erweiterte pagatorische Prinzip eingehalten wird, kann die anfängliche Investitionsauszahlung oder der Wiederbeschaffungswert *beliebig* auf die Perioden der Nutzung verteilt werden, d.h. die Wahl des Abschreibungsverfahrens ist für die Steuerung irrelevant. Der dem Manager über den Residualgewinn belastete Kalkulationszins entspricht dabei zwingend dem der Instanz.
4. Unterstellt man, dass die Instanz zwar nicht die zukünftigen Cash-flows im einzelnen, wohl aber deren Wachstumsstruktur abschätzen kann, ergeben sich bei der Gestaltung der Entlohnungsfunktionen zusätzliche Freiheitsgrade. Die Steuerung ist dann weitgehend unabhängig von der gewählten Funktion, die lediglich streng monoton wachsend in der Bemessungsgrundlage sein muss. Darüber hinaus ist Zielkonsistenz auch unter Vernachlässigung der konkreten Zeitpräferenzen des Managers möglich.
5. Bei der Konstruktion solcher Residualgewinne muss die Instanz allerdings die Abschreibungspolitik und die kalkulatorischen Zinsen auf das gebundene Kapital simultan aufeinander abstimmen. Damit verliert das Abschreibungsverfahren seine Irrelevanz.

Die obigen Ergebnisse schließen eine Lücke zwischen den klassischen Analysen zur Kompatibilität von Residualgewinnen mit dem Kapitalwertkriterium[32] und den aktuellen informationsökonomischen Analysen zur Problematik des ungeduldigen Managers.[33]

Anmerkungen

1 Vgl. z.B. Solomons (1965); Tomkins (1973); (1975); Emmanuel/Otley (1976); Scapens (1979); Gregory (1987); eher skeptisch hingegen Amey (1969a); (1969b); Bromwich, (1973); Dearden (1987).
2 Vgl. Scapens/Sale (1981); Coates et al. (1992); Drury et al. (1992).
3 Vgl. Bromwich/Walker (1998), S. 392.
4 Vgl. Stewart (1991); O'Hanlon/Peasnell (1998); Seeberg (1999).
5 Vgl. Ohlson (1995); Feltham/Ohlson (1995); (1996).
6 Vgl. auch Egginton (1995); Bromwich/Walker (1998); O'Hanlon/Peasnell (1998).

7 Vgl. darüber hinaus Busse von Colbe (1957), S. 54–57; Philipp (1960); Edwards/Bell (1961); Sabel (1965), S. 104–111; Solomons (1965); Münstermann (1966), S. 32–39; Laux (1975); Franke (1976); Kloock (1981); Steiner (1981); Peasnell (1982); Marusev/Pfingsten (1993).
8 Vgl. insbesondere Rogerson (1997) und Reichelstein (1997); (2000). Vgl. außerdem Laux (1997); Pfaff (1998); Wagenhofer (1999); Wagenhofer/Riegler (1999); Baldenius/Fuhrmann/Reichelstein (1999); Gillenkirch/Schabel (1999); Pfeiffer (1999); (2000); Pfaff/Kunz/Pfeiffer (2000). Vgl. auch Ewert (1992), der in einem einperiodigen LEN-Modell die Anpassung von Kapitalkosten bei Residualgewinnen zur Lösung von Ressourcenpräferenzproblemen diskutiert (Problem des „Empire Building").
9 Vgl. zu der Idee einer Erweiterung des Kapitalwerts um Abschreibungssätze auf Wiederbeschaffungspreisbasis Kloock (1981). Die Anregung, diese wichtige Erweiterung in den Aufsatz aufzunehmen, verdanken wir einem anonymen Gutachter.
10 Die Kapitalkosten der Instanz werden in den aktuellen wertorientierten Unternehmenssteuerungskonzepten häufig mit den Methoden kapitalmarkttheoretischer Modelle bestimmt. Eine Variante ist der WACC (Weighted Average Cost of Capital) bzw. der APV (Adjusted Present Value). Vgl. hierzu stellvertretend Stewart (1991); Ballwieser (1999); Fischer (1999).
11 So schlägt Kloock (1981) vor, dass eine Erweiterung der Abschreibungsansätze auf Wiederbeschaffungspreisbasis auch eine entsprechende Erweiterung des jeweils zu maximierenden Kapitalwertes erfordert (formal gilt: $\varrho = \gamma > 1$). Demgegenüber geht Laux (1999, S. 156–158) bei der Periodisierung zwar ebenfalls von höheren Wiederbeschaffungspreisen aus. Allerdings nimmt er keine Korrektur des zu maximierenden Kapitalwerts vor (formal gilt: $\varrho = 1$ und $\gamma > 1$). Die Flexibilität des vorliegenden Modellrahmens ermöglicht die Analyse beider Vorgehensweisen.
12 Vgl. Ewert/Wagenhofer (2000), S. 75 f. Das pagatorische Prinzip ist mit dem angloamerikanischen „clean surplus-" bzw. „comprehensive income"-Prinzip zu vergleichen (vgl. Feltham/Ohlson (1995)).
13 Da $\Pi_0(b) := 0$ angenommen wird, hat $s_0(\Pi_0)$ keinerlei Einfluss auf den Entscheidungskalkül des Managers und wird daher o.B.d.A. gleich der Nullfunktion gesetzt ($s_0(\Pi_0) \equiv 0$).
14 Ausgehend von linearen Entlohnungsfunktionen zeigt Reichelstein (1997), Prop. 1, dass bei (verallgemeinerten) Residualgewinnklassen die Anreizkoeffizienten für alle Zeitpunkte hinweg konstant sein müssen. Satz 1 erweitert dahingehend, dass von beliebigen (monton steigenden und differenzierbaren) Entlohnungsfunktionen ausgegangen wird.
15 Ausgehend von linearen Entlohnungsfunktionen mit konstanten Koeffizienten zeigen Laux/Liermann (1997), S. 561–566, dass in diesem Fall Residualgewinne Zielkonsistenz ermöglichen, wenn die kritischen Kapitalkostensätze gleich den Kapitalkosten der Instanz sind. Satz 1 verallgemeinert dieses Ergebnis dahingehend, dass er eine eineindeutige Charakterisierung für allgemeine Residualgewinne angibt.
16 Satz 1 sowie die nachfolgenden Sätze lassen sich problemlos auf den Fall übertragen, in welchem der Manager andere, bekannte Kalkulationssätze besitzt, indem man die Residualgewinne entsprechend $p_t[c_t(b) - d_t b - r_{ct} B_{t-1}]/q_t$ anpasst ($t = 1, \ldots, T$). Vgl. zu unterschiedlichen, aber bekannten Zeitpräferenzen Laux (1995), Kap. XII, XVI; Laux/Liermann (1997), Kap. XXV.
17 Rogerson (1997), S. 779 f., spricht in ähnlichem Zusammenhang von „*completeness*" für den Fall $\varrho = 1$.
18 Vgl. stellvertretend für den Fall, dass von der Wiederbeschaffungswertproblematik abstrahiert wird, Laux/Liermann (1997), S. 563–566; Kloock/Sieben/Schildbach (1999), S. 208–210; Laux (1999), S. 146–149; Franke/Hax (1999), S. 88–94; Ewert/Wagenhofer (2000), S. 75–85, sowie bei Vorliegen der Wiederbeschaffungsproblematik und entsprechend erweitertem Kapitalwert Kloock (1981).
19 Marusev/Pfingsten (1993) und Peasnell (1982), Theo. 1 und Cor. 1, zeigen unter den Bedingungen des pagatorischen Prinzips $B_0 = b$ und $B_T = 0$, dass die Identität des Lücke-Theorems bei identischen Kapitalkostensätzen $r_{ct} := r_t$ ($t = 1, \ldots, T$) unabhängig von der gewählten Abschreibungspolitik gilt. Ein analoges Ergebnis zeigt Kloock (1981) für den Fall von Wiederbeschaffungspreisen mit $\varrho = \gamma$ und $B_T = 0$. Die Arbeiten zeigen im Gegensatz zu Satz 2 nicht, welche Bedingungen *notwendig* dafür sind, dass eine solche Identität gilt. Insbesondere zeigt Satz 2, wie eine derartige Konstruktion auch unter Verletzung des pagatorischen Prinzips möglich ist.

20 Erscheint es beispielsweise der Instanz sinnvoll, als Norm für die Bereichsleitung andere Abschreibungen als die Anfangsinvestitionsauszahlung vozugeben $\sum_{i=1}^{T} d_i b \neq \varrho b$, wird das erweiterte pagatorische Prinzip verletzt. Gemäß Satz 2 können nun dennoch von der Instanz zielkonsistente Residualgewinne bestimmt werden, indem der Anfangsbuchwert gleich der Summe der Abschreibungen gesetzt wird $\sum_{i=1}^{T} d_i b = B_0$ und die internen Kalkulationszinssätze r_{ct} entsprechend Satz 2 bestimmt werden.

21 Satz 2 besagt aber umgekehrt auch, dass wenn die „hurdle rates" gleich den Kapitalkostensätzen der Instanz gesetzt werden ($r_{ct} := r_t$, $t = 1, ..., T$), wie im Fall von Lücke (1955) und Kloock (1981), zwingend die gesamte Investitionsauszahlung bzw. der Wiederbeschaffungswert aktiviert werden muss ($\varrho = \gamma$).

22 Die auch von Laux (1999), S. 156–158, diskutierte Variante, nicht nur die Investitionsauszahlung als Abschreibungsbasis zuzulassen, besteht darin, positive oder negative Restbuchwerte im Zeitpunkt der Liquidation in Kauf zu nehmen, um diesen dann über eine Korrekturab- bzw. zuschreibung auf Null zu bringen. Die Summe aller Abschreibungen *und Korrekturen* stimmt hierbei wiederum mit der Anschaffungsauszahlung überein. Der von uns vorgestellte Modellrahmen lässt eine solche Korrektur in der Bewertung der Buchwerte nicht zu, da aufgrund der Konstruktionsannahmen für alle Buchwerte $B_t := B_{t-1} - d_t b$ und für alle Residualgewinngrößen $\Pi_t(b) := c_t(b) - d_t b - r_{ct} B_{t-1}$ gelten muss ($t = 1, ..., T$).

23 Für eine Darstellung dieser Klasse von Investitionsprojekten vgl. Rogerson (1997), S. 789 ff.

24 Rogerson (1997), Prop. 4, zeigt, dass eine zu dem Wachstumsverlauf des Investitionsprojektes proportionale Periodisierung das Problem des ungeduldigen Managers für beliebige monoton wachsende Entlohnungsfunktionen löst. Reichelstein (1997), Prop. 2, Cor. 1, gestaltet dies im Fall überlappender Investitionsprojekte für zeitinvariante lineare Performancemaße und Pfeiffer (2000), Theo. 2, im Fall von Einzelinvestitionsentscheidungen für über den Zeitablauf variierende Bemessungsgrundlagen aus. Daher lösen diese Residualgewinne auch das in diesem Artikel betrachtete Problem identischer Zeitpräferenzen für den Fall, dass bei der Kapitalwertbildung keine Anpassung an eine Wiederbeschaffungspreisbasis erfolgt ($\varrho = 1$, $p_t = q_t$, $t = 0, ..., T$) (hinreichende Bedingung). Satz 3 zeigt nun, (i) wie eine entsprechende Anpassung zu erfolgen hat und, (ii) dass für das Problemfeld identischer Kalkulationszinssätze keine größere Klasse von Residualgewinnen Zielkonsistenz ermöglicht (notwendige Bedingung).

25 Vgl. hierzu analog Rogerson (1997), S. 790.

26 Um triviale Lösungen auszuschließen, muss die Entlohnungsfunktion für mindestens einen beliebigen Zeitpunkt t *streng monoton steigend* im Performancemaß sein ($t = 1, ..., T$).

27 Vgl. für eine explizite Diskussion der Informationsannahmen bei der Problematik des ungeduldigen Managers Pfeiffer (2000).

28 Im Gegensatz dazu zeigt Satz 1, wie für *allgemeine* Investitionsprojekte entsprechende Anreizsysteme *gerade* ohne Einbindung jeglicher Zukunftsinformationen konstruiert werden können. Allerdings ist hierbei notwendig, dass der Bereichsleiter über den gesamten Projektverlauf an das Unternehmen gebunden werden muss.

29 Dieses Ergebnis ist erstaunlich, da man hätte erwarten können, dass wenn das Problem des ungeduldigen Managers ausgeschlossen wird und damit ein Problemfeld wegfällt, auch andere *zusätzliche* Residualgewinnklassen Zielkonsistenz zu gewährleisten in der Lage sind.

30 Aufgrund dieser Abhängigkeit beider Steuerungsparameter verstärkt sich das Problem der Manipulation des Abschreibungsmechanismus. Vgl. zu dieser Manipulationsproblematik Wagenhofer (1999), Prop. 4.

31 Pfeiffer (2000), S. 81, weist erstmals die Lösung des Problems des ungeduldigen Managers über kritische Kapitalkostensätze nach. Satz 4 zeigt ergänzend unter entsprechenden Regularitätsbedingungen erstmals die Eineindeutigkeit der Lösung. Erweiternd werden zum einen bei der Kapitalwertbildung auch Wiederbeschaffungspreise als Basis zugelassen und zum anderen die Möglichkeit beliebiger Anfangsbuchwerte ungleich Null eingeräumt.

32 Vgl. Preinreich (1938); Lücke (1955); Kloock (1981).

33 Vgl. Rogerson (1997); Reichelstein (1997); (2000).

Literatur

Amey, L. R. (1969a): Divisional Performance Measurement and Interest on Capital, in: Journal of Business Finance, Vol. 1, Spring, S. 2–7.
Amey, L. R. (1969b): The Efficiency of Business Enterprise, London.
Baldenius, T./Fuhrmann, G./Reichelstein, S. (1999): Zurück zu EVA, in: Betriebswirtschaftliche Forschung und Praxis, 51. Jg., S. 53–69.
Ballwieser, W. (1999): Stand und Entwicklung der Unternehmensbewertung in Deutschland, in: Unternehmensbewertung – quo vadis? Beiträge zur Entwicklung der Unternehmensbewertung, hrsg. von A. Egger, Wien.
Bromwich, M. (1973): Measurement of Divisional Performance: a Comment and Extension, in: Accounting and Business Research, Vol. 4, Spring, S. 123–132.
Bromwich, M./Walker, M. (1998): Residual Income Past and Future, in: Management Accounting Research, Vol. 9, S. 391–419.
Busse von Colbe, W. (1957): Der Zukunftserfolg, Wiesbaden.
Coates, J. B./Davis, E. W./Emmanuel, C. R./Longden, S. G./Stacey, R. J. (1992): Multinational Companies Performance Measurement Systems: International Perspectives, in: Management Accounting Research, S. 133–150.
Dearden, J. (1987): Measuring Profit Center Managers, in: Harvard Business Review, Vol. 65, September-October, S. 84–88.
Drury, C./Braund, S./Osborne, P./Tayles, M. (1992): A Survey of Management Accounting Practices in UK Manufacturing Companies, London, ACCA Occasional Research Paper, Chartered Association of Certified Accountants.
Edwards, E. O./Bell, P. W. (1961): The Theory and Measurement of Business Income, Berkeley.
Egginton, D. (1995): Divisional Performance Measurement: Residual Income and the Asset Base, in: Management Accounting Research, Vol. 6, S. 201–222.
Emmanuel, C. R./Otley, D. T. (1976): The Usefulness of Residual Income, in: Journal of Business Finance and Accounting, Vol. 3, Winter, S. 43–51.
Ewert, R. (1992): Controlling, Interessenkonflikte und asymmetrische Information, in: Betriebswirtschaftliche Forschung und Praxis, 44. Jg., S. 277–303.
Ewert, R./Wagenhofer, A. (2000): Interne Unternehmensrechnung, Berlin etc.
Feltham, G./Ohlson, J. (1995): Valuation and Clean Surplus Accounting for Operating and Financial Activities, in: Contemporary Accounting Research, Vol. 11, S. 689–731.
Feltham, G./Ohlson, J. (1996): Uncertainty and the Theory of Depreciation Measurement, in: Journal of Accounting Research, Vol. 34, S. 209–234.
Fischer, E. O. (1999): Die relevanten Kalkulationszinsfüße in der Investitionsplanung, in: Zeitschrift für Betriebswirtschaft, 69. Jg., S. 777–801.
Franke, G. (1976): Kalkulatorische Kosten: Ein funktionsgerechter Bestandteil der Kostenrechnung? in: Die Wirtschaftsprüfung, 29. Jg., S. 185–194.
Franke, G./Hax, H. (1999): Finanzwirtschaft des Unternehmens und Kapitalmarkt, 4. Aufl., Berlin etc.
Gillenkirch, R. M./Schabel, M. M. (1999): Die Bedeutung der Periodenerfolgsrechnung für die Investitionssteuerung – Der Fall ungleicher Zeitpräferenzen, Diskussionspapier, Universität Frankfurt am Main.
Gregory, A. (1987): Divisional Performance Measurement with Divisions as Lessees of Head Office Assets, in: Accounting and Business Research, Summer, S. 241–246.
Kloock, J. (1981): Mehrperiodige Investitionsrechnungen auf der Basis kalkulatorischer und handelsrechtlicher Erfolgsrechnungen, in: Zeitschrift für betriebswirtschaftliche Forschung, 33. Jg., S. 873–890.
Kloock, J./Sieben, G./Schildbach, T. (1999): Kosten- und Leistungsrechnung, 8. Aufl., Düsseldorf.
Laux, H. (1975): Tantiemesysteme für die Investitionssteuerung, in: Zeitschrift für Betriebswirtschaft, 45. Jg., S. 597–618.
Laux, H. (1995): Erfolgssteuerung und Organisation 1: Anreizkompatible Erfolgsrechnung, Erfolgsbeteiligung und Erfolgskontrolle, Berlin etc.

Laux, H. (1997): Individualisierung und Periodenerfolgsrechnung, in: Individualisierung als Paradigma: Festschrift für H. J. Drumm, hrsg. v. Ch. Scholz, Stuttgart, S. 101–133.
Laux, H. (1999): Unternehmensrechnung, Anreiz und Kontrolle, 2. Aufl., Berlin etc.
Laux, H./Liermann, F. (1997): Grundlagen der Organisation, 4. Aufl., Berlin etc.
Lücke, W. (1955): Investitionsrechnungen auf der Grundlage von Ausgaben oder Kosten? in: Zeitschrift für handelswissenschaftliche Forschung (NF), 7. Jg., S. 310–324.
Marusev, A. W./Pfingsten, A. (1993): Das Lücke-Theorem bei gekrümmter Zinsstruktur-Kurve, in: Zeitschrift für betriebswirtschaftliche Forschung, 45. Jg., S. 361–365.
Münstermann, H. (1966): Wert und Bewertung der Unternehmung, Wiesbaden.
O'Hanlon, J./Peasnell, K. (1998): Wall Street's Contribution to Management Accounting: the Stern Stewart EVA® Financial Management System, in: Management Accounting Research, Vol. 9, S. 421–444.
Ohlson, J. (1995): Earnings, Book Values and Dividends in Equity Value, in: Contemporary Accounting Research, Vol. 11, S. 661–687.
Peasnell, K. V. (1982): Some Formal Connections Between Economic Values and Yields and Accounting Numbers, in: Journal of Business Finance and Accounting, Vol. 9, Autumn, S. 361–381.
Pfaff, D. (1998): Wertorientierte Unternehmenssteuerung, Investitionsentscheidungen und Anreizprobleme, in: Betriebswirtschaftliche Forschung und Praxis, 50. Jg., S. 491–516.
Pfaff, D. (1999): Kommentar: Residualgewinne und die Steuerung von Anlageinvestitionen, in: Betriebswirtschaftliche Forschung und Praxis, 51. Jg., S. 65–69.
Pfaff, D./Kunz, A. H./Pfeiffer, Th. (2000): Wertorientierte Unternehmenssteuerung und das Problem des ungeduldigen Managers, in: Wirtschaftswissenschaftliches Studium, 29. Jg., S. 501–506.
Pfeiffer, Th. (1999): Investment Decisions and Managerial Performance Evaluation, in: Papers and Proceedings of the 24th Meeting of the Euro Working Group on Financial Modelling, hrsg. von M. Bonilla et al., Valencia, S. 467–478.
Pfeiffer, Th. (2000): Good and Bad News for the Implementation of Shareholder-Value Concepts in Decentralized Organizations, in: Schmalenbach Business Review, Vol. 52, S. 68–91.
Philipp, F. (1960): Unterschiedliche Rechnungselemente in der Investitionsrechnung, in: Zeitschrift für Betriebswirtschaft, 30. Jg., S. 26–36.
Preinreich, G. (1938): Annual Study of Economic Theory: The Theory of Depreciation, in: Econometrica, Vol. 6, S. 219–241.
Reichelstein, S. (1997): Investment Decisions and Managerial Performance Evaluation, in: Review of Accounting Studies, Vol. 2, S. 157–180.
Reichelstein, S. (2000): Providing Managerial Incentives: Cash Flows versus Accrual Accounting, in: Journal of Accounting Research, Vol. 38, S. 243–269.
Rogerson, W. P. (1997): Intertemporal Cost Allocation and Managerial Investment Incentives: A Theory Explaining the Use of Economic Value Added as a Performance Measure, in: Journal of Political Economy, Vol. 105, S. 770–795.
Sabel, H. (1965): Die Grundlagen der Wirtschaftlichkeitsrechnungen, Berlin.
Scapens, R. W. (1979): Profit Measurement in Divisionalised Companies, in: Journal of Business Finance & Accounting Vol. 6, Autumn, S. 281–305.
Scapens, R. W./Sale, J. T. (1981): Performance Measurement and Formal Capital Expenditure Controls in Divisionalised Companies, in: Journal of Business Finance and Accounting, Vol. 8, Autumn, S. 389–421.
Seeberg, Th. (1999): Wertorientierte Unternehmensführung bei Siemens mit EVA/GWB, in: Unternehmenssteuerung und Anreizsysteme, hrsg. von W. Bühler und T. Siegert, Stuttgart, S. 269–278.
Solomons, D. (1965): Divisional Performance: Measurement and Control, Homewood (Ill.).
Steiner, J. (1981): Investitionsrechnungen auf der Basis von Periodengewinnen: Eine Alternative zu klassischen Modellen, in: Die Betriebswirtschaft, 41. Jg., S. 91–102.
Stelter, D. (1999): Wertorientierte Anreizsysteme, in: Unternehmenssteuerung und Anreizsysteme, hrsg. von W. Bühler und T. Siegert, Stuttgart, S. 207–242.
Stewart, B. (1991): The Quest for Value, New York.
Tomkins, C. R. (1973): Financial Planning in Divisionalised Companies, London.
Tomkins, C. R. (1975): Another Look at Residual Income, in: Journal of Business Finance and Accounting, Vol. 2, Spring, S. 39–53.

Wagenhofer, A. (1999): Accrual-Based Compensation, Depreciation and Investment Decisions, Diskussionspapier, Universität Graz, März.
Wagenhofer, A./Riegler, Ch. (1999): Gewinnabhängige Managemententlohnung und Investitionsanreize, in: Betriebswirtschaftliche Forschung und Praxis, 51. Jg., S. 70–90.

Zusammenfassung

In der Unternehmenspraxis werden zunehmend Residualgewinne wie der Economic Value Added (EVA) als Performancemaße zur Steuerung dezentraler Verantwortungsbereiche propagiert und verwendet. Charme erlangt diese Lösung insbesondere durch die von Preinreich (1938) und Lücke (1955) gezeigte Kompatibilität des Residualgewinnes mit dem Kapitalwertkriterium, welche bei Einhaltung des (buchhalterischen) pagatorischen Prinzips sogar unabhängig von der gewählten Abschreibungspolitik gilt. Im vorliegenden Beitrag wird untersucht, unter welchen Informationsbedingungen diese Kompatibilität zum Anreizinstrument der wertorientierten Unternehmenssteuerung ausgebaut werden kann.

Summary

In business practice, residual income concepts like Economic Value Added (EVA) are increasingly propagated and used in order to control decentralized management responsibility. Residual income concepts are favored because of their compatibility with net present value as shown by Preinreich (1938) and Lücke (1955). While these analyses exclude questions of designing compensation schemes, our research investigates under which informational conditions the compatibility of residual income with net present value might be expanded to an incentive scheme of value-based management.

31: Entlohnung und Erfolgsbeteiligung (JEL J31)
84: Planungsrechnung und Controlling (JEL M43)

Professionelles Personalmanagement

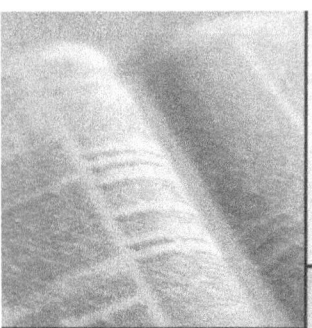

Laila Maija Hofmann
Führungskräfte in Europa
Empirische Analyse
zukünftiger Anforderungen
2000. XXVIII, 414 S.
Br. DM 128,00
ISBN 3-409-11704-0

Karl-Friedrich Ackermann (Hrsg.)
**Balanced Scorecard
für Personalmanagement
und Personalführung**
Praxisansätze und Diskussion
2000. 159 S.
Br. DM 68,00
ISBN 3-409-11567-6

Der europäische Integrationsprozeß schreitet kontinuierlich voran. Die Autorin untersucht, inwieweit sich die Anforderungen an Führung in Unternehmen aus unterschiedlichen europäischen Ländern (noch) unterscheiden und welche Entwicklungen für die Zukunft zu erwarten sind. Aus den Ergebnissen in vier Regionen Europas werden Hinweise für die Gestaltung eines europäischen Personalmanagements abgeleitet, insbesondere für Führungskräfteauswahl und -entwicklung, sowie Konsequenzen für Nachwuchsführungskräfte.

Das Buch soll Kreativität und Begeisterung zur Generierung einer BSC im eigenen Unternehmen herausfordern und Mut zur Veränderung und Anpassung der klassischen BSC an die unternehmensspezifischen Anforderungen machen.

Bestell-Coupon   Fax: 06 11.78 78-420

Ja, ich bestelle zur sofortigen Lieferung:

Vorname und Name

Laila Maija Hofmann
___ Expl. **Führungskräfte in Europa**
Br. DM 128,00
ISBN 3-409-11704-0

Karl-Friedrich Ackermann (Hrsg.)
___ Expl. **Balanced Scorecard
für Personalmanagement
und Personalführung**
Br. DM 68,00
ISBN 3-409-11567-6

Straße (bitte kein Postfach)

PLZ, Ort

Unterschrift   321 01 006   **GABLER**

Änderungen vorbehalten. Erhältlich im Buchhandel oder beim Verlag.   Abraham-Lincoln-Str. 46, 65189 Wiesbaden, Tel: 06 11.78 78-124, www.gabler.de

Strategisches Controlling

Strategic Alliance Portfolio Analysis (SAP) – ein modellbasierter Ansatz zur Strategie- und Partnerselektion bei Strategischen Allianzen

Von Ulrich Derigs und Markus Zils

Überblick

- In vielen Wirtschaftsbereichen, etwa im Luftverkehr, ist die Bildung strategischer Allianzen die geeignete Kooperationsform, um der zunehmenden Globalisierung und dem Kosten- und Rationalisierungsdruck auf den Weltmärkten zu begegnen.

- Für die beteiligten Unternehmen einer Allianz ist es wesentlich, bereits vor Anbahnung fundierte Vorstellungen über die Potentiale bestimmter strategischer Ausrichtungen, über die künftige Ertragssituation sowie die Stärke der eigenen Position und eine faire Gewinnverteilung innerhalb einer Allianz zu entwickeln.

- Dieser Beitrag stellt ein Modell zur Identifizierung von möglichen Allianz-Stoßrichtungen und Bewertung von Allianz-Partnern vor. Die Bedeutung des Ansatzes liegt dabei darin, dass die Analysen auf den in der Produktionsplanung verwendeten Kalkülen basiert und insofern konsistente und nachprüfbare Ergebnisse liefern. Die Analyse kann dabei „diskret", d.h. ohne Kontaktierung der potentiellen Partner, durchgeführt werden. Wir demonstrieren anhand einer Fallstudie aus dem Luftfrachtbereich, wie die Umsetzung der Analyse im Rahmen eines Management Informationssystems fundierte Hinweise und Entscheidungsunterstützung liefern kann.

Eingegangen: 22. Dezember 2000

Professor Dr. Dr. Ulrich Derigs ist Direktor des Seminars für Wirtschaftsinformatik und Operations Research (WINFORS) der Universität zu Köln, Pohligstraße 1, D-50969 Köln, E-Mail: derigs@informatik-uni-koeln.de
Dr. Markus Zils ist Wissenschaftlicher Mitarbeiter am obigen Seminar. Hauptarbeitsgebiete der Autoren sind Konzeption, Design und Implementierung von Decision Support Systemen. Besonderer Schwerpunkt ist dabei die Modellierung von Entscheidungsproblemen sowie die Entwicklung von intelligenten Lösungsverfahren im Bereich der Logistik.

© Gabler-Verlag 2001

A. Einleitung

Die Globalisierung der Märkte, verbunden mit dem Spannungsfeld von Kundenorientierung und Kostendruck, haben in den letzten Jahren vor allem bei international tätigen Unternehmen zu einem neuartigen Typ von kooperativen Wettbewerbsstrategien, den so genannten Strategischen Allianzen, geführt, in denen zuvor konkurrierende Unternehmen ihre Aktivitäten koordinieren und unter Beibehaltung ihrer rechtlichen und wirtschaftlichen Selbständigkeit in bestimmten Geschäftsfeldern als Partner am Markt agieren. Strategische Allianzen haben sich dabei insbesondere im so genannten „High-Tech"-Bereich als erfolgreiche Konstruktionen erwiesen und werden zur Zeit z.B. im Bereich der Luftfahrtunternehmen vorbereitet bzw. ausgebaut.

Die Entscheidung, eine Strategische Allianz mit einem oder mehreren Partnern einzugehen, ist für jedes Unternehmen eine Maßnahme von höchst strategischer Bedeutung, da neben langfristigen und nachhaltigen Wachstumschancen auch Risiken bestehen, die die Existenz des Unternehmens bedrohen können. Insofern muss der Prozess der Anbahnung und Entscheidung für eine konkrete Allianz sorgfältig vorbereitet werden, d.h. insbesondere unter Auswertung aller relevanter Information geplant werden.

In der Literatur wird dieser Planungsprozess in ein „Phasenschema" unterteilt, wobei die einzelnen Phasen gedanklich unterscheidbare Aufgabenschritte, die nicht unbedingt in einer vorgegebenen festen Reihenfolge abzuarbeiten sind, übernehmen (vgl. Abbildung 1).

In dieser Arbeit fokussieren wir auf die zentrale Aufgabenstellung der Selektion des oder der richtigen Partner(s). In (Schwamborn, 1994) wird dabei unter Zugrundelegung des o.g. Phasenschemas eine Strukturierung dieser Phase entsprechend dem Konzept der „Suchspirale" vorgeschlagen. Aus dem Ergebnis der Analyse der strategischen Stoßrichtung ist zunächst ein Anforderungsprofil als Grundlage für einen Suchvorgang festzulegen. Auf Basis des Anforderungsprofils ist sodann eine Bewertung von potentiellen Kandidaten und letztendlich die Auswahl möglich. Die Systematik dieses Vorgehens birgt dabei jedoch u.E. die Gefahr, zu früh potentielle Partnerschaften auszuschließen und ist ins-

Abb. 1: Planungsphasen zur Bildung von Kooperationen

Identifizierung der Kooperations-notwendigkeit	Wahl der strategischen Stoßrichtung	Partnerselektion	Verhandlung der Allianz	Implementierung
Warum brauchen wir Partner?	Was sind unsere strategischen Ziele?	Welche Kriterien müssen unsere Partner erfüllen?	Welchen Einsatz müssen wir und unser Partner leisten?	Welche Aktivitäten müssen koordiniert werden?
		Wer sind potentielle Partner?	Welches Ergebnis können wir erwarten?	Wie sollen die Aktivitäten koordiniert werden?
		Welche Allianz ist die effizienteste?	Wie soll das Ergebnis aufgeteilt werden?	Welche Koordination ist die stabilste im Zeitverlauf?
		Welche Allianz ist für uns die profitabelste?		

besondere in solchen Branchen, in denen die Zahl der potentiellen Partner gering ist, evtl. unzweckmäßig. So kann etwa die strategische Ausrichtung im Hinblick auf Kostenführerschaft (Volumen-Allianz) mit dem einen Partner und die strategische Ausrichtung auf die Erschließung neuer Märkte (Markterschließungs-Allianz) mit einem anderen Partner gleichermaßen eine Option darstellen, deren Vergleich im o.g. Ansatz nicht erfolgt bzw. nicht erfolgen kann.

In unserem Portfolio-Ansatz unterziehen wir potentielle Partnerschaften einer Analyse als deren Ergebnis sowohl die jeweilige mögliche Stoßrichtung identifiziert und Partnerschaften auch unterschiedlicher strategischer Ausrichtung in ihrer Attraktivität verglichen werden können. Unsere Analyse identifiziert darüber hinaus Geschäftsfelder, in denen ein besonderer Koordinationsbedarf besteht, und gibt Hinweise auf den jeweiligen Beitrag des eigenen Unternehmens und des Partnerunternehmens auf den Allianzerfolg. Hierdurch wird es möglich, bereits vor Aufnahme von konkreten Verhandlungen die Stärke der eigenen Position in einer potentiellen Allianz abschätzen zu können und zumindest Vorstellungen über die Aufteilung der Allianzergebnisse gewinnen zu können, zwei Informationen, die die Auswahlentscheidung sicherlich beeinflussen sollten. Es sollte an dieser Stelle deutlich gemacht werden, dass wir die Portfolio-Analyse dabei nur als einen Baustein innerhalb der gesamten Informationsverarbeitung im Planungsprozess verstehen. So können etwa die Ergebnisse der SAP-Analyse mit den Berechnungen eines Scoring-Ansatzes (vgl, Schwamborn, 1994) bei der Selektionsentscheidung kombiniert betrachtet werden.

Wir werden im folgenden unseren Ansatz zunächst allgemein, d.h. nicht branchenspezifisch, unter Verwendung klassischer, produktionstheoretischer Konzepte vorstellen, anschließend das vorgestellte Modell für die Planung von Allianzen im Luftfrachtbereich konkretisieren und abschließend an einem Beispiel verdeutlichen. Wir gehen dabei stets davon aus, dass eine Allianz mit nur einem Partner angestrebt wird. Der Ansatz ist prinzipiell auf die Problemstellung der Bewertung von Allianzen mit mehr als zwei Partnern anwendbar, führt dabei jedoch zwangsläufig zu einer höheren Komplexität.

B. Produktionstheoretisch motivierte Bewertungsmodelle und Analysen

I. Ausgangssituation: Individuelle Produktionsprogrammplanung

Wir betrachten im folgenden zwei Unternehmen I und II einer Branche.

Sei $\mathbb{P}^U = \{P_1^U, ..., P_{n_U}^U\}$ die Menge der von Unternehmen $U(U = I, II)$ unter den jeweils als unveränderbar vorgegebenen Produktionstechnologien herstellbaren und verkaufsfähigen Produkte sowie $\mathbb{R}^U = \{R_1, ..., R_{m_U}\}$ die zur Produktion notwendigen Faktoren bzw. Ressourcen.

In beiden Unternehmen ist es dann die Aufgabe der Produktionsprogrammplanung (PPP), die im Verlaufe der nächsten Periode (eventuell in bestimmter zeitlicher Verteilung) herzustellenden Mengen $x^U = \{x_1^U, ..., x_{n_U}^U\}$ der jeweiligen Produkte zu bestimmen. Im Rahmen der PPP erfolgt somit sowohl die Bestimmung der quantitativen Zusammensetzung (Mengen) als auch der qualitativen Zusammensetzung (Produktarten) des Produktionsprogramms.

Abb. 2: Portfolios der Unternehmen I und II

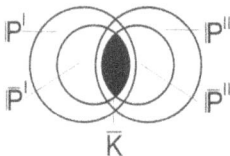

Sei $\bar{\mathbb{P}}^U \subseteq \mathbb{P}^U$ die Menge der im (optimalen) Produktionsprogramm (mit positiver Produktionsmenge) enthaltenen Produkte. Diese Menge bezeichnen wir im folgenden als *Portfolio* der Unternehmung U. Dann erhalten wir den in Abbildung 2 graphisch veranschaulichten Zusammenhang.

Wir bezeichnen die Menge $\bar{\mathbb{K}} := \bar{\mathbb{P}}^I \cap \bar{\mathbb{P}}^{II}$ als den *Konkurrenzbereich* von I und II. Dieser umfasst die Produkte, die sowohl von Unternehmen I als auch von Unternehmen II am Markt angeboten und abgesetzt werden.

Die Bestimmung der optimalen PPP'e lässt sich im Falle linear homogener Faktoreinsatzverhältnisse, konstanter Marktpreise und konstanter variabler Kosten je Produkteinheit als lineares Optimierungsmodell (vgl. Dantzig, 1963) formulieren.

Sei dazu

c_j^U = Deckungsbeitrag von Produkt $P_j^U \in \mathbb{P}^U$,
$v_{i,j}^U$ = Produktionskoeffizient, d.h. Verbrauch von Produktionsfaktor R_i^U pro Produkteinheit von Produkt P_j^U in Unternehmen U,
r_i^U = verfügbare Menge von Ressource R_i^U in Unternehmen U,
d_j^U = Marktnachfrage nach Produkt P_j^U von Unternehmen U
$(i = 1, ..., m_U, j = 1, ..., n_U, U = I, II)$.

Dann lautet das Programm für Unternehmen U, $U = I, II$

(1) $\quad (P^U) \quad z(r^U) = \max \sum_{j=1}^{n_U} c_j^U \cdot x_j^U \quad$ unter

(2) $\quad \sum_{j=1}^{n_U} v_{i,j}^U \cdot x_j^U \leq r_i^U, \quad i = 1, ..., m_U$

(3) $\quad x_j^U \leq d_j^U, \quad j = 1, ..., n_U$

(4) $\quad x_j^U \geq 0, \quad j = 1, ..., n_U$

(P^U) lässt sich mit Methoden der Linearen Optimierung, etwa dem Simplex-Verfahren, effizient lösen (Dantzig, 1963).

Seien $\bar{x}^I$ und $\bar{x}^{II}$ die Optimallösungen der Programme (P^I) und (P^{II}). Diese Programme und Optimallösungen sowie die zugehörigen Deckungsbeiträge $z(r^I)$ bzw. $z(r^{II})$ sind Grundlage der weiteren Analyse.

Ist in Unternehmen I hinreichend Information über Produktionstechnik, Kostenstruktur, Marktnachfrage und Erlöse in Unternehmen II bekannt, so kann Unternehmen I auch die Lösung x^{II} und $z(r^{II})$ bestimmen bzw. abschätzen.

II. Kooperation: Gemeinsame Ressourceneinsatzplanung

Wir wollen im folgenden die Vorteile analysieren, die für Unternehmen I im Falle eines *kooperativen Ressourceneinsatzes* mit Unternehmen II auftreten können. Im Falle einer solchen Kooperation werden die Ressourcen (gedanklich) in einen gemeinsamen Pool eingestellt und gemeinsam verplant.

Sei dazu ohne Einschränkung der Allgemeinheit $\mathbb{R} = \mathbb{R}^I = \mathbb{R}^{II}$, d.h. beide Unternehmen arbeiten mit der gleichen Menge von Ressourcen. Falls diese Bedingung nicht gegeben ist, so bilden wir zunächst die Menge $\mathbb{R} = \mathbb{R}^I \cup \mathbb{R}^{II}$ und setzen für $U = I, II$

$$r_i^U = 0 \quad \text{für } i \in \mathbb{R} \setminus \mathbb{R}^U \quad \text{sowie}$$

$$v_{i,j}^U = 0 \quad \text{für } i \in \mathbb{R}^U, j = 1, \ldots, n_U$$

Sei daher im folgenden $m := m_I = m_{II}$. Als kooperatives PPP-Modell erhalten wir dann:

(5) $\quad (P^K) \quad z_K = \max \sum_{j=1}^{n_I} c_j^I \cdot x_j^I + \sum_{j=1}^{n_{II}} c_j^{II} \cdot x_j^{II}$ unter

(6) $\quad \sum_{j=1}^{n_I} v_{i,j}^I \cdot x_j^I + \sum_{j=1}^{n_{II}} v_{i,j}^{II} \cdot x_j^{II} \leq r_i^I + r_i^{II}, \; i = 1, \ldots, m$

(7) $\quad x_j^I \leq d_j^I, \quad j = 1, \ldots, n_I$

(8) $\quad x_j^{II} \leq d_j^{II}, \quad j = 1, \ldots, n_{II}$

(9) $\quad x_j^I \geq 0, \quad j = 1, \ldots, n_I$

(10) $\quad x_j^{II} \geq 0, \quad j = 1, \ldots, n_{II}$

Sei $(\tilde{x}^I, \tilde{x}^{II})$ eine Optimallösung für (P^K). Da $(\bar{x}^I, \bar{x}^{II})$ zulässig für (P^K) gilt

$$z_K \geq z(r^I) + z(r^{II})$$

Sei nun $\Delta = z_K - z(r^I) + z(r^{II}) \geq 0$ der zusätzlich durch Kooperation und eine veränderte Allokation der Ressourcen erwirtschaftete Deckungsbeitrag. Die veränderte Allokation kann dabei durch das Konzept des Ressourcen-Transfervektors $t = (t_1, \ldots, t_m)$ im Modell repräsentiert werden:

Sei dazu t_i = die Menge von Ressource R_i, $i = 1, \ldots, m$, die von Unternehmen II dem Unternehmen I zur Produktion zur Verfügung gestellt wird, falls $t_i > 0$, bzw. von Unternehmen I dem Unternehmen II zur Verfügung gestellt wird, falls $t_i < 0$.

Wenn wir in einem ersten Ansatz annehmen, dass die konkrete Quantifizierung von t vorab zwischen den Unternehmen ausgehandelt wird, so stellen sich den beiden Unternehmen jeweils modifizierte PPP'e mit $\tilde{r}^I := r^I + t$ und $\tilde{r}^{II} := r^{II} - t$. Der optimale Ressourcentransfer t^* wird dann durch das folgende Programm bestimmt:

(11) $\quad (P^T) \quad z_T = \max z(r^I + t) + z(r^{II} - t)$ unter $-r^I \leq t \leq r^{II}$

Offensichtlich gilt folgende Beziehung

$$z_T = z_K$$

d.h. (P^T) und (P^K) sind äquivalente Formulierungen des kooperativen PPP. Eine Analyse der LP-Optimalitätsbedingungen ergibt darüber hinaus, dass in einer optimalen Ressourcen-Allokation zwischen den Unternehmen I und II folgende Gleichgewichtsbedingung gilt:

(a) Falls eine Ressource von beiden Unternehmen zur Produktion beansprucht wird, so ist der marginale Deckungsbeitrag bei Erhöhung der Verfügbarkeit dieser Ressource für beide Unternehmen gleich groß.

(b) Falls eine Ressource vollständig von nur einem Unternehmen zur Produktion beansprucht wird, so ist der marginale Deckungsbeitrag bei Erhöhung der Verfügbarkeit dieser Ressource für dieses Unternehmen mindestens so groß wie für das andere Unternehmen.

Der Beweis dieser Aussage folgt aus einer Analyse der Komplementaritätsbedingungen für die Linearen Programme ($\mathbb{P}^I$), ($\mathbb{P}^{II}$) und ($\mathbb{P}^K$).

Sei im folgenden $\Delta > 0$ angenommen und sei t^* der optimale Ressourcentransfer und

$$\Delta^I := z(r^I + t^*) - z(r^I)$$
$$\Delta^{II} := z(r^{II} + t^*) - z(r^{II})$$

dann gilt $\Delta = \Delta^I + \Delta^{II}$.

Die Größen Δ^I und Δ^{II} können für Unternehmen I (bzw. II) Hinweise darüber geben

- ob eine Kooperation überhaupt signifikante Vorteile bringt und
- wie ein durch Ressourcen-Transfer verbesserter Deckungsbeitrag unter den beiden Unternehmen aufgeteilt werden sollte, damit die Kooperation tragfähig und stabil, d.h. für beide Unternehmen dem individuellen Marktauftritt gegenüber vorteilhaft ist.

Hier haben wir drei Situationen zu unterscheiden:

1. $\Delta^I > 0$ und $\Delta^{II} > 0$
   In diesem Fall profitieren beide Unternehmen von der Kooperation und $\Delta^{II}(\Delta^I)$ gibt den Betrag an, um den durch Einsatz von Ressourcen von Unternehmen I (II) der Deckungsbeitrag von II (I) gesteigert werden konnte und insofern von Unternehmen II (I) an Unternehmen I (II) als Obergrenze für die Ausgleichszahlung anzusetzen ist.
2. $\Delta^I > 0$ und $\Delta^{II} \leq 0$
   In diesem Fall profitiert (zunächst) nur Unternehmen I von der Kooperation und der Betrag $-\Delta^{II}$ ist als Untergrenze für die Ausgleichszahlung von Unternehmen I an Unternehmen II anzusetzen.
3. $\Delta^I \leq 0$ und $\Delta^{II} > 0$ analog zu Fall 2.

Ist in Unternehmen I hinreichend Information über Produktionstechnik, Kostenstruktur, Marktnachfrage und Erlöse in Unternehmen II bekannt, so kann Unternehmen I nicht nur die individuelle Produktionsprogrammplanung durchführen, sondern auch die Vorteilhaftigkeit einer Kooperation analysieren, ohne Unternehmen II über derartige Überlegungen vorab zu informieren.

III. Allianz: Strategische Portfolio Analyse (SAP)

Im Unterschied zur einfachen Kooperation durch Ressourcentransfer bietet eine *Allianz* die Möglichkeit, gemeinsam am Markt neue Produkte anzubieten, wenn etwa $\mathbb{R}^I \neq \mathbb{R}^{II}$ gilt. Sei im folgenden $\mathbb{R} := \mathbb{R}^I \cup \mathbb{R}^{II}$, $m := |\mathbb{R}|$ und $r_i = r_i^I + r_i^{II}$ für $i \in \mathbb{R}$, wobei $r_i^U = 0$, falls $i \notin \mathbb{R}^U$, $U = I, II$.

Die Bestimmung der Menge $\mathbb{P}^A$ der von der Allianz produzierbaren und verkaufsfähigen Produkte erfordert eine produktionstechnische Analyse, die Bestimmung der Nachfrage eine Marktanalyse. Offensichtlich gilt $\mathbb{P}^A \supseteq (\mathbb{P}^I \cup \mathbb{P}^{II})$.

Sei

$n = |\mathbb{P}^A|$ die Anzahl der von der Allianz herstellbaren und verkaufsfähigen Produkte
und
$v_{i,j}^A = $ Verbrauch von Produktionsfaktor i für Produkt $P_j^A \in \mathbb{P}^A$

Das Allianz-PPP führt dann auf das folgende Modell

$$(P^A) \quad z_A = \max \sum_{j=1}^n c_j^A x_j^A \quad \text{unter}$$

$$\sum_{j=1}^n v_{ij}^A \cdot x_j^A \leq r_i^I + r_i^{II}, \quad i = 1, \ldots, m$$

$$\sum_{j=1}^n x_j^A \leq d_j^A, \quad j = 1, \ldots, n$$

$$x_j^A \geq 0, \quad j = 1, \ldots, n$$

Da $(\tilde{x}^I, \tilde{x}^{II})$ zulässig für (P^A), gilt $z_A \geq z_K \geq z(r^I) + z(r^{II})$.

Sei $\bar{\mathbb{P}}^A \subseteq \mathbb{P}^A$ die Menge der im optimalen Allianz-PPP (mit positiver Produktionsmenge) enthaltenen Produkte. Wir bezeichnen diese Menge als *Allianz-Portfolio* und erhalten den in Abbildung 3 skizzierten Zusammenhang.

Wir können nunmehr vier verschiedene Produktklassen $\bar{P}^A$ identifizieren

$\mathbb{C} := \bar{\mathbb{P}}^A \cap \bar{\mathbb{P}}^I \cap \bar{\mathbb{P}}^{II}$ den so genannten *Koordinationsbereich*,

$\mathbb{D}^I := (\bar{\mathbb{P}}^A \cap \bar{\mathbb{P}}^I) \setminus \mathbb{C}$ und

$\mathbb{D}^{II} := (\bar{\mathbb{P}}^A \cap \bar{\mathbb{P}}^{II}) \setminus \mathbb{C}$ die so genannten *individuellen Domänen* und

$\mathbb{G} := \bar{\mathbb{P}}^A \setminus (\mathbb{D}^I \cup \mathbb{D}^{II} \cup \mathbb{C})$ den so genannten *Wachstumsbereich*.

Abb. 3: Allianz Portfolio

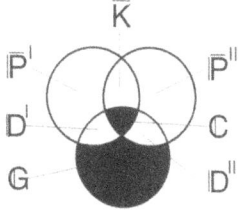

Diese unterschiedlichen Bereiche können nun bezüglich verschiedener Kriterien bewertet werden, etwa bezüglich der Anzahl der enthaltenen Produkte, der zu erwirtschaftenden Deckungsbeitragssumme, des Grades der Nachfragesättigung etc. Eine Analyse der Verhältnisse der so erhaltenen Indikatoren gibt über die bloße Quantifizierung des Allianz-Deckungsbeitrags hinaus Hinweise auf strategische Potentiale der Allianz. So sind etwa die folgenden beiden Kennzahlen im Hinblick auf eine Typologisierung der Allianz aussagekräftig.

$$\text{Markt-Expansion} := \frac{\text{Indikator von } \overline{\mathbb{P}}^A}{\text{Indikator von } \overline{\mathbb{P}}^I + \text{Indikator von } \overline{\mathbb{P}}^{II}} - 1$$

$$\text{Markt-Konzentration} := \frac{\text{Indikator von } \mathbb{C}}{\text{Indikator von } \mathbb{D}^I + \text{Indikator von } \mathbb{D}^{II}}$$

Während die Expansionskennzahlen Hinweise auf die Potentiale der Allianz im Hinblick auf gemeinsames Wachstum anzeigen, geben die Konzentrationskennzahlen Hinweise auf die Möglichkeit durch verbesserte Abstimmung, Preisabsprachen u. ä. Kostenvorteile und Erlössteigerungen zu realisieren.

Wie im Falle der Kooperation mit Unternehmen II ist es für Unternehmen I möglich, das Allianz-PPP aufzustellen und zu lösen, ohne Unternehmen II über diese Analyse zu informieren. Insofern kann die SAP-Analyse sowohl bei der Bewertung von möglichen Allianz-Partnern in der Selektionsphase zum Einsatz kommen als auch bei der Verhandlung über die Ausgestaltung der Allianz, d.h. das konkrete Produktionsprogramm und die Verteilung des (zusätzlich) erwirtschafteten Allianz-Deckungsbeitrags.

Instanzierungen der in diesem Abschnitt vorgestellten Modelle stellen stets bestimmte Sichten oder Szenarien dar, bei denen die eingesetzten Deckungsbeiträge Annahmen oder Erwartungen über insbesondere den Yield repräsentieren. Im Hinblick auf die Praxistauglichkeit ist es wesentlich, diese Modelle für die Untersuchung von alternativen Szenarios flexibel mit entscheidungsrelevanten Daten, d.h. Fakten und Prognosen versorgen zu können. Der systematische Aufbau der dispositiven Datenbestände, wie es etwa das heute in vielen Unternehmen umgesetzte Data-Warehouse-Konzept vorsieht, ist erfolgskritisch für die Implementierung derartig datenintensiver und datensensitiver modell-basierter Planungsmethodik.

Im folgenden wenden wir die hier entwickelte Analyse auf eine spezielle Branche, die Luftfracht-Industrie, an. Wir stellen hierzu die konkreten PPP-Modelle auf und demonstrieren die Tragfähigkeit des SAP-Konzeptes an einem realen (aber fiktiven) Allianz-Szenario.

C. Spezifika in der Air-Cargo-Industrie

I. Planung in der Air-Cargo-Industrie

Der Luftfrachtmarkt hat in den letzten zehn Jahren eine rasante Entwicklung genommen: Globalisierung der Märkte mit Verdoppelung der Transportleistung bei gleichzeitigem Erlösverfall aufgrund eines Verdrängungswettbewerbs, ausgelöst durch Deregulierung und gleichzeitige Konzentration. Gewinne können in diesem Industriezweig daher nur durch effizientes Kostenmanagement und/oder eine strategische Ausrichtung auf die veränderten Marktstrukturen, etwa durch verstärkte Kooperationen und Allianzbildungen, erzielt werden. Hierbei stellen sich dem Management neue Anforderungen, die in dem regulierten Markt der Vergangenheit so nicht erforderlich waren, und die Entwicklung leistungsfähiger Planungsmethodik und Entscheidungsunterstützungssysteme ist von essentieller Bedeutung.

Planungsprobleme im Luftverkehr sind im Rahmen ds Operations Research vor allem für Passagier-Airlines untersucht worden (vgl. z.B. Yu, 1998, Suhl, 1995 und Teodorovic, 1988). Die hier entwickelten Modelle und Verfahren sind jedoch nicht unmittelbar auf die Luftfrachtindustrie, in der sich differenzierte Produktions- und Dienstleistungsaspekte vereinen, übertragbar. Hauptunterschiede sind dabei vor allem

- die Unpaarigkeit der Nachfrage, d.h. dass für Frachtsendungen nicht wie im Passagierbereich stets auch Rückflüge gebucht und belegt werden sowie
- die Teilbarkeit einzelner Nachfragen zu Transportzwecken.

Die Planungssituation in der Luftfrachtindustrie lässt sich stichwortartig durch folgende Charakteristika beschreiben:

- die Ladekapazitäten stellen ein verderbliches Gut dar,
- die Produktion muss ex ante in einem (Halbjahres-)Plan fixiert werden, wodurch
  - Struktur und Höhe der Produktionskosten auf längere Zeit fixiert sind,
  - strukturelle Änderungen des Flugplans kurzfristig kaum oder nur unter signifikanten Zusatzkosten möglich sind, jedoch gleichzeitig
  - kurzfristige Anpassungen der Kapazitäten an die konkrete Nachfrage des Marktes erforderlich sind.

Für einige Luftverkehrsunternehmen stellt sich dabei die Möglichkeit der

- Kuppelproduktion durch Nutzung von so genannten „Belly-Kapazitäten" der Passageflüge.

Das Planungsproblem in Luftfrachtunternehmen kann dabei grob in folgende Phasen unterteilt werden:

Phase 1: Marktanalyse und Produktplanung.
Phase 2: Produktionsprogrammplanung.
Phase 3: Produktionsplanung.
Phase 4: Kurzfristige Ressourceneinsatzplanung im Rahmen der Kapazitäts- und Ertragssteuerung.

Der Ressourceneinsatz einer (Fracht-)Airline wird im wesentlichen durch den Flugplan (Schedule) bestimmt, der in Phase 2 auf Basis der zur Verfügung stehenden Produktionsmittel (Flugzeuge, Belly-Kapazitäten, Personal, Handling-Kapazitäten etc.) und der prognostizierten Nachfrage bestimmt wird. Im Flugplan werden alle geplanten Flüge (so genannte Legs) mit den zugeordneten Flugzeugmustern, den Verkehrstagen und Abflug- und Ankunftszeiten erfasst. Flugpläne umfassen in der Regel alle Flugereignisse einer Woche und im Verlauf der Planungsperiode (d.h. innerhalb eines halben Jahres) wird dieser Wochen-Plan rollierend durchgeführt.

Im Rahmen der so genannten Aircraft- und Crew-Einsatzplanung müssen den Flugereignissen des Schedules konkrete Flugzeuge und Besatzungspersonal zugeordnet werden. Dies geschieht im Rahmen der Produktionsplanung und die hierdurch entstehenden Kosten sind signifikant und von der Ausgestaltung des Schedules abhängig.

Insofern ist im Sinne eines Gesamtoptimums eine integrierte Planung des Schedules, des Flugzeug-Einsatzes und des Crew-Einsatzes zweckmäßig. Angesichts der Komplexität dieses Problems hat sich in der Praxis (vgl. Etschmaier und Mathaisel, 1985) jedoch ein iterativer und verteilter Planungsprozess etabliert, bei dem jeweils einzelne Teilprobleme, teilweise modellgestützt, in spezialisierten Abteilungen mit spezifischer Expertise bearbeitet werden: Von einer zentralen Netzplanungsabteilung wird ein (vorläufiger) Schedule konstruiert und den einzelnen Abteilungen zur Bewertung im Hinblick auf generelle Machbarkeit und verursachte Kosten (etwa durch notwendigen Crew-Einsatz) vorgelegt. Diese Bewertungen dienen dann der Netzplanung als Basis für Anpassungen. Dieser iterative Prozess zwischen Schedule-Construction und Schedule-Evaluation wird so lange durchlaufen, bis ein „akzeptabler" Schedule ermittelt wurde, bzw. die für die Planung zur Verfügung stehende Zeit abgelaufen ist (vgl. Abbildung 4).

Angesichts der „Verderblichkeit" des Produktes „Fracht" kommt der kurzfristigen Ressourcen-Einsatzplanung im Rahmen des so genannten Revenue- oder Yield-Managements eine besondere Bedeutung zu. Dies hat wiederum Implikationen für die Allianz-Problematik, da somit nicht nur zu bestimmten Zeitpunkten eine gemeinsame Planung des/der

Abb. 4: Iterativer Prozess der Schedule-Planung

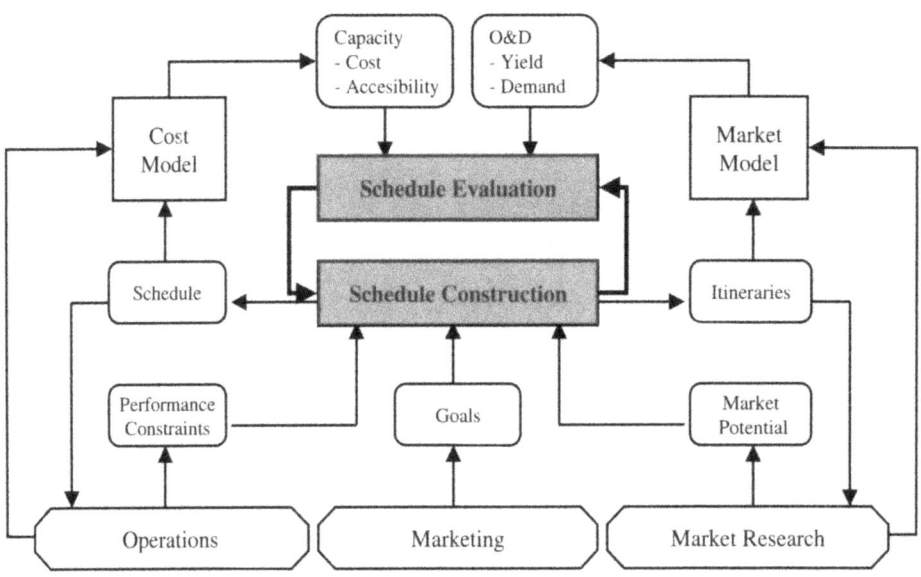

Schedule(s) erfolgen sollte, sondern für den Erfolg der Allianz letztendlich eine permanente Abstimmung bei der Kapazitäts- und Ertragssteuerung (= Disposition) notwendig ist.

II. Kooperationsformen in der Air-Cargo-Industrie

Die Notwendigkeit zur Kooperation ist für die Airlines auf Grund der voranschreitenden Globalisierung und den verkehrsrechtlichen Einschränkungen offensichtlich und unbestritten (vgl. z.B. Gallacher, 1999). Bei der Wahl der strategischen Stoßrichtung muss sich die Airline über ihre langfristigen Ziele (welche Märkte, welche Positionierung etc.) klar werden und sich für eine Kooperationsform entscheiden. Eine Akquisation einer anderen Airline ist auf Grund der Verkehrsrechte, meist reglementierter Eigentumsverhältnisse und des immensen Kapitalbedarfs regelmäßig keine Option. Für eine Kooperation unter Bewahrung der rechtlichen Selbständigkeit der beteiligten Partner gibt es eine Reihe von Gestaltungsspielräumen, die zum Teil von den Airlines traditionell genutzt werden:

- Beim *Code Sharing* wird ein physischer Flug mit mehreren Flight Designators der kooperierenden Airlines im Flugplan veröffentlicht und von den einzelnen Airlines in ihren Computer Reservation Systems (CRS) vermarktet (vgl. zur Bedeutung von CRS für den Vertrieb von Passagetransportdienstleistungen z.B. Elsworthy, 1995). Der Vorteil besteht für die Airlines darin, dass die Angebotsdarstellung umfassender ist, als es die eigene Produktionskapazität erlaubt. Im Passagierbereich hat das Code Sharing zusätzlich den Vorteil, dass durch die Vergabe eines Flight Designators für eine Verbindung, die z.T. aus mehreren Flügen (inkl. Umsteigen) bestehen kann, im CRS als Through Flight[1] gekennzeichnet ist und damit bei den Verkaufsagenten weit oben in der Liste erscheint, was sich absatzförderlich auswirkt (vgl. z.B. Wynne, 1995 und Oster, Jr. und Pickrell, 1988).
- Beim *Interlining* werden von den kooperierenden Airlines wechselseitig die ausgestellten Tickets bzw. Buchungen akzeptiert und die Transportleistungen gegen vereinbarte Preise auf den jeweiligen Legs erbracht. Die Abrechnung erfolgt über eine Einrichtung der IATA[2], dem so genannten *IATA Clearing House*. Damit haben die Airlines zu einem meist festen Preis Zugang zu den verfügbaren Kapazitäten der kooperierenden Airline und können somit virtuell ihr Produktionsangebot global und konkurrenzfähig ausdehnen. Interlining spielt für die Air-Cargo-Industrie traditionell eine wichtige Rolle (vgl. z.B. Lufthansa, 1986 und ATA Handbook, 1995).
- Beim *Pooling* handelt es sich um eine fortgeschrittene Form der Kooperation, bei der die beteiligten Airlines auf bestimmten Strecken ihre Konkurrenz kartellartig eliminieren und gemeinsam die Strecke bedienen. Dabei werden die Kosten und Erlöse nach einer festgelegten Formel, meist proportional zum Einsatz, zwischen den Airlines aufgeteilt. Operiert nur eine Airline die Strecke, so wird von einem *Revenue-Cost-* ansonsten von einem *Revenue-Sharing*-Pool gesprochen (vgl. z.B. Doganis, 1991). Die partielle Aufhebung der Konkurrenzsituation kann von den Airlines nicht nur zur Stabilisierung des Yield-Niveaus, sondern auch zur Erzielung von Kosteneinsparungen durch eine effiziente Produktion genutzt werden (z.B. Reduktion der Frequenzen zur Kostensenkung).

- Bei einer *Strategischen Allianz* streben die kooperierenden Airlines einen langfristigen und engen Zusammenschluss an, indem der Vertrieb und die Produktion von Transportdienstleistungen umfassend zusammengelegt wird. Neben der Möglichkeit dadurch Skaleneffekte zu erzielen, bietet die Strategische Allianz die Plattform, um mit einem gemeinsamen und standardisierten globalen Transportdienstleistungsangebot neue Märkte und durch die Elimination komplementären Ressourceneinsatzes Kostensynergien zu erschließen (vgl. z.B. Reynolds-Feighan, 1994).

D. Modelle zur marktorientierten Schedule Evaluation und Allianz-Bewertung im Luftfracht-Sektor

I. Das Basis-Modell zur Schedule Evaluation

Bei der Evaluierung eines potentiellen Allianz-Partners geht es darum, die veröffentlichten Schedules mit einem potentiellen gemeinsamen Schedule zu vergleichen. Insofern stellt sich hierbei die Aufgabe der so genannten *Schedule-Evaluation*, wie wir sie auch schon im Rahmen des in Abschnitt 3 vorgestellten Planungsprozesses innerhalb jeder einzelnen Airline vorgestellt haben. Für diese spezielle Evaluation sind jedoch die (für die Implementierung des Schedules als notwendig ermittelten) Kosten für Flugzeug-Einsatz und Crew-Einsatz fix und somit für den Vergleich irrelevant. Der „Wert" eines Schedules ist somit der mit diesem Angebot maximal erzielbare Deckungsbeitrag, der dadurch bestimmt wird, *welche* Nachfrage *wie* transportiert wird.

In diesem Zusammenhang wird ein weiterer fundamentaler Unterschied in der „Produktion" zwischen Passagier- und Frachtunternehmen sichtbar:

Während ein Passagier bei seiner Buchung stets ein konkretes Routing vom Startort zum Zielort vorgibt und somit bestimmte Kapazitäten verbraucht, ist für den Transport von Frachtsendung bzw. deren Vermarktung jedoch nur die Einhaltung bestimmter Randbedingungen, wie etwa zugesicherte Laufzeiten, nicht jedoch die Einhaltung eines festen Routings notwendig. Damit erhält das Luftfrachtunternehmen einen gewissen Freiheitsgrad bei der Ressourcen-Allokation durch Variation des Routing. Dadurch ist einerseits eine effizientere Auslastung der Kapazitäten und damit höherer Deckungsbeitrag möglich, das Planungs- und Evaluationsproblem wird jedoch komplexer.

Ein entsprechendes Modell stellen wir im Folgenden vor. Sei dazu ein Schedule vorgegeben. Ein Schedule ist – wie oben aufgeführt – eine Menge von festgelegten Verbindungen, so genannten Legs, zwischen je zwei Flughäfen mit bestimmter Abflug- und Ankunftszeit. Beim „fleeted Schedule" werden den einzelnen Flugverbindungen konkrete Flugzeugmuster, z.B. DC 10 oder Airbus 300, und damit zur Verfügung stehende Transportkapazitäten zugeordnet. Ein solcher Schedule kann repräsentiert werden durch ein so genanntes *Time-/Space-Netzwerk* $N = (V, A, u)$, in dem jeder Knoten aus V einen Flughafen zu einem bestimmten Zeitpunkt darstellt und die Kantenmenge A dadurch gegeben ist, dass die Legs des Schedule als so genannte *sky-arcs* jeweils eine die zugehörigen Knoten verbindende Kante induzieren. Darüber hinaus sind für jeden Flughafen die Knoten des Netzwerks in der zeitlichen Reihenfolge durch so genannte *ground-arcs* verbunden (vgl. Abbildung 5). Jede sky-arc (i, j) erhält als Attribut die Transportkapazität u_{ij} des dem Leg im (fleeted) Schedule zugeordneten Flugzeugmusters.

Abb. 5: Time-/Space-Network

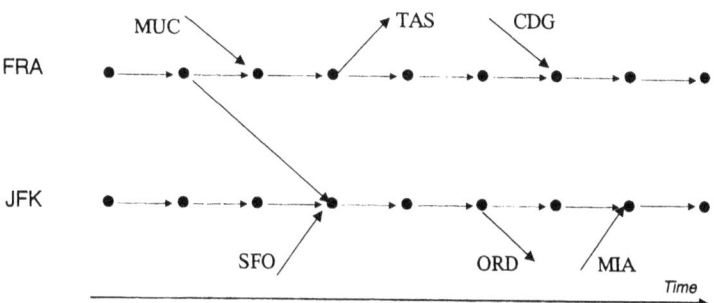

Die Leistung, die ein Kunde nachfragt, ist der Transport von Gütern von einem Ort, dem so genannten *Origin o*, zu einem anderen Ort, der sogenannten *Destination d*, innerhalb einer bestimmten Zeitspanne konkretisiert durch einen Einlieferungstermin t_e in o und einen Auslieferungstermin t_a in d. Für diese Leistung wird ein bestimmter Preis (yield) y vereinbart. Eine solche Transportnachfrage wird als „O&D" bezeichnet und die gesamte prognostizierte Transportnachfrage kann durch eine so genannte „O&D-Matrix" repräsentiert werden. In dieser Matrix wird, eventuell für verschiedene Produktklassen wie Regular, Dangerous etc. unterschieden, für je zwei Orte (o, d) und je zwei Zeitpunkte (t_e, t_a) die erwartete Transportmenge durch Attribute wie Gewicht und Volumen beschrieben. Die Menge der von der Airline bedienbaren O&D's stellt das Angebot der Airline dar. Da dieses Potential durch den Schedule determiniert wird, repräsentiert der Schedule somit die Airline nicht nur aus Produktions-, sondern auch aus Marktsicht.

Die Bewertungsaufgabe besteht nun in der Gegenüberstellung der Transport-Nachfrage (O&D-Matrix) und des Schedules (Netzwerk), d.h. konkret in der Zuordnung der einzelnen Nachfragen O&D auf Kanten im Netzwerk, so dass die Kapazitätsbeschränkungen der Legs eingehalten werden. Eine solche Zuordnung bezeichnet man als *Frachtsendestrom* und die Bewertung eines Schedules besteht in der Bestimmung des deckungsbeitragsoptimalen Frachtsendestroms. Der deckungsbeitragsmaximale Frachtsendestrom legt dabei nicht nur fest *wie die Nachfrage* „geroutet" werden soll, sondern auch, *welche Nachfrage* überhaupt transportiert werden soll.

Das Problem der Bestimmung eines deckungsbeitragsoptimalen Frachtsendestroms kann durch das klassische *Multi-Commodity-Flow-Problem* (MCFP) modelliert werden. Das MCFP ist ein OR-Standardproblem, für das verschiedene Modellierungsvarianten und entsprechende Lösungsmethoden entwickelt wurden (vgl. z.B. Ahuja et al., 1993).

Man unterscheidet in der MCFP-Literatur dabei insbesondere die so genannten Kanten- und Pfad-Modellierungen. Während im Kanten-Modell jeder Kante des Netzwerks (d.h. jedem Leg im Flugplan) eine Entscheidungsvariable zugeordnet wird, die die Menge jedes einzelnen O&D angibt, die über die Kante transportiert werden soll, betrachten die Pfad-Modellierungen für jedes O&D alle möglichen Transportverbindungen, d.h. Pfade (so genannte *Itineraries*) zwischen dem Origin o und der Destination d als Planungsobjekt und definieren entsprechend Entscheidungsvariablen, die den Pfaden zugeordneten Mengen angeben.

Insbesondere bei Problemen großer Dimension und der Notwendigkeit der Betrachtung von weiteren Restriktionen an die Transportverbindungen, wie etwa maximal erlaubter Anzahl von Umladungen etc., sind Pfad-Modelle den Knoten-Modellen überlegen. Wir formulieren daher das Problem der Schedule-Bewertung, d.h. der Bestimmung eines deckungsbeitragsoptimalen Frachtsendestroms als Pfad-MCFP.

Sei dazu

L – Menge der Legs des Schedules,
$u(l)$ – Transportkapazität des Legs $l \in L$,
O&D – die Menge aller O&D's,
$y(od)$ – der Stück-Ertrag (yield) für $od \in$ O&D,
$q(od)$ – Transportnachfrage für $od \in$ O&D,
$S(od)$ – die Menge aller Pfade für $od \in$ O&D,
$c(s)$ – die Stück-Transportkosten für Pfad $s \in S(od)$, $od \in$ O&D,
$x(s)$ – Transportmenge auf Pfad s (= Entscheidungsvariable) für $s \in S(od)$, $od \in$ O&D,

sowie

$$\delta(l,s) = \begin{cases} 1 & \text{falls Kante } l \text{ in Pfad } s \text{ enthalten} \\ 0 & \text{sonst} \end{cases}$$

Dann erhalten wir folgendes LP:

(12) $\quad (P) \quad \max \sum_{od \in O\&D} \sum_{s \in S(od)} (y(od) - c(s)) \cdot x(s)$

(13) $\quad \sum_{od \in O\&D} \sum_{s \in S(od)} \delta(l,s) \cdot x(s) \leq u(l), \quad l \in L$

(14) $\quad \sum_{s \in S(od)} x(s) \leq q(od), \quad od \in O\&D$

(15) $\quad x(s) \geq 0, \quad s \in S(od), \quad od \in O\&D$

Die Zielfunktion gibt den Deckungsbeitrag eines durch x repräsentierten Frachtsendestroms an, die Bedingungen (13) stellen sicher, dass ein zulässiger Frachtsendestrom x für keine Kante die Kapazitätsrestriktion verletzt, die Bedingungen (14) stellen sicher, dass nicht mehr als die Nachfrage transportiert wird und die Vorzeichenbedingungen repräsentieren die logische Bedingung, dass keine negativen Mengen transportiert werden können.

Zur Lösung des Problems (P) ist ein so genannter *Connection Builder* zur Probleminstanzierung erforderlich, d.h. ein Algorithmus, der aus der O&D-Matrix und dem Schedule alle Itineraries konstruiert und kosten- und kapazitätsmäßig bewertet. Hier kommen so genannte *k-best constraint shortest path-Methoden* zum Einsatz, d.h. Algorithmen, die in einem Netzwerk für Knotenpaare, die jeweils *k-besten* Verbindungspfade erzeugen, die bestimmte Restriktionen erfüllen (vgl. Cherkassky et al., 1996 und Eppstein, 1997). Der Wert k wird dabei zur Einschränkung der Dimension der Probleminstanz entsprechend gewählt.

Nachdem das Problem instanziert wurde, ist ein *Multi Commodity Flow-Problem* großer Dimension zu lösen. Dabei kommen spezielle Techniken zur Lösung großer Linearer Programme zum Einsatz. Bei der Methode *Column Generation* werden sukzessive Teilprobleme gelöst, die jeweils nur eine Teilmenge von Pfaden (= Columns) berücksichtigen. Dieses so genannte *Master-Problem* wird sodann mit Standard-LP-Software gelöst. Mit Hilfe der ermittelten Schattenpreise können dann die nicht im Master-Problem enthaltenen Pfade (= Columns) dahingehend bewertet werden, ob durch Aufnahme in das Master-Problem eine Lösungsverbesserung möglich ist. In einem solchen Fall wird das Master-Problem erweitert und erneut gelöst. Dieses Vorgehen konvergiert zur Optimallösung und bietet den Vorteil, dass jeweils nur Lineare Programme geringerer Dimension optimal gelöst werden müssen.

Bei der im Hinblick auf Speicherbedarf und Rechenzeitbedarf noch effizienteren Variante, der so genannten *Delayed Column Generation Methode*, wie sie etwa auch im System SYNOPSE (vgl. Antes et al., 1998) implementiert ist, wird vom Connection Builder zunächst nur eine Teilmenge von Itineraries konstruiert, d.h. das Master-Problem instanziert. Das Bewerten der nicht im Master-Problem enthaltenen, d.h. noch nicht erzeugten, Itineraries erfolgt dann im Rahmen der Suche nach weiteren kürzesten Verbindungswegen durch den Connection Builder unter Verwendung von auf der Basis der Schattenpreise modifizierten Kosten bzw. Entfernungen. Zum Prinzip des Delayed Column Generation zur Lösung des Multi-Commodity Flow-Problems siehe auch Ahuja et al. (1993).

Bei der Untersuchung von Kooperations- und Allianzpotenialen auf der Basis des Konzeptes der „deckungsbeitragsoptimalen Frachtsendeströme" verwenden wir die Notation, an den einzelnen Größen das zugehörige Unternehmen bzw. die Allianz im Exponent zu notieren, d.h. wir schreiben

L^I = Menge der Legs des Schedules von Unternehmen I,
$O\&D^I$ = Die Menge der O&D's für Unternehmen I etc.

II. Modellierung und Untersuchung der Kooperation

Im Falle der Kooperation ist es etwa möglich für Unternehmen I bei der Konstruktion eines Pfades s für ein $od \in O\&D^I$ ein (oder mehrere) Leg(s) l des Schedules von Unternehmen II, d.h. $l \in L^{II}$ zu benutzen. Damit vergrößert sich eventuell für jedes $od \in O\&D^I$ die Menge $S(od)$ der Pfade. Die in dieser Weise erweiterte(n) Pfadmenge(n) bezeichnen wir mit $\bar{S}(od)$. Wir erhalten dann das folgende Programm zur Bestimmung des deckungsbeitragsmaximalen Frachtsendestroms für Unternehmen I und II bei Kooperation:

(16) (P^K) $\max \sum_{U=I,II} \sum_{od \in O\&D^U} \sum_{s \in \bar{S}^U(od)} (y(od) - c(s)) \cdot x(s)$

(17) $\sum_{U=I,II} \sum_{od \in O\&D^U} \sum_{s \in \bar{S}^U(od)} \delta(l,s) \cdot x(s) \leq u(l), \quad l \in L^I \cup L^{II}$

(18) $\sum_{s \in \bar{S}^I(od)} x(s) \leq q^I(od), \quad od \in O\&D^I$

(19) $\sum_{s \in \bar{S}^{II}(od)} x(s) \leq q^{II}(od), \quad od \in O\&D^{II}$

(20) $x(s) \geq 0, \quad s \in \bar{S}^I(od), od \in O\&D^I,$

(21) $s \in \bar{S}^{II}(od), od \in O\&D^{II}$

P^K ist ein Problem vom Typ P, d.h. ein Multi-Commodity Flow-Problem, und kann somit prinzipiell mit der in Unternehmen I zur Lösung des Problems (P) verfügbaren Algorithmik bzw. Methodenbank gelöst werden.

III. Modellierung und Untersuchung der Allianz

Im Falle der Allianz treten beide Unternehmen (in der Regel nach einer Koordination der beiden Schedules) mit einem gemeinsamen Transportangebot am Markt auf. Das bedeutet zum einen, dass nicht mehr zwischen individuellen O&D-Nachfragen unterschieden wird, sondern eine „Allianznachfrage" $O\&D^A$ prognostiziert werden muss. Desweiteren bietet die gemeinsame Gestaltung des Angebots die Möglichkeit, neue O&D's anbieten zu können, die vorher von keinem der beiden Partner isoliert bedient werden konnten, d.h. es gilt $(O\&D^I \cup O\&D^{II}) \subseteq O\&D^A$. Das in Abbildung 6 dargestellte, einfache Beispiel verdeutlicht dieses Potential.

Durch Verknüpfung des Schedules wird z.B. eine neue Verbindung (Itinerary) Chicago-München (ORD-MUC) möglich. Darüber hinaus besteht natürlich die Möglichkeit, die Kapazitäten auf der Strecke (leg) New York-Frankfurt (JFK-FRA) zu koordinieren.

Über die Ermittlung von Pfaden $\bar{S}(od)$ für $od \in O\&D^I \cup O\&D^{II}$ wie im Falle der Koordination hinaus sind nunmehr zusätzliche Pfade für alle $od \in O\&D^A \setminus (O\&D^I \cup O\&D^{II})$ zu bestimmen. Die Gesamtheit aller in der Allianz möglichen Pfade für ein od bezeichnen wir mit $S^A(od)$.

Wir erhalten dann das folgende Programm:

(22) $\quad (P^A) \quad \sum_{od \in O\&D^A} \sum_{s \in S^A(od)} (y(od) - c(s)) \cdot x(s)$

(23) $\quad \sum_{od \in O\&D^A} \sum_{s \in S^A(od)} \delta(l, s) \cdot x(s) \leq u(l), \quad l \in L^I \cup L^{II}$

(24) $\quad \sum_{s \in S^A(od)} x(s) \leq q(od), \quad od \in O\&D^A$

(25) $\quad x(s) \geq 0, \quad s \in S^A(od), \quad od \in O\&D^A$

Abb. 6: Effekte eines Allianz Schedules

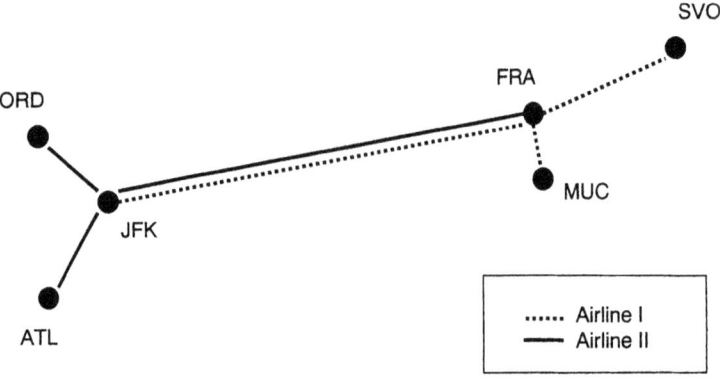

Diese Modell ist wiederum vom Typ P, d.h. ein Multicommodity Flow-Problem, und kann somit wie (P^K) prinzipiell mit der in Unternehmen I zur Lösung des Problems (P) verfügbaren Algorithmik bzw. Methodenbank gelöst werden. Zur Instanzierung des Modells muss jedoch mit geeigneten Prognoseverfahren und einem Marktmodell das O&D-Potential der Allianz $O\&D^A$ ermittelt werden.

E. Fallstudie

I. Ausgangslage

Eine führende europäische Cargo Airline (A) vermutet, dass durch die Bildung einer Strategischen Allianz zum einen die Erlössituation durch Marktexpansion und zum anderen die Kostensituation durch Ausschöpfung von Synergiepotentialen in der Produktion nachhaltig verbessert werden kann. Drei Cargo Airlines, mit denen bereits Kooperationen bestehen (z.B. Interlining), werden auf Grund ihrer globalen Netzabdeckung und der Existenz von Gateways sowie der erwarteten Kompatibilität der Unternehmenskulturen als po-

Abb. 7: Kombinierter Flugplan der Airline A und Airline B

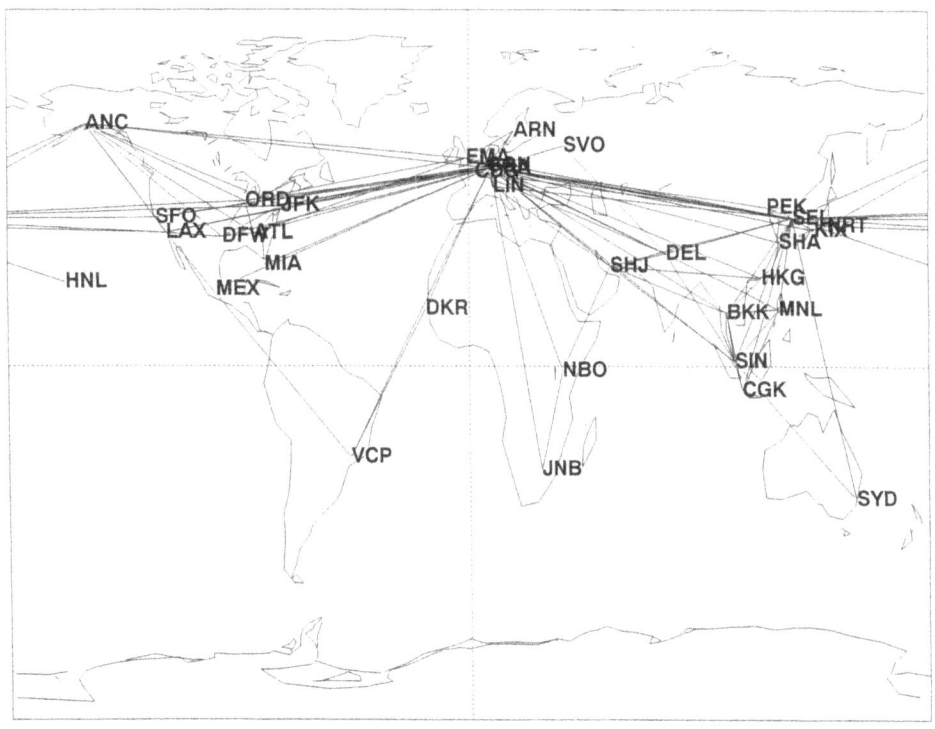

Abb. 8: Kombinierter Flugplan der Airline A und Airline C

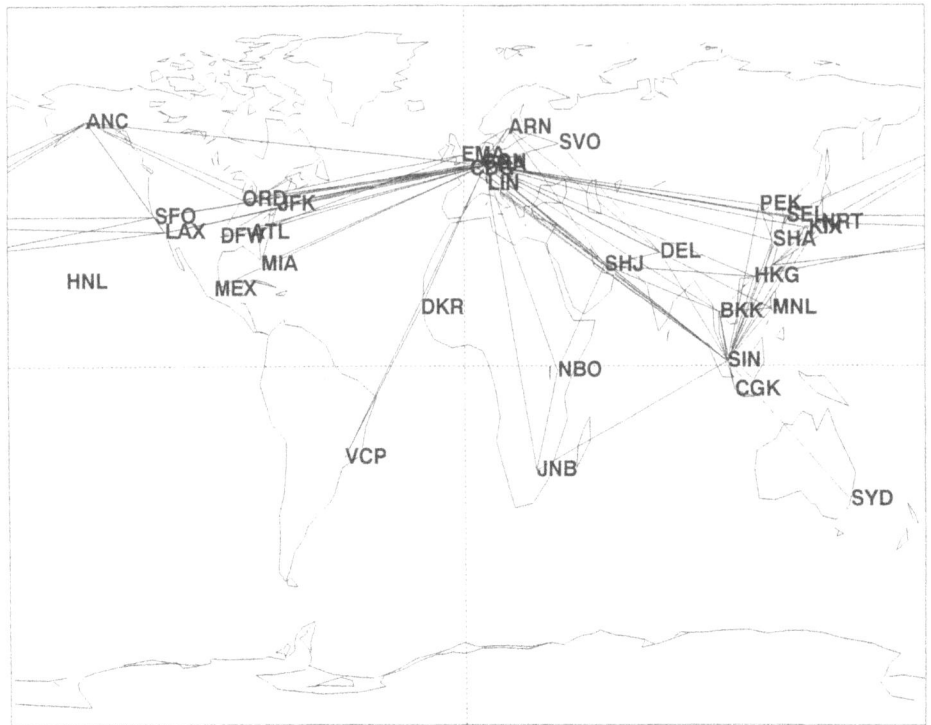

tentielle Partner identifiziert. Zur Quantifizierung der Potentiale und der Identifikation der vorteilhaftesten Allianzkonstellation wird die SAP-Analyse in Ansatz gebracht.

Zur Durchführung der SAP-Analyse werden zunächst 37 Referenzairports ausgesucht. Die Marktforschungsabteilung fertigt eine Prognose für die Märkte zwischen diesen 37 Referenzairports an, die 5.747 O&Ds und ein Gesamtumsatzpotential von 120,7 Mio. US-Dollars pro Woche umfasst.

Basierend auf den veröffentlichen OAG-Flugplänen[3] wird für die untersuchten Airlines jeweils ein aggregierter Flugplan abgeleitet und, wie in den Abbildungen 7 bis 9 dargestellt, zu Allianzszenarien zusammengefügt. Alle Airports, die in den ursprünglichen Flugplänen enthalten sind, werden dem Referenzairport zugeordnet, der mit dem kürzesten Direktflug zu erreichen ist. Die Flugzeiten und Throughflights werden dabei unverändert übernommen.

II. Portfolio Analyse

Basierend auf dem Netzbewertungsmodell bestimmt Airline A zunächst für alle Airlines jeweils das optimale Basisportfolio (vgl. in Abbildung 10 *Base Portfolio*). Danach wird das optimale Allianzportfolio für die konkurrierenden Allianzszenarien, d.h. für die kombinierten Flugpläne bestimmt (vgl. in Abbildung 10 *Alliance Portfolio*).

Abb. 9: Kombinierter Flugplan der Airline A und Airline D

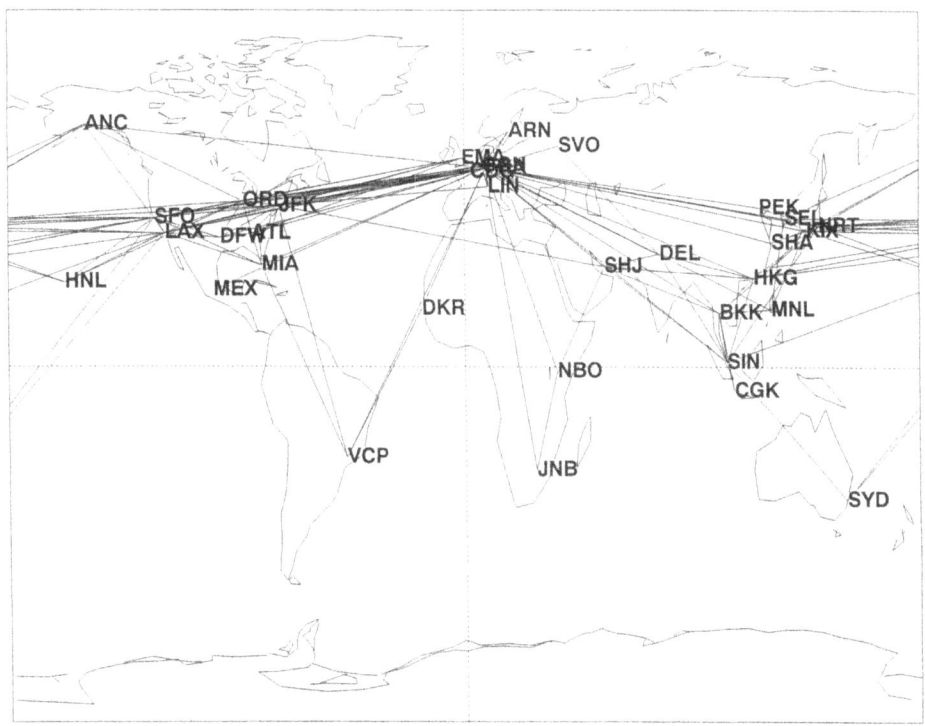

Als Ergebnis ist zu erkennen, dass die Allianz zwischen den Airlines A und B den höchsten Zuwachs im Deckungsbeitrag erzielt während die Allianz zwischen der Airlines A und C den höchsten absoluten Deckungsbeitrag aller Szenarien verspricht. Für die Allianz zwischen A und D konnte der Deckungsbeitrag nicht verbessert werden, was einen Hinweis auf die Potentiale zur Erzielung von Kostensynergien durch den verbesserten Einsatz komplemenärer Ressourcen anzeigt. Der absolute Rückgang des Netzdeckungsbeitrages für den kombinierten Flugplan ist auf die Tatsache zurückzuführen, dass ein Teil der O&Ds bereits vollständig von jeweils einer der Airlines alleine bedient werden konnte. Dies entspricht der Annahme, dass durch die Kooperation kein Marktwachstum induziert wird (z.B. durch ein abgestimmtes Angebot an Transportdienstleistungen).

Zur Identifikation der Allianzpotentiale und deren Treiber werden die Ergebnisse der Netzbewertungen, d.h. der Produktionsprogramme und der resultierenden Portfolios, in die SAP-Analyse übertragen. Die realisierten optimalen Frachtsendeströme können in vier verschiedene Teilmengen zerlegt werden. Die O&Ds aus den individuellen Domänen, welche vollständig und ausschließlich von einer der beiden Airlines exklusiv befördert werden, bilden die so genannte *Unique Alliance Contribution* der Airline (vgl. Abbildung 11).[4] O&Ds im Bereich des so genannten *Coordination Potential* wurden jeweils von den beiden Airlines bereits im Basis Portfolio bedient, d.h. im Konkurrenzbereich, und sind nun

Abb. 10: Netzbewertungen

WINFORS Network Evaluator

Network Statistics	A	B	C	D
# Destinations	33	26	27	27
# Legs	838	598	1.365	594
Cum. Leg Capacity (t)	11.927	11.228	17.986	8.025
Base Portfolio (optimal)	A	B	C	D
Network Profit Contribution (Mio. US$)	23,93	15,37	21,93	16,07
# Connections	2.266	1.451	2.506	1.340
# Served O&Ds	1.832	1.160	1.866	1.042
Loadfactor (%)	80,4	75,4	67,1	89,6
Alliance Portfolio (optimal)		A + B	A + C	A + D
Network Profit Contribution (Mio. US$)		40,09	46,34	39,87
# Connections		3.553	4.325	3.708
# Served O&Ds		2.668	3.135	2.817
Loadfactor (%)		81,9	74,0	85,2
Alliance Evaluation		A + B	A + C	A + D
Net Profit Gain/Loss (Thds. US$/week)		794	487	-128
Net Profit Gain/Loss (%)		2,02	1,06	0,32

auch im Frachtsendestrom der Allianz enthalten. Die übrigen O&Ds im Bereich des so genannten *Mutual Growth* können nur als Ergebnis der Allianz zwischen den Partnern gemeinsam transportiert werden.

Abbildungen 10 und 11 zeigen Bildschirmausgaben des von uns entwickelten SAP-Analyzers eines Management Information Systems, dass auf der Basis der zuvor vorgestellten Methodik Allianzszenarien bewertet und die Ergebnisse der Analyse zielführend und benutzergerecht aufbereitet. Zusätzlich zu den in dieser Arbeit referierten Reports werden die Ergebnisse graphisch visualisiert, um sowohl Stoßrichtungen als auch Ertragspotentiale der verschiedenen Alternativen besser differenzieren zu können. In den Graphiken sind zum einen die relativen Positionierungen der betrachteten Allianzkonstellationen zueinander im Verhältnis der ermittelten Key-Performance-Indikatoren „Markt-Expansion" und „Markt-Konzentration" und zum anderen die Zusammensetzung des Produktionsportfolios veranschaulicht.

In Abbildung 11 ist die Dekomposition der Frachtsendeströme in die einzelnen Mengen für die drei untersuchten Allianzkonstellationen explizit angegeben. Basierend auf dieser Betrachtungsweise können die beiden Treiber der Allianz *Market Expansion* und *Market Concentration* identifiziert und quantifiziert werden.

Die Analyse der Strategischen Allianz Portfolios führen zu einer Reihe von Beobachtungen:

- Die Allianz zwischen den Airlines A und C verspricht nicht nur den größten Deckungsbeitrag, sondern auch das höchste Potential zur Marktexpansion (9% des Deckungsbeitrages ergeben sich aus dem Bereich des *Mutual Growth*, d.h. als Synergie der Allianz).

Abb. 11: Portfolio Analyse

WINFORS Portfolio Analyser

Base Portfolio	A + B		A + C		A + D	
Added Single Profits (Mio US$)	39,30		45,85		39,87	
Market Competiton (Mio US$)	4,07		6,08		6,80	
Alliance Portfolio	A + B		A + C		A + D	
Unique Contribution A (Mio US$)	20,29	51%	19,33	42%	17,32	43%
Unique Contribution Partner (Mio US$)	12,68	32%	16,03	35%	11,05	28%
Coordination Potential (Mio US$)	4,74	12%	7,03	15%	8,83	22%
Mutual Growth (Mio US$)	2,39	6%	3,95	9%	2,66	7%
Alliance Leverages	A + B		A + C		A + D	
Market-Expansion	6,09%		8,61%		6,66%	
Market-Concentration	14,37%		19,89%		31,11%	
Network Profit Contribution (Mio US$)	40,09		46,34		39,87	

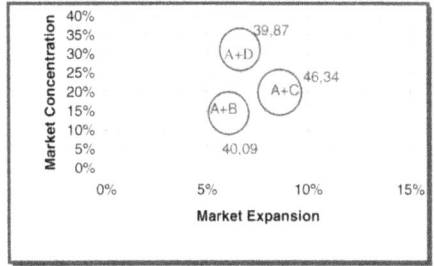
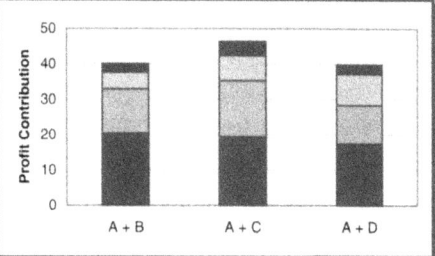

- Fast ein Viertel des Deckungsbeitrages der Allianz zwischen Airlines A und D wird mit O&Ds erwirtschaftet, die aus dem Konkurrenzbereich der beiden Airlines stammen. Durch die partielle Aufhebung des Wettbewerbs können so zum einen die Yielderosion gestoppt, d.h. die Erlössituation verbessert, und zum anderen durch den koordinierten Einsatz von Ressourcen operative Kosten eingespart werden.
- In allen Allianzkonstellationen ist der Beitrag der Airline A am bedeutendsten (42%–51% *Unique Contribution A*). Dies stärkt die Verhandlungsmacht der Airline gegenüber den potentiellen Partnern.

III. Fazit der Fallstudie

Basierend auf den Ergebnissen der SAP-Analyse entschließt sich Airline A zunächst mit Airline C die Kooperation zu intensivieren mit dem Ziel eine Strategische Allianz zu bilden, in die dann sukzessive weitere Airlines integriert werden können. Die ermittelten Potentiale zur Umsatzsteigerung durch Marktexpansion und die Potentiale zur Kostenkonsolidierung durch abgestimmten Ressourceneinsatz werden dabei im Rahmen der Allianzanbahnung als Nachweis für die Tragfähigkeit des Zusammenschlusses eingesetzt.

F. Ausblick

Die Frage, inwieweit der hier vorgeschlagene modellbasierte Ansatz die Effektivität des Planungsprozesses von und in den Allianzen erhöhen kann, ist nur dann fundiert zu beantworten, wenn der Ansatz über unsere „Laborversuche" hinaus in der betrieblichen Praxis einem Einsatztest unterzogen wird. Hierzu ist jedoch in vielen Bereichen als erster Schritt die Aufgabe tradierter Bewertungsmethoden und Denkmuster notwendig.

Akzeptiert werden wird dieser Ansatz jedoch auch nur, wenn die Modellnutzung für den Anwender hinreichend komfortabel ist. Hierzu ist ein nicht unerheblicher Aufwand für die Konzeption, Design und Implementierung des Decision Support Systems (DSS) vorzusehen, der neben der effizienten Implementierung der Methodenkomponente die Sicherstellung der Datenversorgung über ein Data-Warehouse und die flexible Nutzung über eine mächtige Dialogkomponente umfasst.

Die Attraktivität des Ansatzes ist die Fokussierung auf und ausschließliche Nutzung von für den Planungsprozess in den jeweilig beteiligten Airlines bereits notwendigen und daher eigentlich verfügbaren Daten. Die Potentiale des Ansatzes liegen in der Möglichkeit, ein durchgängiges, in unserem Modell expliziertes Paradigma für die Allianz-Planung (Alliance Management), die Schedule-Planung (Network Management) bis hin zur kurzfristigen Kapazitäts-Planung (Revenue Management) etablieren und damit Anpassungsverluste reduzieren zu können.

Anmerkungen

1 Through Flight bezeichnet einen Flug ohne Wechsel der Flugnummer.
2 IATA = International Air Transportation Association (vgl. www.iata-org).
3 OAG = Official Airline Guide (vgl. www.oag.com).
4 In der vorliegenden Fallstudie werden aus Gründen der Übersicht jeweils nur Kombinationen von zwei Airlines analysiert. Das Konzept ist ohne Änderung auf Allianzkonstellationen mit mehr als zwei Partner übertragbar.

Literatur

Ahuja, R. K., T. L. Magnanti, J. B. Orlin (1983): Network Flows: Theory, Algorithms, and Applications. Prentice-Hall, London.
Antes, J., L. Campen, U. Derigs, C. Titze, G.-D. Wolle (1998): SYNOPSE – a model-based DSS for the evaluation of flight schedules for cargo airlines. Decision Support Systems, 22(4), S. 307–323.
ATA Handbook (1995): The airline handbook. Air Transport Association of America, 1301 Pennsylvania Avenue, NW, Suite 1100, Washington, DC 20004-1707, USA.
Cherkassky, B. V., A. V. Goldberg, T. Radzik (1996): Shortest paths algorithms: Theory and experimental evaluation. Mathematical Programming, 73, S. 129–174.
Dantzig, G. B. (1963): Linear Programming and Extensions. Princeton University Press.
Doganis, R. (1991): Flying Off Course: the Economics of International Airlines. Harper Collins Academic, London, Zweite Auflage.
Elsworthy, L. E. (1995): The CRS: A Global Electronic Marketplace, Kapitel 52. In: Jenkins und Ray (1995), Erste Auflage, S. 493–497.
Eppstein, D. (1997): Finding the k shortest path. Department of Information and Computer Science, University of California, Irvine, Erscheint in SIAM Journal on Computing.

Etschmaier, M. M. und D. F. Mathaisel (1985): Airline scheduling: An overview. Transportation Science, 19(2), S. 127–138.

Gallacher, J. (1999): Alliance survey. Airline Business, Juli, S. 33–65.

Jenkins, D. und C. P. Ray (Hrsg.) (1995): Handbook of Airline Economics. McGraw-Hill – Aviation Week Group, Erste Auflage.

Lufthansa (1986): Einführung in die Luftfracht. Deutsche Lufthansa AG, Verkaufs- und Verkehrsschulung, Seeheim-Ingelheim.

Oster, J., C. V. und D. H. Pickrell (1988): Code sharing, joint fares, and competition in the regional airline industry. Transportation Research A, 22(6), S. 405–417.

Reynolds-Feighan, A. J. (1994): The E.U. and U.S. air freight markets: network organization in a deregulated environment. Transportation Reviews, 14(3), S. 193–217.

Schwamborn, S. (1994): Strategische Allianzen im internationalen Marketing. Deutscher Universitäts-Verlag, Wiesbaden.

Suhl, L. (1995): Computer Aided Scheduling: an Airline Perspective. Deutscher Universitäts-Verlag, Wiesbaden.

Teodorović, D. (1988): Airline Operations Research. Transportation Studies, Vol. 10, Gordon and Breach Science Publishers, New York.

Wynne, R. (1995): From Queen Airs to RJs: Evolution in Major-Regional Airline Alliances and Code Sharing, Kapitel 71. In: Jenkins und Ray (1995), Erste Auflage, S. 685–693.

Yu, G. (1998): Operations Research in the Airline Industry. Kluwer Academic Publishers, Boston.

Zusammenfassung

Strategische Allianzen haben sich insbesondere im High-Tech- und Dienstleistungsbereich als neue kooperative Wettbewerbsstrategie herausgebildet, um so den Herausforderungen durch die Globalisierung der Märkte, die zunehmende Dominanz von Kundenorientierung und den schärfer werdenden Kostendruck begegnen zu können. Der Schritt zu einer solchen Partnerschaft ist für jedes Unternehmen eine Entscheidung von höchster strategischer Bedeutung und sollte insofern sorgfältig vorbereitet, d.h. geplant werden. Der vorliegende Beitrag stellt produktionstheoretisch motivierte Modelle und Analysemethoden, die so genannte Strategische Allianz Portfolio Analyse (SAP) zur Bewertung von Kooperations- und Allianzszenarien vor. Die Modelle werden für die Air-Cargo-Industrie konkretisiert und anhand einer Fallstudie wird das Potential dieser Portfolio Analyse veranschaulicht. Die Modellrechnungen unterstützen sowohl die Auswahlentscheidung für potentielle Partner als auch die Analyse möglicher Stoßrichtungen alternativer Allianz-Konfigurationen. Von Bedeutung ist dabei, dass die Modelle auf der Basis frei verfügbarer Informationen und Prognosen, d.h. ohne Kontaktierung der potentiellen Partner, gerechnet werden können und das in den Modellen explizierte Planungsparadigma konsistent in der taktischen Netzwerkplanung und kurzfristigen Kapazitätsplanung fortgeführt werden kann.

Summary

In many areas Strategic Alliances are the answer to a more complex and uncertain environment characterized through globalization, customer orientation and cost pressure. Yet, the decision to establishing such a close partnership has to be planned thoroughly. In this paper we present the Strategic Alliances Portfolio Analysis (SAP) a model-based technique for supporting the evaluation of candidate partners as well as the evaluation of the strategic potential of alternative alliance configurations. The generic models are put into concrete form for the Air-Cargo-Industry; their potential is demonstrated in a case study. The SAP-approach has two important features: it is based on available information and forecasts only and allows to perform the analysis without involving the potential partners beforehand. Also, the paradigm which is explicit in the alliance model is consistent with the planning paradigm which should guide tactical network planning and operational revenue management.

51: Produktionsplanung (JEL M11)
84: Planungsrechnung und Controlling (JEL M43)

Ihr Einstieg zum Aufstieg!

Hoffmann, Lutz / Klug, Sonja / Köhler, Dorothee
Gabler/MLP Berufs- und Karriere-Planer 2001/2002: Wirtschaft

Für Studenten und Hochschulabsolventen
Mit über 250 Stellenanzeigen und Firmenprofilen
4. Aufl. 2001. XVI, 636 S. Br.
DM 24,80
ISBN 3-409-43639-1

Wie und wo studiere ich effizient und berufsorientiert? Wie und wo finde ich die besten Ein- und Aufstiegschancen? Wie bereite ich mich gezielt auf Bewerbung und Assessment Center vor? Wie komme ich an wichtige Kontakte? Der Gabler/MLP Berufs- und Karriere-Planer 20001/2002 Wirtschaft ist das umfassende Handbuch und Nachschlagewerk zu Studium, Beruf und Karriere. Ein besonders umfangreicher Adressenteil und über 200 Firmenprofile mit allen wichtigen Anschriften und Ansprechpartnern in Unternehmen sichern Ihnen den entscheidenden Vorsprung beim Start in die Karriere.

Die Autoren:

Die Autoren sind erfahrene Fachjournalisten und ausgewiesene Experten für dieses Studium-, Berufs- und Karriere-Thema.

Fax: 06 11.78 78-420

321 01 010

Vorname und Name

Straße (bitte kein Postfach)

PLZ, Ort

Unterschrift

Abraham-Lincoln-Str. 46, 65189 Wiesbaden, Tel.: 06 11.78 78-124, www.gabler.de

Dynamisches Marketing

Hermann Sabel
Christoph Weiser
Dynamik im Marketing
Umfeld – Strategie –
Struktur – Kultur
3., überarb. u. erw. Aufl. 2000.
XVI, 513 S.
Br. DM 78,00
ISBN 3-409-33667-2

Wolfgang Fritz
**Internet-Marketing
und Electronic Commerce**
Grundlagen –
Rahmenbedingungen –
Instrumente.
Mit Erfolgsbeispielen
2000. 210 S.
Br. DM 58,00
ISBN 3-409-11663-X

Dieses Marketing-Lehrbuch zeigt die relevanten Veränderungen des Umfeldes in den 4 K's auf, bei Kunden, Konkurrenten, Kanälen und „Knuten", den exogenen Faktoren. Es diskutiert die Konsequenz für die Neuinterpretation der 4 P's, „Product, Place, Promotion, Price", und gibt Hilfen aus den 4 M's, Muster, Modelle, Methoden, Management. Die 3. Auflage wurde durch aktuelle Themen wie z.B. eCommerce und M&A-Boom u.a.m. erweitert.

Wolfgang Fritz zeigt, wie das Internet unser herkömmliches Marketing-Verständnis verändert und wie es als neues Instrument des Marketing und des Electronic Commerce erfolgreich eingesetzt werden kann. Dabei kommen alle Aspekte des Marketing-Management zur Sprache.

Bestell-Coupon   Fax: 06 11.78 78-420

Ja, ich bestelle zur sofortigen Lieferung:

Hermann Sabel
Christoph Weiser
___Expl. **Dynamik im Marketing**
Br. DM 78,00
ISBN 3-409-33667-2

Wolfgang Fritz
___Expl. **Internet-Marketing
und Electronic Commerce**
Br. DM 58,00
ISBN 3-409-11663-X

Vorname und Name

Straße (bitte kein Postfach)

PLZ, Ort

Unterschrift   321 01 006   **GABLER**

Änderungen vorbehalten. Erhältlich im Buchhandel oder beim Verlag.   Abraham-Lincoln-Str. 46, 65189 Wiesbaden, Tel: 06 11.78 78-124, www.gabler.de

Gabler Marketing Highlights

Manfred Bruhn
Marketing interaktiv
Grundlagen für
Studium und Praxis
1999. CD-Rom DM 68,00*
ISBN 3-409-19841-5

Mit der CD-ROM „Marketing Interaktiv" liegt zusätzlich ein multimediales Begleitmedium zum Grundlagenbuch vor. Mit Hilfe eines interaktiven Lehrbuchs und einem Aufgabenmodul wird ein computergestütztes Selbststudium ermöglicht.
Ziel der CD-Rom ist es, durch die beispielhafte Ergänzung, Vertiefung und Kontrolle gelesener Inhalte eine Qualitätssteigerung in der Marketingausbildung zu erreichen.

Manfred Bruhn
Marketing
Grundlagen für
Studium und Praxis
5., überarb. Aufl. 2001.
331 S. Br. DM 49,80
ISBN 3-409-53646-9

Studenten und Praktiker erhalten in kompakter Weise eine systematische Einführung in die zentralen Sichtweisen, Prinzipien, Entscheidungstatbestände, Instrumente und Verfahren des Marketing.
In der 5. Auflage wurde die bewährte Gliederung des Buches beibehalten. Alle Kapitel wurden grundlegend überarbeitet und auf den neuesten Stand gebracht. Dabei wurden die neuen Informations- und Kommunikationstechnologien, die den Instrumenteeinsatz im Marketing verändern, integriert.

Manfred Bruhn
Marketingübungen
Basiswissen, Aufgaben,
Lösungen.
Selbstständiges Lerntraining
für Studium und Beruf
2001. ca. 300 S.
Br. ca. DM 48,00
ISBN 3-409-11640-0

In Ergänzung zum Lehrbuch und zum interaktiven Lernprogramm legt Manfred Bruhn jetzt sein Übungsbuch zum Marketing vor. Anhand repräsentativer und praxisnaher Marketing-Fragestellungen bietet es eine ideale Unterstützung bei der Prüfungsvorbereitung und bei der Vertiefung des Grundlagenwissens. Jede Aufgabe wird mit einer ausführlichen Musterlösung beantwortet, sodass das eigene Wissen jederzeit überprüfbar ist und leicht ergänzt werden kann.

*unverb. Preisempfehlung

Änderungen vorbehalten. Erhältlich im Buchhandel oder beim Verlag. Abraham-Lincoln-Str. 46, 65189 Wiesbaden, Tel: 06 11.78 78-124, www.gabler.de

Grundsätze und Ziele

Die **Zeitschrift für Betriebswirtschaft** ist eine der ältesten deutschen Fachzeitschriften der Betriebswirtschaftslehre. Sie wurde im Jahre 1924 von Fritz Schmidt begründet und von Wilhelm Kalveram und Erich Gutenberg fortgeführt. Sie wird heute von zehn Persönlichkeiten aus dem Bereich der Universität und der Wirtschaftspraxis herausgegeben.

Die Zeitschrift für Betriebswirtschaft verfolgt das Ziel, die **Forschung auf dem Gebiet der Betriebswirtschaftslehre** anzuregen sowie zur Verbreitung und Anwendung ihrer Ergebnisse beizutragen. Sie betont die Einheit des Faches; enger und einseitiger Spezialisierung in der Betriebswirtschaftslehre will sie entgegenwirken. Die Zeitschrift dient dem **Gedankenaustausch zwischen Wissenschaft und Unternehmenspraxis.** Sie will die betriebswirtschaftliche Forschung auf wichtige betriebswirtschaftliche Probleme in der Praxis aufmerksam machen und sie durch Anregungen aus der Unternehmenspraxis befruchten.

Die Qualität der Aufsätze in der Zeitschrift für Betriebswirtschaft wird nicht nur durch die Herausgeber und die Schriftleitung, sondern auch durch einen Kreis von Gutachtern gewährleistet. Das **Begutachtungsverfahren** ist doppelt verdeckt und wahrt damit die Anonymität von Autoren wie Gutachtern gemäß den international üblichen Standards.

Die Zeitschrift für Betriebswirtschaft veröffentlicht im Einklang mit diesen Grundsätzen und Zielen:

- **Aufsätze** zu theoretischen und praktischen Fragen der Betriebswirtschaftslehre einschließlich von Arbeiten junger Wissenschaftler, denen sie ein Forum für die Diskussion und die Verbreitung ihrer Forschungsergebnisse eröffnet,
- **Ergebnisse der Diskussion** aktueller betriebswirtschaftlicher Themen zwischen Wissenschaftlern und Praktikern,
- **Berichte** über den Einsatz wissenschaftlicher Instrumente und Konzepte bei der Lösung von betriebswirtschaftlichen Problemen in der Praxis,
- **Schilderungen von Problemen** aus der Praxis zur Anregung der betriebswirtschaftlichen Forschung,
- **„State of the Art"-Artikel,** in denen Entwicklung und Stand der Betriebswirtschaftslehre eines Teilgebietes dargelegt werden.

Die Zeitschrift für Betriebswirtschaft orientiert ihre Leser über **Neuerscheinungen** in der Betriebswirtschaftslehre und der Management-Literatur durch ausführliche Rezensionen und Kurzbesprechungen und berichtet in ihrem **Nachrichtenteil** regelmäßig über betriebswirtschaftliche Tagungen, Seminare und Konferenzen sowie über persönliche Veränderungen vorwiegend an den Hochschulen. Darüber hinaus werden auch Nachrichten für Studenten und Wirtschaftspraktiker veröffentlicht, die Bezug zur Hochschule haben. Die ZfB veröffentlicht keine Aufsätze, die wesentliche Inhalte von **Dissertationen** wiedergeben. Sie rezensiert aber publizierte Dissertationen.

Dem **Internationalen Herausgeber-Beirat** gehören namhafte Fachvertreter aus den USA, Japan und Europa an. In der ZfB können auch – wenn auch in begrenztem Umfang – englischsprachige Aufsätze veröffentlicht werden. Durch die Zusammenfassungen in englischer Sprache sind die deutschsprachigen Aufsätze der ZfB auch internationalen Referatenorganen zugänglich. Im Journal of Economic Literature werden die Aufsätze der ZfB zum Beispiel laufend referiert.

Schriftführende Herausgeber

Prof. Dr. Uschi Backes-Gellner
Universitätsprofessorin und Direktorin des Seminars für Allgemeine Betriebswirtschaftslehre und Personalwirtschaftslehre an der Universität zu Köln. Ihre Hauptarbeitsgebiete sind Personal- und Organisationsökonomik, Mittelstandsforschung und Hochschulökonomie

Prof. Dr. Günter Fandel
Universitätsprofessor und Inhaber des Lehrstuhls für Betriebswirtschaftslehre, insbesondere Produktion und Investition an der FernUniversität Hagen. Seine Hauptarbeitsgebiete sind Industriebetriebslehre, Produktionsmanagement und Hochschulmanagement.

Prof. Dr. Wolfgang Kürsten
Universitätsprofessor und Inhaber des Lehrstuhls für Allgemeine Betriebswirtschaftslehre, insbesondere Finanzierung und Banken an der Universität Jena. Seine Hauptarbeitsgebiete sind Finanzkontrakte, Bankbetriebswirtschaftslehre und Risikomanagement.

Herausgeber

Prof. em. Dr. Dr. h.c. mult. Horst Albach
Professor der Betriebswirtschaftslehre an der Humboldt-Universität zu Berlin und Direktor des Schwerpunkts IV, Wissenschaftszentrum Berlin, Honorarprofessor an der Wissenschaftlichen Hochschule für Unternehmensführung Koblenz (WHU).

Dr. Dieter Heuskel
Senior Vice President, The Boston Consulting Group. Leiter des Management Teams der BCG Deutschland und Mitglied des weltweiten Executive Committees von BCG.

Dr. rer. pol. Detlef Hunsdiek
Gesamtleiter Personal der Bertelsmann AG. Er ist Vorsitzender des Beirats des Reinhard Mohn Stiftungslehrstuhls an der Universität Witten/Herdecke und Mitglied des geschäftsleitenden Ausschusses des mcm Instituts St. Gallen.

Dr. Bernd-Albrecht v. Maltzan
Deutsche Bank AG, Frankfurt, Bereichsvorstand Private Banking.

Prof. Dr. Werner Pascha
Lehrstuhl für Ostasienwirtschaft/Wirtschaftspolitik an der Gerhard-Mercator-Universität Duisburg.

Hans Botho von Portatius
Geschäftsführender Gesellschafter von Kappa IT Ventures Beteiligungs GmbH.

Prof. Dr. Hermann Sabel
Professor der Betriebswirtschaftslehre, insbesondere Marketing, der Universität Bonn und Mitglied im Wissenschaftlichen Beirat des Universitätsseminars der Wirtschaft (USW) in Erftstadt-Liblar.

Prof. Dr. Joachim Schwalbach
ist Inhaber des Lehrstuhls für Internationales Management, Humboldt-Universität zu Berlin.

Internationaler Herausgeberbeirat

Professor Alain Burlaud
Professor für Betriebswirtschaftslehre, insbesondere Rechnungswesen und Management Control, am Conservatoire National des Art et Métiers in Paris. Er ist Expert Comptable und Mitherausgeber zahlreicher bedeutender französischer Fachzeitschriften.

Prof. Dr. Santiago Garcia Echevarria
Professor für Betriebswirtschaftslehre, insbesondere Unternehmenspolitik, und Direktor des Instituto de Dirección y Organización de Empresas der Universität Alcalá.

Prof. Dr. Lars Engwall
Professor für Betriebswirtschaftslehre an der Universität Uppsala.

Prof. Dr. Robert T. Green
Professor für Marketing und Internationale Betriebswirtschaftslehre an der University of Texas in Austin, Texas, und Director des Center for International Business Education and Research.

Prof. Hiroyuki Itami
Professor für Management an der Faculty of Commerce der Hitotsubashi Universität, Tokyo.

Prof. Dr. Don Jacobs
Gaylord Freeman Distinguished Professor of Banking und Dean der J.L. Kellogg Graduate School of Management der Northwestern University in Evanston bei Chicago.

Prof. Dr. Koji Okubayashi
Professor für Betriebswirtschaftslehre, insbesondere Human Resources Management in der School of Business Administration der Kobe University.

Prof. Dr. Adolf Stepan
Professor für Betriebswirtschaftslehre, insbesondere Industriebetriebslehre an der Technischen Universität Wien und Leiter der Abteilung Wirtschafts- und Managementwissenschaften an der Donau-Universität Krems.

Prof. Dr. Kalervo Virtanen
Professor für Betriebswirtschaftslehre, insbesondere Management Accounting, an der Helsingin Kauppakorkeakoulu, der Helsinki School of Economics and Business Administration.

Verlag

Betriebswirtschaftlicher Verlag Dr. Th. Gabler GmbH,
Abraham-Lincoln-Straße 46, 65189 Wiesbaden,
Postfach 15 46, 65173 Wiesbaden,
http://www.gabler-online.de
http://www.zfb-online.de
Geschäftsführer: Dr. Hans-Dieter Haenel
Verlagsleitung: Dr. Heinz Weinheimer
Programmleitung Wissenschaft: Claudia Splittgerber
Gesamtleitung Produktion: Reinhard van den Hövel
Gesamtleitung Vertrieb: Heinz Detering

SCHRIFTLEITUNG:
Professor Dr. Günter Fandel
FernUniversität Hagen
Fachbereich Wirtschaftswissenschaft
58084 Hagen
E-Mail: ZfB@FernUni-Hagen.de

Anfragen an die Schriftleitung: Briefe an die Schriftleitung mit der Bitte um Auskünfte etc. können nur beantwortet werden, wenn ihnen Rückporto beigefügt ist. Von Anfragen, die durch Einsicht in die Jahresinhaltsverzeichnisse beantwortet werden können, bitten wir abzusehen.

Redaktion: Ralf Wettlaufer, Tel.: 06 11/78 78-2 34,
E-Mail: Ralf.Wettlaufer@bertelsmann.de
Annelie Meisenheimer, Tel.: 06 11/78 78-2 32, Fax: 06 11/78 78-4 11, E-Mail: Annelie.Meisenheimer@bertelsmann.de

Kundenservice: Britta Christmann,
Tel.: 06 11/78 78-1 29/1 32, Fax: 06 11/78 78-4 23,
E-Mail: Britta.Christmann@bertelsmann.de

Abonnentenbetreuung: Doris Schöne, Tel.: 0 52 41/80 19 68, Fax: 0 52 41/80 96 20

Produktmanagement: Kristiane Alesch, Tel.: 06 11/78 78-3 59, Fax: 06 11/78 78-4 39, E-Mail: Kristiane.Alesch@bertelsmann.de.

Anzeigenleitung: Thomas Werner, Tel.: 06 11/78 78-1 38, Fax: 06 11/78 78-4 30, E-Mail: Thomas.Werner@bertelsmann.de

Anzeigendisposition: Susanne Bretschneider,
Tel.: 06 11/78 78-1 53, Fax: 06 11/78 78-4 30,
E-Mail: Susanne.Bretschneider@bertelsmann.de.
Es gilt die Anzeigenpreisliste Nr. 25 vom 1.10.1995.

Produktion/Layout: Gabriele McLemore

Bezugsmöglichkeiten: Die Zeitschrift erscheint monatlich. Einzelverkaufspreis 35,- DM, 32,50 SFr; preisgebundener Jahresabonnementpreis **Inland** 348,-DM, 309 SFr; für Studenten 198,- DM, 176,- SFr (die aktuelle Immatrikulationsbescheinigung ist jeweils unaufgefordert nachzureichen); preisgebundener Jahresabonnementpreis **Ausland** 372,- DM, 331,- SFr.; Studentenpreis Ausland 264,- DM, 234,- SFr. inkl. Porto und ges. MwSt. Preis für besondere Versandformen auf Anfrage. Zahlung erst nach Erhalt der Abo-Rechnung. Persönliche Mitglieder des Verbandes der Hochschullehrer für Betriebswirtschaft e.V. erhalten einen Nachlaß von 20% auf den Abonnementpreis. Sie können das Abonnement - spätestens 6 Wochen vor Ablauf - zum Ende des Bezugsjahres kündigen (siehe letzte Abonnementrechnung). Geben Sie bitte unbedingt ihre Kundennummer an. Eine schriftliche Bestätigung erfolgt nicht. – Jährlich können 1 bis 6 Ergänzungshefte hinzukommen. Jedes Ergänzungsheft wird den Jahresabonnenten mit einem Nachlaß von 25% des jeweiligen Ladenpreises gegen Rechnung geliefert. Bei Nichtgefallen kann das Ergänzungsheft innerhalb einer Frist von drei Wochen an die Vertriebsfirma zurückgesandt werden.

© 2001 Betriebswirtschaftlicher Verlag Dr. Th. Gabler GmbH, Wiesbaden.
Der Gabler Verlag ist ein Unternehmen der Fachverlagsgruppe BertelsmannSpringer.
Alle Rechte vorbehalten. Kein Teil dieser Zeitschrift darf ohne schriftliche Genehmigung des Verlages vervielfältigt oder verbreitet werden. Unter dieses Verbot fällt insbesondere die gewerbliche Vervielfältigung per Kopie, die Aufnahme in elektronische Datenbanken und die Vervielfältigung auf CD-ROM und allen anderen elektronischen Datenträgern.

Gesamtherstellung: Konrad Triltsch, Print und digitale Medien GmbH, 97199 Ochsenfurt-Hohestadt.
Gedruckt auf säurefreiem und chlorfrei gebleichtem Papier.

ISSN: 0044-2372

Hinweise für Autoren

Wenn Sie einen Beitrag geschrieben haben, der in der Zeitschrift für Betriebswirtschaft erscheinen soll, beachten Sie bitte unbedingt folgende Punkte.

1. Bitte beachten Sie die „Grundsätze und Ziele" der ZfB.

2. Manuskripte sind in zweifacher Ausfertigung an die Schriftleitung zu senden. Für das Begutachtungsverfahren müssen die Beiträge anonymisiert werden. Daher darf der Name des Autors nur auf der Titelseite des Manuskripts stehen. Der Autor verpflichtet sich mit der Einsendung des Manuskripts unwiderruflich, das Manuskript bis zur Entscheidung über die Annahme nicht anderweitig zu veröffentlichen oder zur Veröffentlichung anzubieten. Diese Verpflichtung erlischt nicht durch Korrekturvorschläge im Begutachtungsverfahren.

3. Aufsätze, die im wesentlichen Ergebnisse von Dissertationen wiedergeben, werden nicht veröffentlicht. Um die Ergebnisse von Dissertationen breiter bekannt zu machen, hat die ZfB eine Rubrik „Dissertationen" im Besprechungsteil eingeführt. Hier werden vorzugsweise Erstgutachten von Dissertationen – in entsprechend gekürzter Form – abgedruckt.

4. Alle eingereichten Manuskripte werden, wie international üblich, einem doppelt verdeckten Begutachtungsverfahren unterzogen, d. h. Autoren und Gutachter erfahren ihre Identität gegenseitig nicht. Durch dieses Verfahren soll die fachliche Qualität der Beiträge gesichert werden.

5. Die Manuskripte sind in Times New Roman, 12 Punkt, 1½zeilig mit 5 cm Rand links zu schreiben. Sie sollten nicht länger als 25 Schreibmaschinenseiten sein. Der Titel des Beitrages und der/die Verfasser mit vollem Titel und ausgeschriebenen Vornamen sowie beruflicher Stellung sind auf der ersten Manuskriptseite aufzuführen. Dem Beitrag ist ein „Überblick" von höchstens 15 Zeilen voranzustellen, in dem das Problem, die angewandte Methodik, das Hauptergebnis in seiner Bedeutung für Wissenschaft und/oder Praxis dargestellt werden. Die Aufsätze sind einheitlich nach dem Schema A., I., 1., a) zu gliedern. Endnoten (Times New Roman, 12pt) sind im Text fortlaufend zu numerieren und am Schluß des Aufsatzes unter „Anmerkungen" zusammenzustellen. Anmerkungen und Literatur sollen getrennt aufgeführt werden. Im Text und in den Anmerkungen soll auf das Literaturverzeichnis nach dem Schema: (Gutenberg, 1982, S. 352) verwiesen werden. Jedem Aufsatz muß eine „Summary" in englischer Sprache von nicht mehr als 15 Zeilen Länge und eine deutsche Zusammenfassung gleicher Länge angefügt werden. Über Abbildungen und Tabellen ist eine Legende vorzusehen (z.B.: Abb. 1: Kostenfunktion, bzw. Tab. 2: Rentabilitätsentwicklung). Abbildungen und Tabellen sind an der betreffenden Stelle des Manuskripts in Kopie einzufügen und im Original (reproduzierfähig) dem Manuskript beizulegen. Mathematische Formeln sind fortlaufend zu numerieren: (1), (2) usw. Sie sind so einfach wie möglich zu halten. Griechische und Fraktur-Buchstaben sind möglichst zu vermeiden, ungewöhnliche mathematische und sonstige Zeichen für den Setzer zu erläutern. Auf mathematische Ableitungen soll im Text verzichtet werden; sie sind aber für die Begutachtung beizufügen.

Mit dem Manuskript liefert der Autor ein reproduzierfähiges Brustbild (Paßphoto) von sich sowie eine kurze Information (max. 7 Zeilen) zu seiner Person und seinen Arbeitsgebieten.

6. Wenn das Manuskript auch auf einer Diskette vorliegt, so sollte diese zur Vermeidung von Satzfehlern beigefügt werden. Papiermanuskripte sind aber in jedem Fall nötig.

7. Der Autor verpflichtet sich, die Korrekturfahnen innerhalb einer Woche zu lesen und die Mehrkosten für Korrekturen, die nicht vom Verlag zu vertreten sind, sowie die Kosten für die korrekte Arbeit von einen Korrektor bei nicht terminsgerechter Rücksendung der Fahnenkorrektur zu übernehmen.

8. Der Autor ist damit einverstanden, daß sein Beitrag außer in der Zeitschrift auch durch Lizenzvergabe in anderen Zeitschriften (auch übersetzt), durch Nachdruck in Sammelbänden (z. B. zu Jubiläen der Zeitschrift oder des Verlages oder in Themenbänden), durch längere Auszüge in Büchern oder solchen Datenbanken zu Werbezwecken, durch Vervielfältigung und Verbreitung auf CD ROM oder anderen Datenträgern, durch Speicherung auf Datenbanken, deren Weitergabe und durch Abruf von solchen Datenbanken während der Dauer des Urheberrechtsschutzes an dem Beitrag im In- und Ausland vom Verlag und seinen Lizenznehmern genutzt wird.

HOME

NACHRICHT

ERGÄNZUNGSHEFTE

JAHRESREGISTER

AUTORENHINWEISE

LINKS

KONTAKT

ARCHIV

GABLER VERLAG

BESUCHEN SIE UNSERE HOMEPAGE:

www.zfb-online.de

Beiträge

Dr. Bernd Kriegesmann
Unternehmensgründungen aus der Wissenschaft

Prof. Eva Wallerstedt
Schmalenbach's Influence on Swedish Business Economics

Prof. Dr. Andreas Drexl, Prof. Dr. Kolisch
Produktionsplanung bei Kundenauftragsfertigung

Prof. Dr. Gerhard Fink, Dr. Martin Oppitz, Dr. Domminick Salvatore
A Test on the Superiority of Large Firms as Institutions to Reduce Income Riscs

GRATIS-PROBEABOS

ZfB ZEITSCHRIFT FÜR BETRIEBSWIRTSCHAFT

KUNDEN-SERVICE

BOOKSHOP

FAQ

IMPRESSUM

GABLER VERLAG
ABRAHAM-LINCOLN-STR.46
65189 WIESBADEN

www.gabler.de

GPSR Compliance

The European Union's (EU) General Product Safety Regulation (GPSR) is a set of rules that requires consumer products to be safe and our obligations to ensure this.

If you have any concerns about our products, you can contact us on

ProductSafety@springernature.com

In case Publisher is established outside the EU, the EU authorized representative is:

Springer Nature Customer Service Center GmbH
Europaplatz 3
69115 Heidelberg, Germany

www.ingramcontent.com/pod-product-compliance
Lightning Source LLC
LaVergne TN
LVHW080313260326
834688LV00038B/1099